HENNING SPINTI

Die Ansprüche aus Sozialplan (§ 112 BetrVG 72) und Nachteilsausgleich (§ 113 BetrVG 72) bei Insolvenz des Arbeitgebers

Schriften zum Sozial- und Arbeitsrecht

Band 98

Die Ansprüche aus Sozialplan (§ 112 BetrVG 72) und Nachteilsausgleich (§ 113 BetrVG 72) bei Insolvenz des Arbeitgebers

Von

Dr. Henning Spinti

Duncker & Humblot · Berlin

CIP-Titelaufnahme der Deutschen Bibliothek

Spinti, Henning:
Die Ansprüche aus Sozialplan (§ 112 BetrVG 72) und Nachteilsausgleich (§ 113 BetrVG 72) bei Insolvenz des Arbeitgebers / von Henning Spinti. – Berlin: Duncker u. Humblot, 1989
(Schriften zum Sozial- und Arbeitsrecht; Bd. 98)
Zugl.: Berlin (West), Freie Univ., Diss., 1987
ISBN 3-428-06618-9
NE: GT

Satz: Klaus-Dieter Voigt, Berlin 61
Druck: Berliner Buchdruckerei Union GmbH, Berlin 61
Printed in Germany

ISSN 0582-0227
ISBN 3-428-06618-9

Vorwort

Die Arbeit hat der Rechtswissenschaftlichen Fakultät der Freien Universität Berlin im Sommersemester 1987 als Dissertation vorgelegen.

Herr Professor Dr. Klaus Adomeit hat die Arbeit angeregt und umfassend gefördert. Er gewährte mir im Rahmen meiner Assistententätigkeit sowohl in zeitlicher als auch geistiger Hinsicht die Freiheit, die Grundlage jeder eigenständigen wissenschaftlichen Leistung sein muß. Durch die mehrjährige Mitarbeit an seinem Lehrstuhl wurde mein wissenschaftliches Denken maßgeblich geprägt. Es ist mir sehr angelegen, ihm dafür an dieser Stelle herzlichen Dank zu sagen.

Berlin, im November 1988

Henning Spinti

Inhaltsverzeichnis

1. Teil

Einleitung

I. Entwicklung der Rechtslage hinsichtlich der Behandlung der Sozialplanregelungen des § 112 BetrVG 72 im Konkurs 13

II. Grobe Übersicht über die im BeschfG 85 und SozplG 85 enthaltenen Regelungen 14

a) BeschfG 85 14

b) SozplG 85 14

III. Der gegenwärtige Stand der Insolvenzen in der Bundesrepublik Deutschland 15

2. Teil

Der Sozialplananspruch im Konkurs- und Vergleichsverfahren

A. Zur Zulässigkeit der Aufstellung eines Sozialplans im Konkurs (Schranke des Rechts auf einen Sozialplan) 16

I. Der Meinungsstand in Literatur und Rechtsprechung bis zum Inkrafttreten von BeschfG 85 und SozplG 85 16

II. Die Zulässigkeit der Aufstellung eines Sozialplans im Konkurs im Lichte des SozplG 85 19

III. Die Auswirkungen des BeschfG 85 auf die Zulässigkeit eines Sozialplans im Konkurs (Einfügung des neuen § 112 a ins BetrVG) 20

1. Die in § 112 a I BetrVG 72 enthaltenen Regelungen 20

2. Die in § 112 a II BetrVG 72 enthaltene Regelung 25

IV. Zwischenergebnis 26

B. Grenzen des Sozialplans im Konkurs 27

I. Zeitliche Grenzen 27

1. Aufstellung eines Sozialplans nach vollzogener Betriebsänderung 27

2. Aufstellung eines Sozialplans bei vollzogener Betriebsstillegung 29

II. Grenzen des personellen Geltungsbereiches 31

1. Vor Aufstellung des Sozialplans ausgeschiedene Arbeitnehmer 31

2. Durch eigene Kündigung ausgeschiedene Arbeitnehmer 33

3. Leitende Angestellte 35

III. Funktionelle Grenzen des Sozialplans im Konkurs 37

1. Die Theorien zur Funktion der Sozialplanregelung 38

a) Die Entschädigungstheorie 38

b) Der Sonderopfergedanke 39

c) Theorie der Daseinsvorsorge 40

2. Stellungnahme 41

a) Kritik der Entschädigungstheorie 41

b) Kritik der Überbrückungs- bzw. Vorsorgetheorie 44

c) Die Auswirkungen des neuen § 112 V BetrVG 72 auf die Diskussion der Sozialplanfunktion 46

ca) § 112 V S. 2 Nr. 1 BetrVG 72 49

cb) § 112 V S. 2 Nr. 2 BetrVG 72: Vermittelbarkeit entlassener Arbeitnehmer/Weiterbeschäftigung 51

cc) § 112 V S. 2 Nr. 3 BetrVG 72 55

3. Ergebnis 55

IV. Die inhaltlichen Grenzen des Sozialplans im Konkurs ohne Berücksichtigung des SozplG 85 56

1. Einleitung 56

2. Zur bisherigen Rechtslage vor Inkrafttreten des BeschfG 85 57

a) Inhaltliche Grenzen des Sozialplans i.S.d. § 112 BetrVG 72 57

b) Inhaltliche Grenzen des Sozialplans i.S.d. § 112 I S. 2 BetrVG 72 im Konkurs des Unternehmens 58

3. Die Inhaltsgrenzen des Sozialplans im Lichte des BeschfG 85: § 112 V S. 2 Nr. 3 BetrVG 72 – neue Ermessensrichtlinie für die Einigungsstelle 58

V. Die durch das SozplG 85 aufgestellten Grenzen ... 60

1. Einleitung ... 60

2. Verhältnis des SozplG 85 zum BetrVG 72 und zur KO ... 61

3. Das Verhältnis des SozplG 85 zu den Reformvorschlägen der Kommission für Insolvenzrecht ... 63

4. Die absolute Begrenzung des Sozialplanvolumens durch das SozplG 85 66

a) Sozialpläne, die während des Konkursverfahrens aufgestellt wurden 66

aa) Monatsverdienst ... 66

ab) Maßgeblicher Zeitpunkt ... 67

ac) Zum Begriff der von Entlassung betroffenen Arbeitnehmer in § 2 SozplG 85 ... 67

ad) Die Auswirkungen der absoluten Obergrenze auf Konkurssozialpläne ... 69

ae) Rechtsstreitigkeiten ... 71

(1) Streitigkeiten hinsichtlich der Berechnung des Sozialplanvolumens ... 71

(2) Streitigkeiten im Hinblick auf die Verteilung der einzelnen Abfindungen ... 72

b) Sozialpläne, die frühestens 3 Monate vor Eröffnung des Konkursverfahrens aufgestellt wurden ... 74

ba) Unwirksamkeit gegenüber den Konkursgläubigern ... 74

bb) Geltendmachung der Sozialplanforderung gem. § 3 S. 2 SozplG 85 76

bc) Anrechnung von Zahlungen, die auf Sozialpläne erfolgt sind ... 76

bd) Anrechnung von anderen als Sozialplanleistungen ... 77

be) Rechtsstreitigkeiten ... 77

(1) Streitigkeiten über die „Anmeldefähigkeit" einzelner Sozialplanforderungen ... 78

(2) Streitigkeiten hinsichtlich der Verteilungsstruktur eines vorkonkurslichen Sozialplans gem. § 3 SozplG 85 ... 79

c) Sozialpläne, die früher als drei Monate vor Stellung des Antrags auf Eröffnung des Konkursverfahrens aufgestellt wurden ... 79

ca) Zur Geltendmachung des SozplG 85 und zu den inhaltlichen Grenzen ... 79

cb) Neuer Sozialplan nach Konkurseröffnung? ... 80

cc) Rechtsstreitigkeiten ... 82

5. Die im SozplG 85 enthaltenen Übergangsvorschriften für Verfahren, die bei Inkrafttreten des Gesetzes anhängig waren (§ 6 SozplG 85) ... 84

6. Die relative Begrenzung des Sozialplanvolumens im Konkurs durch das SozplG 85 als Inhaltsgrenze ... 85

C. Der Rang der Sozialplanansprüche im Konkurs 86

I. Die bisherige Rechtslage ... 86

II. Der Rang der Sozialplanansprüche nach dem SozplG 85 ... 87

III. Die relative Obergrenze des § 4 S. 2 SozplG 85 als Sperre im Verteilungsverfahren ... 90

1. Der Begriff der Konkursmasse des § 4 S. 2 SozplG 85 ... 91
2. Zum Verhältnis der Regelung des § 4 S. 2 SozplG 85 zu den Vorschlägen der Insolvenzrechtskommission ... 93
3. Die Auswirkungen der relativen Obergrenze des § 4 S. 2 SozplG 85 auf einzelne Sozialpläne nach §§ 2, 3 SozplG 85 ... 94
4. Das Schicksal der nach § 4 S. 2 SozplG 85 ausgefallenen Forderungen .. 97
5. Änderung bzw. Wegfall der Geschäftsgrundlage? ... 98
6. Zur Problematik der Abschlagszahlungen ... 99
7. Mehrere (Konkurs-)Sozialpläne ... 101

IV. Die Übergangsvorschriften des § 6 SozplG 85 für die Behandlung von Sozialplänen bei Anhängigkeit eines Konkursverfahrens im Zeitpunkt des Inkrafttretens des SozplG 85 ... 103

1. Sachlicher Anwendungsbereich der Übergangsvorschriften ... 103
2. Die Reparaturvorschrift des § 6 III SozplG 85 (Beseitigung zu Unrecht festgestellter Vorrechte der Rangklasse „O“) ... 104
3. Die Übergangsvorschrift des § 6 II SozplG 85 (Rangstellensplitting) 106
4. Die Neuanmeldung des Vorrechts nach § 61 I Nr. 1 KO (§ 6 IV SozplG 85) 109
5. Ausschluß der Rückabwicklung von geleisteten Zahlungen und Verfahrensschritten gem. § 6 V SozplG 85 ... 111

D. Der Sozialplan im Vergleichsverfahren 114

I. Sozialpläne, die im Vergleichsverfahren aufgestellt werden ... 115

II. Sozialpläne, die vor Eröffnung des Vergleichsverfahrens aufgestellt wurden 117

1. Sozialpläne, die früher als 3 Monate vor dem Antrag auf Eröffnung des Vergleichsverfahrens aufgestellt wurden ... 118
2. Sozialpläne, die vor der Eröffnung des Vergleichsverfahrens, aber nicht früher als 3 Monate vor der Stellung des Antrages auf Eröffnung aufgestellt wurden ... 118

III. Zur Behandlung von Sozialplänen in bei Inkrafttreten des SozplG 85 anhängigen Vergleichsverfahren 120

1. Sozialpläne, die früher als 3 Monate vor Stellung des Antrages auf Eröffnung des Vergleichsverfahrens aufgestellt wurden 120

2. Sozialpläne, die vor der Eröffnung des Vergleichsverfahrens, aber nicht früher als 3 Monate vor Stellung des Eröffnungsantrages zustandegekommen sind 121

3. Sozialpläne, die im Verlauf eines bei Inkrafttreten des SozplG 85 anhängigen Vergleichsverfahrens, aber vor dem 28. 2. 1985 aufgestellt wurden 121

3. Teil

Der Anspruch auf Nachteilsausgleich gem. § 113 BetrVG 72 im Konkurs- und Vergleichsverfahren

A. Der Nachteilsausgleich im Konkursverfahren 123

I. Die tatbestandlichen Voraussetzungen des Anspruchs auf Nachteilsausgleich gem. § 113 BetrVG 72 123

1. Der Anspruch auf Nachteilsausgleich bei Abweichen von einem vereinbarten Interessenausgleich, § 113 I, II BetrVG 123

a) Die Entlassung von Arbeitnehmern, § 113 I BetrVG 72 123

b) Der Ausgleich anderer wirtschaftlicher Nachteile, § 113 II BetrVG 72 126

2. Der Anspruch auf Nachteilsausgleich bei Betriebsänderungen ohne vorherigen Versuch eines Interessenausgleichs von seiten des Arbeitgebers ... 127

II. Zur Rechtsnatur der Abfindungszahlung aufgrund Nachteilsausgleichs gem. § 113 BetrVG 72 129

III. Zum Konkurrenzverhältnis zwischen Ansprüchen aufgrund Nachteilsausgleich und Sozialplanansprüchen 130

IV. Die Behandlung von Ansprüchen auf Nachteilsausgleich im Konkurs des Arbeitgebers 131

1. Die Rechtslage bis zum Inkrafttreten des SozplG 85 131

2. Die Auswirkung der Regelungen des SozplG 85 auf den Nachteilsausgleich 133

V. Stellungnahme 133

1. Maßgeblicher Zeitpunkt der Entstehung der Ansprüche gem. § 113 BetrVG 72 133

2. Zum Rang der vor Konkurseröffnung entstandenen Ansprüche auf Nachteilsausgleich 135

B. Der Anspruch auf Nachteilsausgleich im Vergleichsverfahren 137

Schlußbemerkung 138

Literaturverzeichnis 140

Abkürzungshinweis

Wegen der in dieser Arbeit benutzten Abkürzungen wird verwiesen auf Hildebert Kirchner, Abkürzungsverzeichnis der Rechtssprache, 3. Auflage, Berlin, New York, 1983.

1. Teil

Einleitung

I. Entwicklung der Rechtslage hinsichtlich der Behandlung der Sozialplanregelungen des § 112 BetrVG 72 im Konkurs

Die Regelungen des BetrVG 72 über Sozialplan und Interessenausgleich in den §§ 111ff. enthalten keinen Hinweis über ihre Anwendbarkeit bei Insolvenz des Arbeitgebers[1]. Dieser Umstand hatte in der zurückliegenden Zeit eine erhebliche Rechtsunsicherheit zur Folge. Das überwiegende Schrifttum sprach sich dafür aus, die §§ 111ff. BetrVG 72 auch im Konkurs des Arbeitgebers Anwendung finden zu lassen[2].

Das BAG hatte schon früh in Anknüpfung an die Rechtsprechung zum alten Betriebsverfassungsgesetz die Geltung der §§ 111ff. auch in diesem Fall bejaht[3]. Mit Beschluß vom 13. Dezember 1978 trat der Große Senat des BAG dieser Auffassung bei und entschied darüber hinaus, daß Ansprüche aus einem Sozialplan nach § 112 BetrVG 72 oder auf Nachteilsausgleich gem. § 113 III i.V.m. § 113 I BetrVG 72 im Konkurs des Arbeitgebers Konkursforderungen mit einem Vorrecht vor den Forderungen des § 61 I Nr. 1 KO, also in einer durch richterliche Rechtsfortbildung neu geschaffenen Konkursrangklasse „O" seien[4].

Das Bundesverfassungsgericht erklärte durch Beschluß vom 19. Oktober 1983 die Rechtsfortbildung des BAG für verfassungswidrig, da sie mit dem rechtsstaatlichen Grundsatz des Art. 20 III GG nicht im Einklang stehe[5]. Die übrigen Elemente der Entscheidung des BAG von 1978 wurden nicht beanstandet.

---

[1] Vgl. BAGE 31, S. 176ff. = AP Nr. 6 zu § 112 BetrVG.

[2] *Dietz / Richardi,* § 112, Rdnr. 92; GK / *Fabricius,* § 111, Rdnr. 59; *Fitting / Auffarth / Kaiser / Heither,* SozplKonkG, § 1 Rdnr. 7, 8; *Kammann / Hess / Schlochauer,* § 112, Rdnr. 74; *Galperin / Löwisch,* § 112, Rdnr. 72; *Richardi,* Sozialplan, S. 40ff.; *ders.,* DB 1976, Beil. 6, S. 3f.; *ders.,* RdA 1979, S. 163; *Dorndorf,* Sozialplan im Konkurs, S. 25ff.; *Gamillscheg,* FS für Bosch, S. 217; *Brill,* AR / Blattei, Konkurs IV, b II; *Uhlenbruck,* KTS 1973, S. 89f.; *ders.,* BB 1973, S. 1362; *Heinze,* DB 1974, S. 1814; *ders.,* NJW 1980, S. 147f.; *Weitnauer,* ZfA 1977, S. 130f.; *Weller,* BB 1977, S. 599.

[3] BAGE 26, S. 257, vgl. bereits BAGE 23, S. 62 zum alten Recht.

[4] BAGE 31, S. 176ff. = AP Nr. 6 zu § 112 BetrVG 72; ebenso LAG Hamm, AP Nr. 1 zu § 112 BetrVG 72.

[5] BVerfGE 65, S. 182 = ZIP 1984, S. 78 = BB 84, S. 141.

Im Anschluß an die Entscheidung des BVerfG zog das BAG die Konsequenz und entschied, daß Ansprüche aus einem Sozialplan nach dem bis dato geltenden Recht lediglich als einfache Konkursforderungen i.S.d. § 61 I Nr. 6 KO zu behandeln seien[6].

Diese Entscheidungen lösten erhebliche öffentliche Diskussionen aus, die sich vor allem an dem Umstand entzündeten, daß der sozialen Bedeutung der Sozialplanansprüche bei einer Quote von 3%, die erwiesenermaßen auf einfache Konkursforderungen entfällt, nur ungenügend Rechnung getragen werden könne[7].

Eine gesetzliche Regelung der Problematik war unausweichlich geworden und kam in Form des SozplG von 1985[8], ergänzt durch einige im BeschfG 1985 enthaltene Vorschriften, zustande.

II. Grobe Übersicht über die im BeschfG 85 und SozplG 85 enthaltenen Regelungen

a) BeschfG 85

Neben anderen Bestimmungen, wie etwa solchen, die die rechtliche Zulässigkeit von befristeten Arbeitsverträgen betreffen, finden sich im BeschfG 85 Vorschriften, die das Recht des Sozialplans in einigen Bereichen novellieren[9]. So ist § 112 BetrVG 72 um den Abs. V erweitert worden, der bestimmte Richtlinien enthält, die die Einigungsstelle bei ihrer Ermessensentscheidung im Einigungsstellenverfahren zu beachten hat. Der neu geschaffene § 112a BetrVG 72 schließt die Anwendbarkeit des § 112IV, V BetrVG 72 aus, befreit also von der Sozialplanpflichtigkeit, wenn es sich bei den entsprechenden Betriebsänderungen um bloße Massenentlassungen unterhalb einer vom Gesetz normierten Grenze handelt oder wenn der von einer Änderung i.S.d. §§ 112ff. BetrVG 72 betroffene Betrieb einem Unternehmen angehört, das vor weniger als vier Jahren gegründet wurde.

b) SozplG 85

Das SozplG 85 stellt die Behandlung von Sozialplänen und der aus ihnen erwachsenen Ansprüche im Konkurs des Arbeitgebers erstmals auf eine gesetzliche Grundlage. Von ihm werden Sozialpläne erfaßt, die frühestens drei Monate vor dem Antrag auf Eröffnung des Konkursverfahrens verein-

---

6 Urteil vom 30.4.1984, BB 84, S. 1616.

7 Vgl. *Fitting / Auffarth / Kaiser*, Betriebsänderung, Sozialplan und Konkurs, § 1 SozplKonkG, Rdnr. 1, 2.

8 BGBl. I, S. 369.

9 BGBl. I, S. 710.

bart worden sind. Diesen Plänen werden durch das SozplG 85 absolute bzw. relative Schranken gesetzt. Schließlich wird durch das neue Gesetz die bisher strittige Frage der Einordnung der Sozialplanansprüche im Konkurs entschieden. Einige Übergangsregelungen betreffen Sozialpläne, die zur Zeit des Inkrafttretens des Gesetzes anhängig sind oder waren.

Das SozplG 85 ist in der Form eines Zeitgesetzes verabschiedet worden und tritt mit Ablauf des 31. Dezember 1988 (zunächst) außer Kraft, § 8 SozplG 85[9a].

III. Der gegenwärtige Stand der Insolvenzen in der Bundesrepublik Deutschland

Ein Blick in die Insolvenzstatistik läßt die Miene des Betrachters verdüstern, da festgestellt werden muß, daß die Zahl der Insolvenzverfahren in den letzten Jahren sprunghaft angestiegen ist. So wurden im Jahre 1983 insgesamt 11 845, 1984 16 670 und im Jahre 1985 18 876 Unternehmensinsolvenzen registriert. Auch im Jahre 1986 lag die Zahl der Insolvenzen immerhin noch bei 18 842 Fällen[10].

Durch den drastisch deutlich werdenden Funktionsverlust des Konkurses, der sich darin zeigt, daß in den meisten Insolvenzverfahren sämtliche Konkursgläubiger leer ausgehen (diejenigen, die dies nicht tun, erhielten als einfache Konkursgläubiger 1981 für eine Forderung über 100,- DM durchschnittlich 3,40 DM[11]), wird der Ruf nach einer Gesamtreform des Insolvenzrechtes zunehmend lauter[12].

Inwiefern durch das SozplG 85 bestehenden Reformideen vorgegriffen wurde, soll u. a. nachfolgend Gegenstand der vorliegenden Untersuchung sein.

[9a] Durch Änderungsgesetz vom 20. 12. 1988 wurde die Geltung des SozplG 85 mittlerweile um 1 Jahr verlängert, BGBl. I, S. 2450.

[10] s. ZIP 1986, S. 267 f.; ZIP aktuell 1985, Nr. 024; ZIP 1987, S. 269.

[11] Die Zahlen wurden *Jauernig,* S. 163, entnommen.

[12] Zur „Krise des Insolvenzrechts" vgl. etwa *Berges,* BB 1976, S. 387 ff.; *Kilger,* KTS 1975, S. 112 ff.; *ders.,* BB 1975, S. 1445 ff.; *Uhlenbruck,* NJW 1975, S. 898 ff.

2. Teil

Der Sozialplananspruch im Konkurs- und Vergleichsverfahren

A. Zur Zulässigkeit der Aufstellung eines Sozialplans im Konkurs (Schranke des Rechts auf einen Sozialplan)

I. Der Meinungsstand in Literatur und Rechtsprechung bis zum Inkrafttreten von BeschfG 85 und SozplG 85

Dem Gesetzeswortlaut der §§ 111ff. BetrVG 72 ist nicht ohne weiteres zu entnehmen, daß für eine Mitbestimmung des Betriebsrats bei Betriebsänderungen im Falle der Insolvenz des Arbeitgebers in vollem Umfang Raum verbleibt. Eine ausdrückliche Regelung dieser Frage ist im Gegenteil nicht vorhanden.

In der Literatur kristallisierten sich zu diesem Problem Meinungen heraus, die auf eine Polarisierung hinausliefen, der man mit einer gewissen Vergröberung das Schlagwort „Betriebsverfassungsrecht contra Konkursrecht" beilegen könnte.

Diejenigen, die die Meinung vertreten, daß das Konkursrecht dem Betriebsverfassungsrecht vorginge[1] und deshalb für eine Mitwirkung des Betriebsrats im Konkurs des Arbeitgebers keinen Raum sehen, argumentieren vor allem damit, daß der Konkursverwalter zum Abschluß eines Sozialplans nicht gezwungen werden könne, da eine solche Vereinbarung den grundsätzlichen Einwand begründen würde, daß ein derartiges, vom Konkursverwalter vorgenommenes Rechtsgeschäft im offenen Widerspruch zum Zweck des Konkursverfahrens stehe und daher grundsätzlich unwirksam sei. Die in § 3 KO umschriebene Zweckbindung der der Verfügungsbefugnis des Konkursverwalters unterstehenden Konkursmasse, die nach Konkurs-

---

[1] Kritisch zum Sozialplan im Konkurs: *Berges*, FS für Friedrich Weber (1975), S. 57ff.; *ders.*, RdA 1977, S. 271ff.; *Beuthien*, RdA 1976, S. 147ff.; *Bötticher*, BB 1975, S. 977ff.; *Germann*, jur. Diss., S. 183ff.; *Henckel*, Anm. zu BAG EzA Nr. 1 zu § 113 BetrVG 72; *H.-J. Müller*, KTS 1974, S. 69f.; *Dreher*, RdA 1976, S. 128, 130; *Ritze*, BB 1976, S. 325ff.; *Uhlenbruck*, Anm. zu BAG AP Nr. 1 zu § 113 BetrVG 72; *ders.*, BlSTSozArbR 1976, S. 145, 146f.; *ders.*, NJW 1975, S. 897, 901f.; *ders.*, RdA 1976, S. 248, 251ff.; *Weber*, in: Einh. Jahre KO (1977), S. 321, 358ff.

eröffnung nur noch Haftungsfunktion habe und daher weitestmöglich zu erhalten sei, stelle auch gleichzeitig die äußerste Grenze seiner Verwaltungsbefugnis dar[2]. Im übrigen wird von den Vertretern der konkursrechtlich orientierten Ansicht argumentiert, daß durch die Mitwirkung des Betriebsrats bei Betriebsänderungen im Insolvenzverfahren der konkursrechtliche Grundsatz „par conditio creditorum" gefährdet sei, da durch die hervorragende Behandlung der Arbeitnehmer der Grundgedanke des Gebotes der Gläubigergleichbehandlung im Konkurs verletzt werden könnte, zumal vereinbarte Ansprüche nach bis dato geltendem Recht als Konkursforderungen mit Supervorrecht zu berichtigen waren[3].

Der eben geschilderten Meinung wird jedoch von weitaus h. M.[4], die überwiegend vom Vorrang des Betriebsverfassungsgesetzes ausgeht, entgegengehalten, daß eine Beteiligung des Betriebsrates gerade im Konkurs des Arbeitgebers geboten sein müsse, da anderenfalls das Mitbestimmungsrecht der §§ 111 ff. BetrVG 72 gerade dann keine Bedeutung hätte, wenn Arbeitnehmer in besonders hohem Maße sozial betroffen sind, was dem Grundgedanken der betrieblichen Mitbestimmung zuwiderliefe. Im übrigen geht die Argumentation dahin, daß für die Frage, ob die Aufstellung eines Sozialplans im Konkurs dessen Zweck unterlaufe und daher eine gesetzeswidrige Bevorzugung der von ihm erfaßten Arbeitnehmer darstellt, allein auf die Teleologie der Mitbestimmung über den Sozialplan abzustellen sei[5]. Die Zulässigkeit eines Sozialplans im Konkurs stelle „keine konkursrechtliche, sondern eine betriebsverfassungsrechtliche Frage dar, die durch Auslegung der §§ 111 - 113 BetrVG 72 zu klären ist"[6]. Sähe man deren Telos in einem Nachteilsausgleich, so sei folgerichtig, daß die Aufstellung eines Sozialplanes auch im Konkurs des Arbeitgebers verlangt werden könne[7]. Denn die durch einen Sozialplan begründeten Ansprüche würden nicht nur zukunfts-, sondern vielmehr auch vergangenheitsorientiert sein, da sie einen „Ausgleich für den Verlust des Arbeitsplatzes und des erworbenen Besitzstan-

---

[2] Vgl. *Uhlenbruck*, BlStSozArbR 1976, S. 145, 147 f.; *Bötticher*, BB 1975, S. 977, 979; *Berges*, RdA 1977, S. 271, 276 f.; LAG Düsseldorf, EzA Nr. 1 zu § 59 KO (S. 6).

[3] *Uhlenbruck*, BlStSozArbR 1976, S. 145; *Berges*, in: FS für Friedrich Weber, S. 57, 60 ff.

[4] *Dietz / Richardi*, § 112 Rdnr. 92; GK / *Fabricius*, § 111 Rdnr. 59; *Fitting / Auffarth / Kaiser*, § 111, Rdnr. 26 b, § 112, Rdnr. 15 a; *Galperin / Löwisch*, § 112, Rdnr. 72; *Kammann / Hess / Schlochauer*, § 112, Rdnr. 74; *Richardi*, Sozialplan, S. 40 ff.; *ders.*, DB 1976, Beil. 6, S. 3 f.; *ders.*, RdA 1979, S. 163; *Dorndorf*, Sozialplan im Konkurs, S. 25 ff.; *Gamillscheg*, FS für Bosch, S. 217; *Brill*, AR-Blattei, Konkurs IV, b II; *Uhlenbruck*, KTS 1973, S. 89 f.; *ders.*, BB 1973, S. 1362; *Heinze*, DB 1974, S. 1814; *ders.*, NJW 1980, S. 147 f.; *Weitnauer*, ZfA 1977, S. 130; *Weller*, BB 1977, S. 599.

[5] *Dietz / Richardi*, § 112, Rdnr. 94; *Schlüter*, Die konkursrechtliche Einordnung der Sozialplanansprüche, S. 113; *Willemsen*, Arbeitnehmerschutz bei Betriebsänderungen im Konkurs, S. 121 ff.; *Richardi*, DB 1976, Beil. 6, S. 5 f.

[6] BAGE (GS) 31, S. 176 (185) = AP Nr. 6 zu § 112 BetrVG 72.

[7] *Dietz / Richardi*, § 112, Rdnr. 23.

des"[8] darstellten, mithin ihren eigentlichen Ursprung in den bereits bei Konkurseröffnung bestehenden Arbeitsverhältnissen haben würden[9].

Der Ansicht, wonach die Regelungen über den Sozialplan auch im Konkurs des Arbeitgebers Anwendung finden, hat sich auch der Große Senat des BAG angeschlossen, indem er feststellt: „Auch der Sozialplan und die Sozialplanabfindung haben im Konkursfall ihren Platz"[10] und bestätigt, daß eine Lösung der Frage nur unter betriebsverfassungsrechtlichen Gesichtspunkten in Frage käme. Die Besonderheit der Ansprüche aus einem Sozialplan bestünde lediglich darin, daß sie nicht auf einer individualrechtlichen Vereinbarung beruhen, sondern durch eine kollektivrechtliche Lösung verwirklicht werden, ihren Ursprung jedoch im einzelnen Arbeitsverhältnis haben.

Im Ergebnis ist daher festzustellen, daß es zumindest nach der Entscheidung des GS des BAG von 1978 als gesichert angesehen werden konnte, daß die Regelungen über den Sozialplan auch im Konkurs des Arbeitgebers Anwendung zu finden haben.

Das BVerfG hat mit seiner Entscheidung vom 19.10.1983[11] zwar formell nur die Urteile des BAG vom 19.12.1979[12] aufgehoben. Die Entscheidung des BVerfG ist jedoch gem. § 31 BVerfGG mit bindender Wirkung ausgestattet, deshalb wirkt sie sich auch auf die Geltung der im Beschluß des GS des BAG vom 13.12.1978[13] aufgestellten Grundsätze aus. Wegen der Bindungswirkung des § 31 BVerfGG werden daher alle Passagen des Beschlusses des BAG von 1978 aufgehoben, die im Widerspruch zu den tragenden Gründen der Entscheidung des BVerfG stehen. Das BVerfG hat sich in seiner Entscheidung von 1983 *nicht* zur Frage der Zulässigkeit einer Sozialplanaufstellung im Konkurs geäußert.

Zwar spricht es davon, „daß das BetrVG weder ausdrücklich die Frage regelt, ob im Konkurs ein Sozialplan aufzustellen (ist), noch welchen Rang Sozialplanansprüche gegebenenfalls einnehmen sollen"[14]. Eine Stellungnahme folgt dieser Feststellung jedoch nicht, woraus geschlossen werden kann, daß es hinsichtlich der Frage der Zulässigkeit einer Sozialplanaufstellung im Konkurs bei der Entscheidung des GS des BAG von 1978 verbleiben

---

[8] BAGE (GS) 31, S. 176 (188).

[9] *Dietz / Richardi*, § 112, Rdnr. 94.

[10] BAGE (GS) 31, S. 176 (187) = AP Nr. 6 zu § 112 BetrVG 72.

[11] BVerfGE 65, S. 182ff.

[12] DB 1980, S. 1352 = AP Nr. 10 zu § 112 BetrVG 72. In dem Urteil wurde klargestellt, daß Sozialplanansprüche im Konkurs keine Masseschulden i.S.v. § 59 KO, sondern Konkursforderungen mit Rang vor § 61 I Nr. 1 KO sind.

[13] BAGE 31, S. 177ff. = AP Nr. 6 zu § 112 BetrVG 72.

[14] BVerfGE 65, S. 182 (192 u.).

sollte, wonach die §§ 111 ff. BetrVG 72 auch für diesen Fall zur vollen Geltung gelangen[15].

Auch das aus der Entscheidung des BVerfG die Konsequenzen ziehende Urteil des BAG[16], nach dem die Abfindungsansprüche aus einem Sozialplan als einfache Konkursforderungen gem. § 61 I Nr. 6 KO zu behandeln sind, beläßt es hinsichtlich dieses Punktes bei der Entscheidung des Großen Senats von 1978. Das BAG unterstreicht in den Gründen dieser Entscheidung, daß jenes Element des Beschlusses von 1978 von der Aufhebung durch das BVerfG nicht betroffen sei und daher gem. § 45 III ArbGG i.V.m. § 138 III GVG nach wie vor Bindungswirkung entfalte[17].

Im Ergebnis läßt sich abschließend festhalten, daß bis zum Inkrafttreten von BeschfG 85 und SozplG 85 die §§ 111 ff. BetrVG 72 nach ganz herrschender Ansicht in Rechtsprechung und arbeitsrechtlichem Schrifttum auch im Insolvenzfalle des Arbeitgebers Geltung beanspruchen konnten.

II. Die Zulässigkeit der Aufstellung eines Sozialplans im Konkurs im Lichte des SozplG 85

Das Gesetz über den Sozialplan im Konkurs- und Vergleichsverfahren (SozplG)[18] trifft hinsichtlich der Frage der Anwendbarkeit der §§ 111 ff. BetrVG 72 im Insolvenzfall des Arbeitgebers keine ausdrückliche Entscheidung, sondern geht von der vorgefundenen Rechtslage aus, die oben unter I. skizziert wurde. So regelt § 2 SozplG 85 u.a. das zulässige finanzielle Volumen eines Sozialplans, der *nach* der Eröffnung des Konkursverfahrens aufgestellt wird. Schon daraus läßt sich schließen, daß vom Gesetzgeber als selbstverständlich vorausgesetzt wird, daß der Abschluß eines solchen Sozialplans ohne weiteres als zulässig zu behandeln ist. In den Gesetzesmotiven heißt es u.a., daß „die Vorschrift (des § 2 SozplG 85) dem geltenden Recht entsprechend (voraussetzt), daß die §§ 111 ff. des Betriebsverfassungsgesetzes auch in einem Insolvenzverfahren anwendbar sind"[19].

Die durch den Beschluß des GS des BAG von 1978 geschaffene Rechtslage wird daher durch die Vorschriften des SozplG 85 zwar nicht ausdrücklich bestätigt, durch ihre bloße Existenz jedoch schon als bestehend vorausgesetzt.

---

[15] BAGE 31, S. 176 ff. = AP Nr. 6 zu § 112 BetrVG 72.
[16] BAGE 45, S. 357 ff.
[17] BAGE 45, S. 357 ff. (363).
[18] BGBl. I 1985, S. 359.
[19] Vgl. amtl. Begr. zum Gesetzentwurf, BT-Drucks. 10/2129, S. 7.

III. Die Auswirkungen des BeschfG 85 auf die Zulässigkeit eines Sozialplans im Konkurs (Einfügung des neuen § 112a ins BetrVG)

Der durch das BeschfG 85 in das BetrVG 72 neu eingefügte § 112a schränkt die Aufstellung eines Sozialplans nach § 112 IV, V BetrVG 72, also eines erzwingbaren Sozialplans bei Betriebsänderungen, die lediglich in einem Personalabbau bestehen, sowie bei neugegründeten Unternehmen ein. Die in § 112a BetrVG 72 enthaltenen Einschränkungen betreffen *alle* der Betriebsverfassung unterliegenden Betriebe bzw. Unternehmen, also auch solche, die sich im Konkurs befinden.

1. Die in § 112a I BetrVG 72 enthaltenen Regelungen

§ 112a I BetrVG 72 begrenzt die Anwendbarkeit des § 112 IV, V BetrVG 72 bei Betriebsänderungen i.S.v. § 111 BetrVG 72, die lediglich in einem bloßen Personalabbau, also nicht in einer Änderung sächlicher Betriebsmittel bestehen. Es stellt sich die Frage, ob die Vorschrift über die allgemeine Bedeutung hinaus für die Untersuchung der Frage der Zulässigkeit eines Sozialplans im Konkurs von besonderem Gewicht ist. Denn in den meisten Fällen ist mit einem Konkursverfahren nicht nur ein bloßer Personalabbau, sondern auch eine Einschränkung sächlicher Betriebsmittel u.U. bis zur gesamten Stillegung des Betriebes oder eines wesentlichen Betriebsteiles verbunden. So wurden nach einer im Jahre 1982 von *Gessner / Plett* durchgeführten Untersuchung 76% der Unternehmen, die nach § 111 S. 1 BetrVG 72 sozialplanpflichtig waren, nach der Insolvenz sofort oder nach einer meist kurzen Abwicklungsperiode stillgelegt[20]. Dieser Umstand dürfte auf das Fehlen eines wirkungsvollen sanierungspolitischen Instrumentariums[21] zurückzuführen sein, dessen Erschaffung im Mittelpunkt der kommenden Insolvenzrechtsreform steht. In den anderen Fällen, in denen eine Veräußerung des Betriebes oder von Betriebsteilen gelang, ist nur in wenigen (zwei von 49) Fällen eine Übernahme der Arbeitsverhältnisse nach § 613a BGB erfolgt[22], so daß bei den Arbeitnehmern, die neue Arbeitsverträge vom Erwerber des Betriebes erhielten, der Tatbestand einer Betriebsänderung i.S.d. § 111 Nr. 1 - 5 BetrVG 72 nicht gegeben sein dürfte.

Im Ergebnis sei daher festgehalten, daß für die Frage, ob im Konkurs des Unternehmens ein Sozialplan aufzustellen ist, § 112a I BetrVG 72 keine allzu große praktische Bedeutung erlangen wird, da bei insolvenzbedingten

---

[20] *Gessner / Plett,* Der Sozialplan im Konkursunternehmen, S. 39 Tabelle 19.

[21] Vgl. hierzu etwa *Axel Flessner,* Sanierung und Reorganisation, Tübingen 1982.

[22] *Gessner / Plett,* S. 46. Wenn § 613a BGB eingreift, ist die Anwendung der §§ 111ff. BetrVG 72 ausgeschlossen, BAG DB 1980, S. 164.

Betriebsänderungen entweder nicht nur ein bloßer Personalabbau, oder, bei Übernahme des Betriebes und der Arbeitsverhältnisse nach § 613a BGB, eine Betriebsänderung nach § 111 BetrVG 72 nicht vorliegen wird. § 112a I BetrVG 72 betrifft demnach in erster Linie die Anwendbarkeit des § 112 IV, V BetrVG 72 außerhalb des Insolvenzunternehmens und sei daher im Rahmen der vorliegenden Untersuchung nur kurz dargestellt. Hinsichtlich des Begriffes der *Betriebseinschränkung* i.S.d. Nr. 1 des § 111 BetrVG 72 war seit dessen Einführung erheblich umstritten, ob er auch einen bloßen Personalabbau unter Beibehaltung sächlicher Betriebsmittel umfaßt.

Nach der Rechtspr. des BAG ist eine Betriebseinschränkung i.S.v. § 111 Nr. 1 BetrVG 72 zu definieren als eine erhebliche, ungewöhnliche und nicht nur vorübergehende Herabsetzung der Leistungsfähigkeit des Betriebes, gleichgültig, ob die Minderung der Leistungsfähigkeit durch Außerbetriebsetzung von Betriebsanlagen oder allein durch Personalreduzierung erfolgt[23]. Eine Personalreduzierung sei allerdings nur dann eine Betriebseinschränkung, wenn es sich bei ihr um eine außergewöhnliche, vom regelmäßigen Erscheinungsbild des Betriebes abweichende Maßnahme handele. Gewöhnliche Schwankungen der Betriebstätigkeit, die mit der Eigenart des jeweiligen Betriebes zusammenhängen, seien keine Betriebsänderungen i.S.v. § 111 Nr. 1 BetrVG 72, auch wenn eine größere Zahl von Arbeitnehmern entlassen würde[24].

Voraussetzung dafür, daß überhaupt eine Betriebsänderung vorliegt, in deren Folge §§ 112, 112a BetrVG 72 eingreifen ist demnach, daß es sich bei der Personalreduzierung um eine außergewöhnliche handelt. Fehlt es an diesem Merkmal, ist auch unter der Geltung von § 112 V BetrVG 72 ein mitbestimmungsfreier Personalabbau möglich[25].

In den folgenden Fällen liegt daher ein mitbestimmungsfreier Personalabbau vor[26]:

- Bei allen Rationalisierungsmaßnahmen, bei denen trotz Personaleinsparung die Produktionskapazität des Betriebes erhalten bleibt oder gesteigert wird,
- bei vorübergehender alltäglicher Anpassung der Belegschaftsgröße an die Marktlage aufgrund saisonbedingter oder kurzfristiger konjunktureller Schwankungen[27],

---

23 BAG AP Nr. 3 zu § 111 BetrVG 1972.

24 BAG AP Nr. 3 zu § 112 BetrVG 1972, aus der Lit. sind zustimmend: *Fitting / Auffarth / Kaiser / Heither,* § 111, Rdnr. 23; *Dietz / Richardi,* § 111, Rdnr. 25; GK / *Fabricius,* § 111, Rdnr. 45; *Bulla,* RdA 80, S. 236ff. (242); *Hanau,* ZfA 1974, S. 89ff. (98).

25 Vgl. amtl. Begr. zu § 112a, BT-Drucks. 10/2102, S. 28.

26 Vgl. hierzu auch *Stege / Weinspach,* §§ 111 - 113, Rdnr. 36a - 36d.

27 Vgl. BAG BB 79, S. 1751.

- bei gewöhnlichen Schwankungen der Betriebstätigkeit, die die „Stammbelegschaft" nicht berühren[28],
- bei Beendigung eines Großauftrages, der vorübergehend einen erhöhten Personalbedarf erfordert hat.

Sind also die vorgenannten Konstellationen nicht gegeben, handelt es sich mithin um einen Personalabbau, der außergewöhnlich und daher eine Betriebseinschränkung i.S.v. § 111 Nr. 1 BetrVG 72 ist, greifen die Regeln über den Sozialplan und damit auch § 112a I BetrVG 72 ein. Danach finden die Regelungen über den erzwingbaren Sozialplan (§ 112 IV, V BetrVG 72) im Falle eines bloßen Personalabbaus nur dann Anwendung, wenn

- in Betrieben, in denen in der Regel 20 - 59 Arbeitnehmer beschäftigt sind, 20% der Arbeitnehmer, mindestens jedoch 6,
- in Betrieben, in denen in der Regel 60 - 249 Arbeitnehmer beschäftigt sind, 20% *oder* mindestens 37,
- in Betrieben, die in der Regel 250 - 499 Arbeitnehmer beschäftigen, 19% *oder* mindestens 60,
- in Betrieben mit mindestens 500 regelmäßig beschäftigten Arbeitnehmern 10%, mindestens jedoch 60

Arbeitnehmer aus betriebsbedingten Gründen entlassen werden. In Ziffern 1) und 4) des § 112a I BetrVG 72 bedeutet dabei die benannte Zahl der zu entlassenden Arbeitnehmer eine Beschränkung insofern, als daß § 112 IV, V BetrVG 72 trotz Erreichens der Prozentgrenzen nicht anwendbar ist, wenn nicht die bestimmte Mindestzahl von Arbeitnehmern von einer Entlassung betroffen ist. Dagegen gelten die in Ziffern 2) und 3) angegebenen Mindestzahlen erst dann absolut, wenn die benannten Prozentzahlen höher sind als die Mindestzahl (*oder* mindestens 37/60 Arbeitnehmer . . .). Solange dies nicht der Fall ist, stellt die jeweilige Prozentzahl die Grenze dar. Bei der Ermittlung der jeweiligen Zahlengrenzen ist nicht auf die Zahl der in einem Betriebsbereich beschäftigten Arbeitnehmer, sondern auf die aller im Betrieb beschäftigten Arbeitnehmer abzustellen[29]. Das Merkmal „betriebsbedingt" in § 112a I BetrVG 72 stellt klar, daß in die Berechnung nicht verhaltens- oder personenbedingte Kündigungen einzubeziehen sind, auch wenn sie zeitlich mit den geplanten betriebsbedingten Entlassungen zusammentreffen[30]. Ebenso scheiden Arbeitnehmer aus, deren Arbeitsverhältnis durch Befristung (vgl. Art. 1 § 1 BeschfG 85) endet oder die infolge Errei-

---

[28] So auch amtl. Begr. zu § 112a, BT-Drucks. 10/2102, S. 28.

[29] Vgl. BAG BB 80, S. 1207, *Stege / Weinspach,* §§ 111 - 113, Rdnr. 44.

[30] Vgl. amtl. Begr., BT-Drucks. 10/2102, S. 28; *Stege / Weinspach,* §§ 111 - 113, Rdnr. 41.

chens der Altersgrenze freiwillig ausscheiden und keine Nachteile durch die getroffene Personalmaßnahme erleiden.

Die in § 112a I BetrVG 72 durch den Gesetzgeber getroffenen Regelungen schreiben die Rechtsprechung des BAG insofern fest, als sie bestätigen, daß auch ein bloßer Personalabbau ohne Einschränkung sächlicher Betriebsmittel als Betriebseinschränkung und damit Betriebsänderung im Rahmen der § 111 - 113 BetrVG 72 zu behandeln ist[30a]. Jedoch wird die Rspr. hinsichtlich der Erzwingbarkeit von Sozialplänen durch Erhöhung der Personenzahlen über den von § 17 I KSchG bestimmten Rahmen durch § 112a I BetrVG 72 verändert[31]. Das Merkmal der *Wesentlichkeit* des Betriebsteils i.S.v. § 111 Nr. 1 BetrVG 72 wird durch das BAG unter Rückgriff auf § 17 I KschG und die dort genannten Zahlen und Prozentangaben über die Anzeigepflicht bei Massenentlassungen mit der Maßgabe definiert, daß von dem Personalabbau mindestens 5% der Belegschaft betroffen sein müssen, da 5% die unterste Grenze darstellten, bei der man noch von einem erheblichen Teil der Belegschaft sprechen könne[32]. Im Rahmen des neuen § 112a BetrVG 72 setzt damit die Sozialplanpflicht im Vergleich zur bisherigen, vom BAG geschaffenen Rechtslage erst später, d.h. dann ein, wenn ein die Grenzen des § 17 I KschG erheblich überschreitender Personalabbau stattfindet.

Unbenommen bleibt es jedoch den Betriebspartnern, einen Sozialplan auf freiwilliger Basis ohne Einschaltung der Einigungsstelle auch dann zu vereinbaren, wenn die Voraussetzungen des § 112a I BetrVG 72 gegeben sind und damit eine Sozialplanpflicht des Arbeitgebers an sich nicht gegeben wäre[33].

§ 112a I S. 2 BetrVG 72 stellt klar, daß als Entlassung i.S.v. § 112a I S. 1 auch das aus Gründen der Betriebsänderung veranlaßte Ausscheiden von Arbeitnehmern aufgrund von Aufhebungsverträgen gilt. Der Sinn der Regelung darf dahin verstanden werden, daß verhindert werden soll, daß der Arbeitgeber durch Abschluß der notwendigen Anzahl solcher Aufhebungsverträge unter der die Erzwingbarkeit des Sozialplans auslösenden Grenzzahl bleibt[34].

Eine Stellungnahme zu dem vom BeschfG 85 neu eingeführten § 112a I BetrVG 72 muß sich zwangsläufig mit der Frage befassen, wie die betriebliche Praxis die durch die neu geschaffene Rechtslage entstandenen Fragen

---

30a Grundlegend BAGE 32, S. 14 = AP Nr. 4 zu § 111 BetrVG 72 mit zust. Anm. v. *Birk*, SAE 1980, S. 90 und abl. Anm. v. *Reuter;* bestätigt BAG AP Nr. 5 - 8 zu § 111 BetrVG 72.

31 Vgl. amtl. Begr. zu § 112a, BT-Drucks. 10/2102, S. 27f.; *Wlotzke*, NZA 84, S. 221.

32 BAG BB 79, S. 1501, BAGE 32, S. 339 (348f.) = AP Nr. 7 zu § 111 BetrVG 72.

33 Vgl. amtl. Begr. BT-Drucks. 10/2102, S. 17.

34 Vgl. amtl. Begr. zu § 112a, BT-Drucks. 10/2102, S. 28; *Stege / Weinspach*, §§ 111 - 113, Rdnr. 42.

zur Anwendbarkeit des § 112 IV, V BetrVG 72 bewältigen wird. Denn nunmehr müssen bei betriebsbedingtem außergewöhnlichem Personalabbau drei Gruppen von Entlassungen hinsichtlich ihrer Rechtsfolgen voneinander unter schieden werden:

- Unterhalb der Grenzen des § 17 I KschG ist eine Betriebseinschränkung in Form von Personalabbau i.S.d. § 111 Nr. 1 BetrVG 72 im allgemeinen von jeder Mitbestimmung frei. Eine Ausnahme hiervon besteht nur bei einem stufenweisen Personalabbau aufgrund einer einheitlichen Planung[35].
- Oberhalb der Grenzen des § 17 I KschG, jedoch unterhalb der des § 112a I, Nr. 1 - 4 BetrVG 72 besteht nach Absicht des Gesetzgebers die Unterrichtungs- und Beratungspflicht des Unternehmers nach § 111 S. 1 BetrVG 72 sowie die Pflicht, über einen Interessenausgleich nach § 112 I - III BetrVG 72 zu verhandeln. Bei Verletzung der Rechte des Betriebsrats hinsichtlich des Interessenausgleichs besteht u.U. ein Nachteilsausgleichsanspruch des Arbeitnehmers aus § 113 BetrVG 72[36]. § 112a I BetrVG 72 führt jedoch dazu, daß die Pflicht zum Abschluß eines Sozialplans in diesem Bereich zukünftig entfällt. Es ist *Stege / Weinspach* darin zuzustimmen, wenn die getroffene Regelung für wenig sinnvoll gehalten wird[37]. Denn immerhin wird der Unternehmer mit dem Erreichen der Grenzen des § 17 I KschG gezwungen, mit dem Betriebsrat, u.U. unter Anrufung der Einigungsstelle, nach § 112 III BetrVG 72 über die Herbeiführung eines Interessenausgleichs zu verhandeln, ohne daß hieraus ein erzwingbarer Anspruch auf Abschluß eines Sozialplans entsteht, was ja wohl der Sache angemessen und naheliegend wäre. Nach alledem dürfte es für die Rechtsprechung unausweichlich sein, aus Gründen der Rechtseinheit bei einem bloßen Personalabbau von den Grenzen des § 17 I KschG gänzlich abzurücken und sich für das Eingreifen der Unterrichtungs- und Beratungspflicht sowie des Mitbestimmungsrechtes des Betriebsrats hinsichtlich eines Interessenausgleichs gem. § 112 I - III BetrVG 72 an den von § 112a I Nr. 1 - 4 BetrVG 72 normierten Grenzzahlen zu orientieren.
- Wenn die Grenzen der Nr. 1 - 4 des § 112a I BetrVG 72 bei einem Personalabbau, der den Voraussetzungen des § 111 Nr. 1 BetrVG 72 entspricht, erreicht sind, hat der Betriebsrat über die o.g. Rechte hinaus einen Anspruch auf Abschluß eines Sozialplans nach § 112 IV, V BetrVG 72.

Bei alledem ist jedoch zu beachten, daß eine Pflicht zum Abschluß eines (erzwingbaren) Sozialplans auch dann gegeben ist, wenn die Grenzen des § 112a I, Nr. 1 - 4 BetrVG 72 zwar nicht erreicht sind, die Betriebsänderung

---

[35] BAG BB 78, S. 1362; DB 79, S. 1751.

[36] Vgl. amtl. Begr. BT-Drucks. 10/2102, S. 18, 27.

[37] *Stege / Weinspach*, §§ 111 - 113, Rdnr. 43b.

aber nicht nur in einem außergewöhnlichen Personalabbau, sondern gleichzeitig einer Änderung der sächlichen Betriebsmittel besteht. Es ist zu befürchten, daß der Streit um den Begriff der Betriebsänderung neu beginnt, wird doch so mancher Arbeitgeber in Zukunft versuchen nachzuweisen, daß zwar ein außergewöhnlicher Personalabbau unterhalb der Grenzen des § 112a I, Nr. 1 - 4 BetrVG 72, nicht aber eine Einschränkung der sächlichen Betriebsmittel bei der von ihm vorgenommenen Betriebsänderung vorliegt, obwohl gerade dies in Wirklichkeit der Fall ist[38].

Im Ergebnis erscheint es jedenfalls zweifelhaft, ob die vom Gesetzgeber in § 112a I Nr. 1 - 4 BetrVG 72 getroffene Regelung den von der betrieblichen Praxis gestellten Anforderungen an Praktikabilität genügen wird.

2. Die in § 112a II BetrVG 72 enthaltene Regelung

Nach der Diktion des Gesetzgebers sollen die im BeschfG 85 enthaltenen, den Sozialplan betreffenden Regelungen u. a. das Ziel verfolgen, neu gegründeten Unternehmen die schwierige Anfangsphase des Aufbaus dadurch zu erleichtern, daß sie nicht mit hohen Sozialplanlasten belastet werden, sollten Betriebsänderungen notwendig werden. „Sie sollen der Sorge mancher Arbeitgeber entgegenwirken, daß bei geplanten Betriebsänderungen unberechenbar hohe Sozialplanlasten auf das Unternehmen zukommen“[39]. Demzufolge schreibt der neugeschaffene § 112a II BetrVG 72 vor, daß in Betrieben von Unternehmen, die nach dem 1.5.1985 neu gegründet wurden, in den ersten vier Jahren nach der Unternehmensgründung generell sämtliche Betriebsänderungen i. S. d. § 111 BetrVG 72 durchgeführt werden können, ohne daß dem Betriebsrat ein Anspruch nach § 112 IV, V BetrVG 72 auf Abschluß eines über die Einigungsstelle erzwingbaren Sozialplans zusteht. Es verbleibt allerdings außerhalb dieser Ausnahmeregelung bei der vollen Anwendbarkeit der §§ 111, 112 I - III, 113 BetrVG 72 bei Betriebsänderungen, bei § 112 I - III BetrVG 72 notfalls unter Einschaltung der Einigungsstelle[40].

Die Regelung des § 112a II BetrVG 72 stellt auf die Neugründung des Unternehmens, nicht des Betriebes ab. Wenn Unternehmen, die länger als vier Jahre bestehen, einen neuen Betrieb gründen, ist ihnen die Berufung auf § 112a II BetrVG 72 ebenso verwehrt wie Unternehmen und Konzernen, die rechtlich umstrukturiert werden und bei denen in diesem Zusammenhang Unternehmen neu gegründet werden (§ 112a II S. 2 BetrVG 72)[41].

---

[38] Der gleichen Ansicht ist *Hanau,* in: NZA 1984, S. 348.
[39] Amtl. Begr., BT-Drucks. 10/2102, S. 17.
[40] Vgl. amtl. Begr. zu § 112a II, BT-Drucks. 10/2102, S. 27.
[41] s. amtl. Begr., BT-Drucks. 10/2102, S. 28.

IV. Zwischenergebnis

Als Zwischenergebnis kann festgestellt werden, daß die Anwendbarkeit der §§ 111 ff. BetrVG 72 auch im Falle der Insolvenz des Arbeitgebers aus heutiger Sicht ernsthaft nicht mehr bestritten werden kann, zumal sie vom neugeschaffenen SozplG 85 geradezu vorausgesetzt wird. Die in § 112a BetrVG 72 enthaltenen Regelungen entfalten ihre Geltung bei allen Betriebsänderungen i.S.v. § 111 BetrVG 72, regeln den Sozialplan im Konkurs nicht besonders. Zusammenfassend läßt sich sagen, daß die vom BAG getroffene und vom BVerfG unbeanstandet gelassene Feststellung, die §§ 111 - 113 BetrVG 72 sind auch im Falle der Insolvenz des Arbeitgebers anzuwenden, als heute unbestrittenes geltendes Recht Eingang in die Literatur und betriebliche Praxis gefunden hat.

B. Grenzen des Sozialplans im Konkurs

I. Zeitliche Grenzen

Das Problem der zeitlichen Grenzen der Aufstellung eines Sozialplans im Konkurs betrifft weniger die Frage nach dem *frühestmöglichen* Eingreifen des Mitbestimmungsrechtes des Betriebsrates[1]. Bei realistischer Betrachtungsweise tritt nämlich das Problem in den Vordergrund, daß die Betriebspartner von den durch die Konkurseröffnung ausgelösten wirtschaftlichen Mechanismen, die bis hin zur schnellen Liquidation des Betriebes führen können, geradezu überrollt werden. Denn die in § 112 BetrVG 72 enthaltenen Regelungen zwingen Betriebsrat und Konkursverwalter zu eingehenden Verhandlungen, die u. U. bis zur Einschaltung der Einigungsstelle gelangen und damit um so langwieriger werden können. Das im BetrVG bei der Sozialplanaufstellung einzuhaltende Verfahren braucht *Zeit,* mehr Zeit, als im Einzelfall bis zur Durchführung der geplanten Betriebsänderung, im Konkurs meist der Stillegung des Betriebes, vergehen kann. Es stellt sich die Frage, wie zu verfahren ist, wenn eine nach dem Grundgedanken des § 112 BetrVG 72 rechtzeitige Sozialplanaufstellung, die nach dem Wortlaut des Gesetzes *vor* der durchzuführenden Maßnahme i. S. v. § 111 BetrVG 72 erfolgen soll, nicht zustandekommt, weil infolge der durch den Konkurs ausgelösten Mechanismen die Betriebsänderung in aller Eile vollzogen wurde. Insbesondere ergibt sich das Problem, ob es zulässig ist, einen Sozialplan aufzustellen, wenn 1. die geplante Betriebsänderung schon vollzogen wurde, insbesondere, wenn 2. infolge des Konkurses eine Betriebsstillegung schon stattgefunden hat.

1. Aufstellung eines Sozialplans nach vollzogener Betriebsänderung

Unter Beachtung des Wortlautes von § 112 I 2 BetrVG 72 ist festzustellen, daß nach der Idealvorstellung des Gesetzgebers die Aufstellung des Sozialplans *vor* der Durchführung der Betriebsänderung erfolgen soll („geplante" Betriebsänderung)[2]. Es ist jedoch zu beachten, daß nach der vom BetrVG 72

---

[1] Zum frühestmöglichen Zeitpunkt für die Aufstellung eines Sozialplans vgl. *Richardi,* Sozialplan, S. 26ff.; zu den „Risiken vorsorglicher Sozialpläne" *Hartung,* DB 1976, S. 2064ff. Rein vorsorgliche Sozialpläne ohne jeglichen Bezug zu einer geplanten Betriebsänderung sind wohl unzulässig, vgl. *Fitting / Auffarth / Kaiser,* § 112, Rdnr. 11; *Willemsen,* S. 144; *Fuchs,* Sozialplan, S. 94ff., der die Zulässigkeit von Rahmenvereinbarungen bejaht.

[2] *Hanau,* ZfA 1974, S. 89; 109, *Richardi,* Sozialplan, S. 29.

getroffenen Regelung das Mitbestimmungsrecht des Betriebsrates unabhängig davon besteht, ob und inwieweit der Unternehmer ihn an der geplanten Betriebsänderung vor deren Durchführung gem. §§ 111, 112 I 2 BetrVG 72 beteiligt hat. Unter der Geltung des BetrVG 52 war die Möglichkeit einer Beteiligung des Betriebsrates nach der Durchführung der Betriebsänderung ausgeschlossen, die in § 74 BetrVG 52 enthaltene Sanktion der Entlassungsentschädigung stellte eine dem Mitbestimmungseinfluß des Betriebsrates entzogene Folge bei betriebsverfassungswidriger Durchführung der Betriebsänderung dar[3]. Im BetrVG 72 besteht keine verfahrensmäßige Interdependenz zwischen der Regelung des § 112 I 2 BetrVG 72 und der des § 113. Würde die mit Sanktionswirkung[4] ausgestattete Nachteilsausgleichsregelung des § 113 BetrVG 72 die Mitbestimmungsrechte des Betriebsrates nach § 112 I 2 BetrVG 72 ausschließen, wenn die geplante Betriebsänderung ohne seine vorgesehene Mitwirkung durchgeführt wurde, so stünde es in der Disposition des Arbeitgebers, ob ein Sozialplan aufgestellt wird oder nicht. Er hätte damit also ein Wahlrecht zwischen dem Nachteilsausgleich gem. § 113 BetrVG 72 und einem Sozialplan nach § 112 BetrVG 72. Eine derartige Dispositionsmöglichkeit ist jedoch nicht mit der doppelgleisigen Regelung der Verfahren hinsichtlich des Sozialplans und des Nachteilsausgleiches im BetrVG 72 vereinbar, zumal dem Betriebsrat bei der Sozialplanaufstellung ein von § 113 BetrVG 72 unabhängiges Mitbestimmungsrecht zugestanden wird. Der Große Senat des BAG geht deshalb folgerichtig davon aus, daß neben dem gesetzlich begründeten Anspruch auf Nachteilsausgleich (wenn also die Betriebsänderung ohne die erforderliche Beteiligung des Betriebsrats durchgeführt wurde) auch Ansprüche aus einem Sozialplan bestehen können[5]. Im Ergebnis läßt sich daher feststellen, daß nach Sinn und Zweck der Gestaltung des Mitbestimmungsverfahrens in den §§ 111ff. BetrVG 72 der Betriebsrat die Aufstellung eines Sozialplans auch *dann* verlangen

---

[3] Vgl. *Dütz,* BetrVG 52, § 74, Rdnr. 1ff. Daneben war nach dem damaligen Rechtszustand die Möglichkeit freiwilliger Sozialpläne in Form einer Betriebsvereinbarung anerkannt (BAG AP Nr. 7 zu § 72 BetrVG 52 mit zust. Anm. von *Richardi*). Ihre Aufstellung im Wege der Zwangsschlichtung wurde dagegen ganz überwiegend abgelehnt, vgl. *Dietz,* BetrVG 52, § 73, Rdnr. 76; *Fitting / Krageloh / Auffarth,* BetrVG 52, § 73, Rdnr. 10.

[4] Den Sanktionscharakter des § 113 I S. 3 BetrVG 72 erkennen u.a. an: BAG AP Nr. 2 zu § 113 BetrVG 72 = DB 1979, S. 1897; LAG Hamm AP Nr. 1 zu § 112 BetrVG 72; LAG Düsseldorf, DB 1975, S. 1227ff.; *Böhm,* DB 1973, S. 1077ff.; 1079; *Fitting / Auffarth / Kaiser / Heither,* § 113, Rdnr. 25; GK / *Fabricius,* § 112, Rdnr. 68; *Hanau,* ZfA 1974, S. 89ff., 110; *Hanau / Adomeit,* Arbeitsrecht, D III 6; *Kaven,* Recht des Sozialplans, S. 66; *Otto,* SAE 1976, S. 22; *Gamillscheg,* FS für F. W. Bosch, S. 209ff., 219; *Galperin / Löwisch,* § 113, Rdnr. 1; *Willemsen,* Arbeitnehmerschutz, S. 412ff.; *Ohl,* Sozialplan, S. 154f.; *Stege / Weinspach,* BetrVG 72, §§ 111 - 113, Rdnr. 177; *Weitnauer,* ZfA 1977, S. 111ff., 116; *Schlüter,* Konkursrechtliche Behandlung, S. 44ff.; *Dietz / Richardi,* § 113, Rdnr. 2; amtl. Begr. DT-Drucks. VI 1786, S. 55.

[5] BAGE (GS) 31, S. 176 (207) = AP Nr. 6 zu § 112 BetrVG 72, dazu, daß das Wort „geplant" in § 111 S. 1 BetrVG 72 eine rein *zeitliche* Bedeutung hat, vgl. S. 189 der Entscheidung.

kann, wenn der Unternehmer die geplante Betriebsänderung bereits durchgeführt hat, wobei es unerheblich ist, ob er sich vorher im gesetzlich vorgesehenen Umfang um einen Interessenausgleich bemüht hat[6].

Voraussetzung für die Aufstellung eines Sozialplans *nach* durchgeführter Betriebsänderung ist jedoch, daß im Zeitpunkt des Beginns der Ausführung der geplanten Betriebsänderung ein Betriebsrat bestand[7]. Wird der Betriebsrat erst während der Durchführung der Betriebsänderung gewählt, so kann er nicht mehr die Aufstellung eines Sozialplans verlangen[8]. Diese Einschränkung des Mitbestimmungsrechtes des Betriebsrats hat vor allem deshalb zu erfolgen, weil der Unternehmer aus Gründen des Vertrauensschutzes bereits vor Durchführung einer geplanten Betriebsänderung wissen muß, ob in deren Gefolge mit Sozialplanansprüchen der Arbeitnehmer zu rechnen ist[9]. Ebenfalls wäre dem Konkursverwalter, der einen betriebsratslosen Betrieb vorfindet, jede gesicherte Basis für seine Entscheidung über geplante weitere Betriebsänderungen, die er vor der Gläubigerschaft zu vertreten hat, entzogen, wäre durch die Wahl eines Betriebsrates *nach* vollzogener Betriebsänderung die Möglichkeit einer rückwirkenden Inkraftsetzung der Sozialplanmitbestimmung gegeben[10]. Nach alledem ist unter Berücksichtigung des Grundsatzes von Treu und Glauben nur einem bei Beginn der Durchführung einer Betriebsänderung bestehenden Betriebsrat möglich, auch nach deren Vollzug die Aufstellung eines Sozialplans gem. § 112 I S. 2 BetrVG 72 verlangen zu können.

2. Aufstellung eines Sozialplans bei vollzogener Betriebsstillegung

Problematisch ist die Aufstellung eines Sozialplans nach vollzogener Betriebsstillegung als Spezialfall einer Betriebsänderung i.S.v. § 111 S. 1 Nr. 1 BetrVG 72.

---

[6] BAG AP Nr. 5 zu § 111 BetrVG 72 mit zust. Anm. von *Birk;* LAG Hamm AP Nr. 1 zu § 112 BetrVG 72 mit zust. Anm. von *Gaul; GK / Fabricius,* § 112, Rdnr. 23 - 25; *Dietz / Richardi,* § 112, Rdnr. 40; *Fitting / Auffarth / Kaiser / Heither,* § 112, 112a, Rdnr. 16, 20; *Galperin / Löwisch,* § 112, Rdnr. 78; *Kammann / Hess / Schlochauer,* § 112, Rdnr. 194; *Stege / Weinspach,* §§ 111 - 113, Rdnr. 149; *Weiss,* § 112, Rdnr. 11; *Rumpff,* Mitbestimmung in wirtschaftlichen Angelegenheiten, S. 351f.; *Richardi,* Sozialplan, S. 28ff.; *Kaven,* Recht des Sozialplans, S. 63; *Willemsen,* Arbeitnehmerschutz, S. 144ff.; *Böhm,* BB 1973, S. 1078f.; *Hanau,* ZfA 1974, S. 109.

[7] Ebenso BAG vom 20.4.1982 – 1 ABR 3/80, AP Nr. 15 zu § 111 BetrVG 1972; LAG Berlin, DB 1973, S. 207; LAG Hamm, DB 1975, S. 697 = BB 1975, S. 560 mit zust. Anm. von *Schäfer; Fitting / Auffarth / Kaiser / Heither,* § 112, 112a, Rdnr. 40; *Galperin / Löwisch,* § 111, Rdnr. 7; *Hess / Schlochauer / Glaubitz,* § 111, Rdnr. 2, *Rumpff,* Mitbestimmung in wirtschaftlichen Angelegenheiten, S. 220f.; *Dietz / Richardi,* § 111, Rdnr. 11, *Willemsen,* Arbeitnehmerschutz, S. 148f.

[8] BAG AP Nr. 15 zu § 111 BetrVG 1972.

[9] LAG Hamm DB 1975, S. 697ff., S. 698 = BB 1975, mit zust. Anm. von *Schäfer,* S. 561; *Willemsen,* Arbeitnehmerschutz, S. 149.

[10] So auch *Willemsen,* Arbeitnehmerschutz, S. 149.

Wie schon oben festgestellt, ist die Aufstellung eines Sozialplans allerdings nur dann möglich, wenn ein Betriebsrat besteht. Nach ganz einhelliger Auffassung in Rechtsprechung und Literatur[11] endet jedoch das Amt des Betriebsrates und damit der Betriebsrat als Organ der Mitbestimmung automatisch mit der vollständigen Betriebsstillegung, ohne daß es dazu weiterer konstitutiver Akte, etwa einer Kündigung der Betriebsratsmitglieder bedarf. Die Aufstellung eines Sozialplans würde unter Berücksichtigung dieses Grundsatzes daran scheitern, daß dem Arbeitgeber kein Verhandlungspartner der Arbeitnehmerschaft mehr gegenübersteht.

Vom oben beschriebenen Grundsatz, daß das Amt des Betriebsrats mit der Stillegung des Betriebes endet, wird nach ganz überwiegender Auffassung in Rechtsprechung und Literatur[12], der sich hier angeschlossen wird, eine Ausnahme bei der Aufstellung eines Sozialplanes gemacht: Danach muß der Betriebsrat trotz einer Betriebsstillegung „jedenfalls so lange als funktionsfähig angesehen werden, bis ein von ihm angestrebter Sozialplan rechtswirksam zustande gekommen ist"[13]. Der Betriebsrat besitzt also ein Rest- oder Liquidationsmandat, das sich auf die Wahrnehmung des Mitbestimmungsrechtes aus § 112 I 2 BetrVG 72 beschränkt. Es existiert jedoch nur *so* lange, wie *tatsächlich* noch ein Betriebsrat als Vereinigung der Betriebsratsmitglieder mit dem Willen, ein Restmandat wahrzunehmen, besteht[14].

Allerdings ist es dem Unternehmer und erst recht dem Konkursverwalter nicht zuzumuten, sich nach der Betriebsstillegung auf unbegrenzte Zeit darauf einstellen zu müssen, daß evtl. ein aufgrund eines Restmandates bestehender Betriebsrat mit dem Verlangen nach Sozialplanverhandlungen an sie herantritt. Es ist vielmehr nach Treu und Glauben zu fordern, daß der Betriebsrat *unverzüglich* i.S.v. § 121 BGB nach Kenntniserlangung von der Betriebsstillegung die Aufstellung eines Sozialplans verlangt. Tut er dies

[11] BAG AP Nr. 15 zu § 13 KschG; AP Nr. 11 zu § 102 BetrVG 72; LAG Düsseldorf DB 1975, S. 1227; DB 1976, S. 692; ArbG. Düsseldorf; BB 1976, S. 37; *Dietz / Richardi,* § 21, Rdnr. 29, 32; *Fitting / Auffarth / Kaiser / Heither,* § 21, Rdnr. 30; *Hueck / Nipperdey / Säcker,* Arbeitsrecht II 2, § 57 (S. 1173); *Nikisch,* Arbeitsrecht III, § 98 II 2 (S. 119); *Stege / Weinspach,* §§ 111 - 113, Rdnr. 150; *Willemsen,* Arbeitnehmerschutz, S. 150ff.

[12] BAG AP Nr. 9 zu § 112 BetrVG 72; AP Nr. 12 zu § 112 BetrVG 72; LAG Hamm, DB 1976, S. 154; LAG Düsseldorf, DB 1976, S. 1075; *Blomeyer,* ZfA 1975, S. 243ff.; *Borngräber,* Arbeitsverhältnis bei Betriebsübergang, S. 44; *Fitting / Auffarth / Kaiser / Heither,* § 21, Rdnr. 31 u. § 112, 112a, Rdnr. 40; *Kaven,* Sozialplan, S. 59; *Hanau / Adomeit,* Arbeitsrecht, D III 6; *Ohl,* Sozialplan, S. 75f.; *Stege / Weinspach,* §§ 111 - 113, Rdnr. 150; *Schlüter,* Konkursrechtliche Behandlung, S. 139ff.; *Uhlenbruck,* RdA 1976, S. 248ff., 252; anders *Dietz / Richardi,* § 112, Rdnr. 44, 45, die ein völliges Erlöschen des Betriebsratsamtes bei Kündigung der Betriebsratsmitglieder gem. § 15 IV KschG annehmen und die dadurch entstehende Gesetzeslücke durch die Möglichkeit der Einsetzung eines Treuhänders vor der Betriebsstillegung durch den Betriebsrat ausräumen.

[13] BAG AP Nr. 9 zu § 112 BetrVG 72; ebenso bereits AP Nr. 6 zu § 59 KO.

[14] BAG DB 1981, S. 2180.

nicht, hat er sein Mitbestimmungsrecht aus § 112 I 2, IV BetrVG 72 zum Schaden der durch ihn vertretenen Arbeitnehmer verwirkt. Zusammenfassend läßt sich feststellen, daß unter Berücksichtigung des Willens des Gesetzgebers die Anwendung des § 112 I 2, IV BetrVG 72 auch dann gewährleistet sein muß, wenn die geplante Betriebsänderung bereits durchgeführt wurde, evtl. sogar schon zu einer Betriebsstillegung geführt hat.

Das BeschfG 85 sowie das SozplG 85 äußern sich zu der Frage des spätestmöglichen Zeitpunktes einer Sozialplanaufstellung nicht. In Ermangelung weiterer Hinweise kann davon ausgegangen werden, daß der Gesetzgeber die Problematik zwar gesehen hat, es aber bei der oben unter 1. und 2. beschriebenen Rechtslage belassen wollte[15].

II. Grenzen des personellen Geltungsbereiches

1. Vor Aufstellung des Sozialplans ausgeschiedene Arbeitnehmer

Die im vorhergehenden Abschnitt dargestellte Befugnis des Betriebsrates, auch nach Eröffnung des Konkursverfahrens bzw. nach erfolgter Betriebsänderung die Aufstellung eines Sozialplans verlangen zu können, wäre von zweifelhaftem Wert, wenn sie nicht durch eine entsprechende Rechtsetzungsmacht der Betriebspartner gedeckt würde.

Fraglich ist das Vorhandensein einer entsprechenden Repräsentationsbefugnis des Betriebsrats insbesondere dann, wenn in den Sozialplan Regelungen für solche Arbeitnehmer aufgenommen werden sollen, die bereits zuvor den Betrieb verlassen haben.

Der Große Senat des BAG hat in einem Beschluß vom 16.3.1956[16] dem Betriebsrat das Recht zur Vertretung der Interessen ehemaliger Belegschaftsmitglieder generell abgesprochen. Ausgangspunkt dieser allgemeinen Feststellung war die Überlegung, daß die Betriebsvereinbarung „ihrem Begriff, ihrem Wesen und ihrem vom Gesetz gewollten Zweck nach" in ihrem normativen Teil nur die Ordnung im Betrieb und die Rechtsverhältnisse der im Betrieb tätigen Arbeitnehmer regeln könne. Ihre normative Wirkung könne sich daher nur auf diejenigen Personen erstrecken, die in einem Arbeitsverhältnis zum Arbeitgeber stünden, also *aktive* Betriebsangehörige seien[17]. Nach ganz h.M. handelt es sich bei der Aufstellung eines Sozialplans um eine Betriebsvereinbarung, für die in vollem Umfang § 77 I

---

[15] Die amtl. Begr. zum SozplG 85 – BT-Drucks. 10/2129, S. 7 stellt lediglich klar, daß der Gesetzgeber von der Anwendbarkeit der §§ 111ff. BetrVG 72 auch im Insolvenzverfahren ausgeht, sagt aber nichts darüber aus, ob dies auch dann gilt, wenn die Betriebsänderung (bzw. Stillegung des Betriebes) bereits stattgefunden hat.

[16] AP Nr. 1 zu § 57 BetrVG 52.

[17] AP Nr. 1 zu § 57 BetrVG 52, Bl. 4.

BetrVG 72 gilt[18]. Die Aussage des GS des BAG bezieht sich jedoch nicht nur auf die Betriebsvereinbarungsmacht, sondern betrifft die Repräsentationsbefugnis des Betriebsrats für ausgeschiedene Arbeitnehmer schlechthin. Es läßt sich daher feststellen, daß das BAG in seinem Beschluß vom 16.3.1956[19] eindeutig über dessen *Gegenstand* hinausgegangen ist[20]. Der nämlich beschränkt sich im wesentlichen auf die Zulässigkeit von *Betriebsvereinbarungen zu Lasten von Betriebsrentnern*[21]. Eine allgemeine Übertragung der vom Großen Senat aufgestellten Grundsätze auf die Sozialplanregelung hätte Wirkungen, die von keiner Seite wünschenswert wären[22].

Gegen eine Verallgemeinerung des Verbotes von Betriebsvereinbarungen zugunsten ausgeschiedener Arbeitnehmer sprechen die gleichen Argumente, wie sie im Zusammenhang mit den zeitlichen Grenzen der Aufstellungsbefugnis eines Sozialplans vertreten wurden. Dem Willen des Gesetzgebers würde es in starkem Maße widersprechen, wenn den Betriebspartnern die Befugnis entzogen sein sollte, für die soziale Sicherung von Arbeitnehmern zu sorgen, die, u.U. nur aus Zufall, schon *vor* Aufstellung des Sozialplans aus dem Betrieb ausgeschieden sind. Der gutgemeinte Wille des BAG, eine Benachteiligung ausgeschiedener Arbeitnehmer dadurch zu verhindern, daß ihre Einbeziehung in verschlechternde Betriebsvereinbarungen unzulässig ist, würde im Falle der Aufstellung eines Sozialplans in sein totales Gegenteil verkehrt.

Vielmehr ist davon auszugehen, daß es sich bei einem Sozialplan um eine Betriebsvereinbarung *besonderer Art* handelt, die auch der Regelung individueller Ansprüche der Arbeitnehmer dienen kann[23]. Von dem durch das BAG aufgestellte Verbot der Einbeziehung ausgeschiedener Arbeitnehmer in eine Betriebsvereinbarung ist demnach der Sozialplan auszunehmen[24], da es dessem Zweck widersprechen würde, hätten die Betriebspartner nicht die Regelungsmacht, auch für Arbeitnehmer, die den Betrieb schon verlassen haben, soziale Sorge zu tragen. Der Zweck des Sozialplans erstreckt sich allerdings in diesem Zusammenhang nur auf solche Arbeitnehmer, die infolge der Betriebsänderung, auf die der Sozialplan Bezug nimmt, aus dem

---

[18] Ebenso BAG AP Nr. 2 zu § 112 BetrVG 72 mit zust. Anm. von *Natzel; Dietz / Richardi,* § 112, Rdnr. 18; *Galperin / Löwisch,* § 112, Rdnr. 41; *Becker,* BlStSozArbR 1974, S. 59; *Hanau,* ZfA 1974, S. 90.

[19] AP Nr. 1 zu § 57 BetrVG 52.

[20] Vgl. die ausführliche Kritik bei *Säcker,* Gruppenautonomie, S. 363ff.; ebenso *Dietz / Richardi,* § 77, Rdnr. 61 n.w.N.

[21] In dem vom BAG entschiedenen Fall setzten sich die Pensionäre gegen eine *Kürzung* ihrer Ansprüche zur Wehr, insofern handelt es sich um eine völlig andere Konstellation wie bei der Sozialplanmitbestimmung.

[22] So auch *Hanau,* ZfA 1974, S. 89ff., 107.

[23] So BAG AP Nr. 2 zu § 112 BetrVG 72; ähnlich GK / *Fabricius,* § 112, Rdnr. 50; *Kaven,* Recht des Sozialplans, S. 124; a.A. *Dietz / Richardi,* § 112, Rdnr. 80.

[24] Ebenso GK / *Thiele,* § 77, Rdnr. 51a; *Säcker,* AR – Blattei, Betriebsvereinbarung I, C II 2b; *Dietz / Richardi,* § 77, Rdnr. 61.

Betrieb ausgeschieden sind[25]. Es ist daher im Einklang mit der ganz überwiegenden Meinung in Rechtsprechung und Literatur davon auszugehen, daß die für die Aufstellung eines Sozialplans gem. § 112 I S. 2 i.V.m. § 77 BetrVG 72 erforderliche Normsetzungsbefugnis der Betriebspartner auch die schon vor Aufstellung des Sozialplans aus dem Betrieb ausgeschiedenen Arbeitnehmer erfaßt[26].

Als weiteres Problem bei der Einbeziehung schon ausgeschiedener Arbeitnehmer in eine Sozialplanvereinbarung tritt in konstruktiver Hinsicht auf, daß der eigentliche Anknüpfungspunkt einer jeden Betriebsvereinbarung, also auch des Sozialplans, nämlich ein zu gestaltendes Rechtsverhältnis, insofern nicht mehr besteht, als die Arbeitsverhältnisse der aus dem Betrieb schon ausgeschiedenen Arbeitnehmer erloschen sind und an sich nicht mehr geregelt werden können. Diese rechtstechnische Schwierigkeit ist jedoch mit Hilfe des Umstands zu überwinden, daß auch nach Beendigung des Arbeitsverhältnisses gewisse Rechtsbeziehungen zwischen Arbeitgeber und Arbeitnehmer, so etwa aus nachwirkender Fürsorgepflicht[27], bestehen bleiben. Aufgabe eines Sozialplans ist es, auch diesen Nachwirkungszeitraum der beendigten Arbeitsverhältnisse in bezug auf den Ausgleich oder die Milderung wirtschaftlicher Nachteile normativ zu ordnen, wobei dem Betriebsrat das schon oben begründete Liquidationsmandat zukommt[28]. Die nach der Entlassung eines Arbeitnehmers bestehenden Rechtsbeziehungen zum Arbeitgeber können daher als ausreichender Anknüpfungspunkt, als zu gestaltendes Rechtsverhältnis i.S.v. §§ 112 I S. 3, 77 I BetrVG 72 aufgefaßt werden. Damit steht der Einbeziehung schon ausgeschiedener (aus Anlaß der Betriebsänderung, auf die der Sozialplan Bezug nimmt) Arbeitnehmer in eine Sozialplanvereinbarung auch in (rechts-)konstruktiver Hinsicht kein Hindernis im Wege.

2. Durch eigene Kündigung ausgeschiedene Arbeitnehmer

Problematisch ist die Einbeziehung von Arbeitnehmern in den Sozialplan, die aufgrund eigener Kündigung aus dem Betrieb ausgeschieden sind. Denn in Ermangelung einer generellen Kündigungsabfindung im deutschen Arbeitsrecht kann es vom Arbeitgeber nicht verlangt werden, Ausgleichs-

---

25 LAG Hamm BB 72, S. 539; *Stege / Weinspach*, §§ 111 - 113, Rdnr. 86.

26 Ebenso LAG Hamm AP Nr. 1 zu § 112 BetrVG 72; *Dietz / Richardi*, § 112, Rdnr. 73; GK / *Fabricius*, § 112, Rdnr. 35; *Fitting / Auffarth / Kaiser*, § 112, Rdnr. 11b; *Galperin / Löwisch*, § 112, Rdnr. 32; *Kammann / Hess / Schlochauer*, § 112, Rdnr. 15; *Stege / Weinspach*, §§ 111 - 113, Rdnr. 86; *Fuchs*, Sozialplan, S. 27; *Ohl*, Sozialplan, S. 75; *Becker*, BlStSozArbR 1974, S. 59; *Hanau*, ZfA 1974, S. 89ff., 107f.; a.A. *Teubner*, BB 1974, S. 987.

27 Dazu ausführlich *Zöllner* in: Tomandl (Hrsg.), Treue- und Fürsorgepflicht im Arbeitsrecht, S. 91, 93ff.; *von Bar*, AcP, S. 453ff.; *Schaub*, § 108 V 6.

28 So auch *Willemsen*, Arbeitnehmerschutz, S. 170.

zahlungen an solche Arbeitnehmer zu leisten, die das Arbeitsverhältnis von sich aus beendet haben. Entscheidend bei der Behandlung dieser Frage ist darauf abzustellen, ob der Arbeitgeber die Kündigung durch eine Betriebsänderung veranlaßt hat oder nicht, denn es ist einem Arbeitnehmer nicht zuzumuten, bis zum bitteren Ende auf seinem Arbeitsplatz untätig zu verharren, um sich dann schließlich kündigen zu lassen. Vielmehr sind Arbeitnehmer, die angesichts der geplanten Betriebsänderung einer Entlassung zuvorkommen, ebenso vom Bereich eines Sozialplans zu erfassen wie solche, denen erst im Verlaufe der Betriebsänderung vom Arbeitgeber gekündigt wird[29]. Bei der Bemessung der einzelnen Sozialplanansprüche ist dann gegebenenfalls zu berücksichtigen, daß diese Arbeitnehmer schon eine neue Arbeitsstelle gefunden haben und deshalb von wirtschaftlichen Nachteilen gar nicht oder kaum betroffen sind.

Anders ist der Fall zu behandeln, wenn der Arbeitnehmer aus eigener Initiative das Arbeitsverhältnis beendet hat, nämlich ohne die drohende Entlassung aufgrund der Betriebsänderung im Hintergrund. Dann nämlich liegen die Voraussetzungen des § 112 I S. 3 BetrVG 72 nicht mehr vor, da evtl. entstehende wirtschaftliche Nachteile ihren Grund nicht in der geplanten Betriebsänderung haben. Der Ausschluß solcher Arbeitnehmer aus dem Kreis der Sozialplanberechtigten ist daher als zulässig zu erachten.

Nach ganz überwiegender Ansicht können Leistungen im Sozialplan auch nicht davon abhängig gemacht werden, daß der Arbeitnehmer keine Kündigungsschutzklage erhebt bzw. eine schon erhobene zurücknimmt[30]. Es kann lediglich in Form von Fälligkeits- oder Anrechnungsklauseln vereinbart werden, daß ein Arbeitnehmer Leistungen erst dann erhält, wenn der Kündigungsschutzprozeß beendet ist[31]. Ausgenommen vom Anwendungsbereich eines Sozialplans können jedoch solche Arbeitnehmer werden, die aufgrund einer rechtswirksamen fristlosen Kündigung des Arbeitgebers (§ 626 BGB) ausgeschieden sind, weil auch in diesem Fall der durch den Arbeitsplatzverlust entstandene wirtschaftliche Nachteil nicht auf die geplante Betriebsänderung, sondern auf eine in der Interessensphäre des Arbeitnehmers liegende Ursache zurückzuführen ist[32].

Arbeitnehmer, die noch keine sechs Monate im Betrieb beschäftigt sind und daher wegen § 1 I KschG noch keinen Kündigungsschutz genießen, können nicht schon wegen fehlenden Kündigungsschutzes von einer Be-

[29] So auch *Willemsen*, Arbeitnehmerschutz, S. 172; *Hanau*, in: WEX 8 – kollektives Arbeitsrecht, S. 152; *ders.*, in: ZfA 1974, S. 89ff., 107; *Galperin / Löwisch*, § 112, Rdnr. 33; *Dietz / Richardi*, § 112, Rdnr. 73; anderer Ansicht: *Stege / Weinspach*, §§ 111 - 113, Rdnr. 87.

[30] BAG BB 84, S. 2003; LAG Berlin, AuR 80, S. 285; LAG München, DB 82, S. 2630; *Dietz / Richardi*, § 112, Rdnr. 74; a. A.: *Stege / Weinspach*, §§ 111 - 113, Rdnr. 87.

[31] Vgl. *Stege / Weinspach*, §§ 111 - 113, Rdnr. 87; *Dietz / Richardi*, § 112, Rdnr. 74.

[32] GK / *Fabricius*, § 112, Rdnr. 40.

rücksichtigung im Sozialplan ausgeschlossen werden[33]. Sie hätten zwar ihren Arbeitsplatz auch ohne die Existenz der geplanten Betriebsänderung verlieren und unter Ausschaltung des Kündigungsschutzverfahrens einen wirtschaftlichen Nachteil erleiden können. Es ist jedoch zu berücksichtigen, daß der Arbeitsplatzverlust aufgrund einer Betriebsänderung vom Arbeitnehmer weitgehend unvorhersehbar ist, daß deshalb sein Vertrauen in den Bestand des Arbeitsverhältnisses im Rahmen eines Sozialplans zumindest solange schutzwürdig ist, wie das Arbeitsverhältnis nicht auch aus einem Grund beendigt wird, der in der persönlichen Sphäre des Arbeitnehmers, etwa seiner erbrachten Leistung, zu suchen ist. Hinsichtlich ihrer Schutzbedürftigkeit unterscheiden sich Arbeitnehmer, die die Sechs-Monats-Grenze des § 1 I KschG noch nicht erfüllt haben, in keiner Weise von ihren Kollegen, die im Falle einer Entlassung das Kündigungsschutzverfahren bestreiten. Sie ist wohl eher wesentlich höher anzusiedeln.

3. Leitende Angestellte

In Rechtsprechung und Literatur besteht Einigkeit darin, daß für die Arbeitnehmergruppe der leitenden Angestellten keine Ansprüche durch einen Sozialplan i. S. v. § 112 I S. 2 BetrVG 72 mit normativer Wirkung vereinbart werden können[34]. Dies schließt § 5 III BetrVG 72 aus. Die von ihm geforderte Öffnungsklausel, etwa in §§ 105 u. 108 BetrVG 72 enthalten, fehlt in den §§ 111 ff. BetrVG 72.

Teilweise wird es für zulässig erachtet, die leitenden Angestellten durch Auslegung des Sozialplans als *Vertrag zugunsten Dritter* in den Kreis der Abfindungsberechtigten einzubeziehen[35]. Dabei ist jedoch zu beachten, daß sich die Normenwirkung, die vom Betriebsrat geschlossene Betriebsvereinbarungen entfalten, kongruent zu dessen (des Betriebsrats) Normsetzungsbefugnis verhält. Und die wird eben durch § 5 III BetrVG 72 insoweit eingeschränkt, als der Betriebsrat gerade nicht Repräsentant der leitenden Angestellten ist. Es erscheint daher äußerst zweifelhaft und ist im Ergebnis abzulehnen, daß eine Vereinbarung, die die Betriebspartner im Rahmen ihrer

---

[33] GK / *Fabricius,* § 112, Rdnr. 40; *Willemsen,* Arbeitnehmerschutz, S. 170 ff.; LAG Düsseldorf/Köln, DB 1976, S. 1284; zweifelnd *Stege / Weinspach,* §§ 111 - 113, Rdnr. 89.

[34] BAB BB 1979, S. 833 ff.; LAG Baden-Württemberg, AuR 1972, S. 252; LAG Berlin, DB 1980, S. 1343; *Dietz / Richardi,* § 112, Rdnr. 72; *Becker / Schaffner,* BlStSozArbR 1976, S. 33 ff., 39; GK / *Fabricius,* § 112, Rdnr. 51; *Fitting / Auffarth / Kaiser / Heither,* § 112, 112 a, Rdnr. 26; *Fuchs,* Sozialplan, S. 26; *Hanau,* ZfA, 1974, S. 89 ff.; 108, *ders.,* in: WEX 8 – Kollektives Arbeitsrecht, S. 147 ff., 152; *Kaven,* Sozialplan, S. 49; *Stege / Weinspach,* §§ 111 - 113, Rdnr. 90; *Willemsen,* Arbeitnehmerschutz, S. 173; *Ohl,* Sozialplan, S. 73; *Rumpff,* Mitbestimmung, S. 308.

[35] BAGE 31, S. 266 ff., 276; *Hanau,* RdA 1979, S. 329; mit Bedenken *Dietz / Richardi,* § 77, Rdnr. 61.

Befugnis gem. §§ 5 III, 112 I S. 2 BetrVG 72 abgeschlossen haben, durch Auslegung gem. § 328 BGB als ein Vertrag zugunsten Dritter auf Personen ausgedehnt wird, für die der Betriebsrat entsprechend § 177 BGB keine Vertretungsmacht besitzt, die durch ihn also nicht berechtigt werden können. Es sollte deshalb auch bei der Frage der Auslegung eines Sozialplans als Vertrag zugunsten der leitenden Angestellten gem. § 328 BGB bei dem allgemeinen Grundsatz verbleiben, daß im Rahmen einer Betriebsvereinbarung für diesen Arbeitnehmerkreis keine vermögenswirksamen Leistungen verbindlich festgesetzt werden können[36].

Fraglich war längere Zeit, ob die Gruppe der leitenden Angestellten nicht unter dem Gesichtspunkt des Gleichbehandlungsgrundsatzes einen Anspruch auf eine den im Sozialplan vorgesehenen Beträgen entsprechende Abfindungszahlung hat. Dies wurde insbesondere unter Anführung der in § 75 I BetrVG 72 festgelegten Grundsätze teilweise von der Literatur bejaht[37]. Der Anspruch würde sich dann allerdings nicht aus dem Sozialplan ergeben, sondern auf dem Arbeitsvertrag des einzelnen Arbeitnehmers beruhen[38]. Dieser Ansicht schloß sich auch zunächst das BAG an, allerdings mit der Maßgabe, daß jeweils die gesamten Umstände des Einzelfalls zu prüfen seien. Eine schematische Übernahme der im Sozialplan getroffenen Regelung auf die leitenden Angestellten sei nicht geboten, vielmehr könnten sich im Einzelfall Vergünstigungen, die diese Arbeitnehmer vielfach aufgrund ihrer Arbeitsverträge erhalten würden, mindernd auf den Sozialplananspruch auswirken[39].

Neuerdings hat das BAG mit seiner bisherigen Rechtsprechung gebrochen, indem es nunmehr feststellt, daß ein Arbeitgeber einem leitenden Angestellten, der durch eine Betriebsstillegung bedingt entlassen wird, unter dem Gesichtspunkt des Gleichbehandlungsgrundsatzes *keine* Abfindung zahlen muß, auch wenn die übrigen entlassenen Arbeitnehmer des Betriebes aufgrund eines mit dem Betriebsrat vereinbarten Sozialplans eine solche erhalten[40]. Ein Anspruch aus dem Einzelarbeitsvertrag i. V. m. dem Gleichbehandlungsgrundsatz bestünde nur dann, wenn es sich bei den geleisteten Zahlungen um solche Zuwendungen handele, zu denen der Arbeitgeber nicht schon aufgrund anderer Rechtsvorschriften verpflichtet sei, die

---

[36] Ebenso *Dietz / Richardi*, § 77, Rdnr. 61; *Galperin / Löwisch*, § 77, Rdnr. 31; GK / *Thiele*, § 77, Rdnr. 49; a. A.: *Fitting / Auffarth / Kaiser*, § 77, Rdnr. 26; *Säcker*, AR – Blattei, Betriebsvereinbarung I, C II 1; vgl. auch *Spinti*, DB 1986, S. 1571 ff.

[37] *Hanau*, ZfA 1974, S. 89 ff., 108, *Dietz / Richardi*, § 112, Rdnr. 72; *Stege / Weinspach*, §§ 111 - 113, Rdnr. 90; vgl. auch *G. Hueck*, Der Grundsatz der gleichmäßigen Behandlung im Privatrecht, S. 68 ff.

[38] Vgl. *Dietz / Richardi*, § 112, Rdnr. 72.

[39] BAGE BB 1979, S. 833 ff.; vgl. auch *Stege / Weinspach*, §§ 111 - 113, Rdnr. 90 a. E.

[40] BAG vom 16.7.1985 – 1 AZR 206/81, Pressemitteilung in DB 1985, S. 1600 = NZA 1985, S. 556 f.

von ihm also freiwillig gewährt würden[41]. Bei der Zahlung von Sozialplanabfindungen handele es sich jedoch nicht um eine freiwillige Leistung, vielmehr werde ein gesetzliches Gebot erfüllt, nämlich die Verpflichtung des Arbeitgebers, sich im Falle einer Betriebsänderung mit dem Betriebsrat über einen Sozialplan zu einigen. Nach Ansicht des Verfassers ist der Entscheidung des BAG in vollem Umfang zu folgen[42]. Denn die Verpflichtung zur Vereinbarung eines Sozialplans besteht lediglich im Hinblick auf diejenigen Arbeitnehmer, auf die die Vorschriften des BetrVG Anwendung finden. Von ihnen sind die leitenden Angestellten ausdrücklich gem. § 5 III BetrVG 72 ausgeschlossen. Damit wurde schon vom Gesetzgeber eine Differenzierung getroffen, die als verfassungsgemäß zu beurteilen ist[43]. Nur weil der Arbeitgeber den übrigen Arbeitnehmern eine Abfindung gem. dem vereinbarten Sozialplan zahlt, muß er dasselbe nicht auch gegenüber den leitenden Angestellten tun, da es sich eben nicht um eine *freiwillige* Zahlung handelt. Die vom Gesetzgeber sehenden Auges vorgenommene, sachgerechte Differenzierung würde über den Umweg des Gleichbehandlungsgrundsatzes unterlaufen werden. Dies würde diesem Institut als Korrektiv sachwidriger Differenzierungen von Arbeitgeberseite nicht gerecht werden. Nach alledem ist im Ergebnis festzuhalten, daß aus heutiger Sicht ein Sozialplananspruch für leitende Angestellte allenfalls durch Auslegung des Sozialplans als Vertrag zugunsten Dritter gem. § 328 BGB herzuleiten ist. Diese Lösung wird aber aus den oben genannten Gründen abgelehnt. Selbstverständlich bleibt es dem Arbeitgeber unbenommen, mit der Arbeitnehmergruppe der leitenden Angestellten Vereinbarungen auf freiwilliger Basis abzuschließen, die sich dann in der Regel an einem vorhandenen Sozialplan orientieren werden. Eine Verpflichtung dazu kann aber weder aus § 112 ausdrücklich oder i. V. m. § 328 BGB noch aus dem Einzelarbeitsvertrag i. V. m. dem Gleichbehandlungsgrundsatz hergeleitet werden.

III. Funktionelle Grenzen des Sozialplans im Konkurs

Bei dem Problem der funktionellen Grenzen der Aufstellung eines Sozialplans im Konkurs tritt die Fage nach der rechtlichen Charakterisierung der Sozialplanleistungen auf. Grundsätzlich geht es um den Ausgleich der wirtschaftlichen Nachteile, die der einzelne Arbeitnehmer aufgrund der geplanten oder schon durchgeführten Betriebsänderung erlitten hat. Problema-

---

[41] Vgl. BAG AP Nr. 1 zu § 305 BGB Billigkeitskontrolle; *Schaub*, Arbeitsrechtshandbuch, S. 674.

[42] Vgl. hierzu *meinen* Aufsatz in DB 1986, S. 1571 ff.

[43] Zur Verfassungsmäßigkeit von § 5 III BetrVG 72 vgl.: BVerfG AP Nr. 7 zu § 5 BetrVG 72 = DB 1982, S. 697 mit zust. Anm. von *Engels*, BAG DB 1980, S. 1549; LAG Berlin, DB 1979, S. 944; LAG Hamm, DB 1979, S. 1279, *Fitting / Auffarth / Kaiser / Heither*, § 5, Rdnr. 126; *H.-P. Müller*, DB 1979, S. 1746 ff.; *Dietz / Richardi*, § 5, Rdnr. 125.

tisch ist insbesondere, wie weit der Begriff des „wirtschaftlichen Nachteils" in § 112 I S. 2 BetrVG 72 auszulegen ist, welche Nachteile aufgrund der vom Gesetzgeber gewollten Funktion der Sozialplanmitbestimmung ausgeglichen werden sollen.

1. Die Theorien zur Funktion der Sozialplanregelung

a) Die Entschädigungstheorie

Die Idee, daß der Sozialplananspruch eine Entschädigung für den erlittenen Verlust des Arbeitsplatzes darstellen würde, vertrat zunächst *Richardi*[44]. Ihm schlossen sich zahlreiche weitere Autoren[45] sowie die Rechtspr. des BAG an[46]. Nach dieser Auffassung sind die in einem Sozialplan vorgesehenen Abfindungen Entschädigungen dafür, „daß der Arbeitnehmer infolge einer von ihm hinzunehmenden Betriebsänderung seinen Arbeitsplatz einbüßt und im Laufe des Arbeitsverhältnisses erworbene Vorteile verliert"[47]. Der bloße Verlust des Arbeitsplatzes stellt nach der Entschädigungstheorie also schon einen wirtschaftlichen Nachteil dar, für den ein Ausgleich auch dann festgelegt werden kann, wenn der Arbeitnehmer nach der Betriebsänderung (bzw. seiner Entlassung) einen gleichwertigen Arbeitsplatz erlangt. Der Arbeitnehmer soll für den Verlust der Rechtsstellung entschädigt werden, die er sich durch seine Tätigkeit im Dienst des Arbeitgebers im wahrsten Sinne erarbeitet hat. Für die Sozialplanabfindung sei der normative Gesichtspunkt maßgeblich, daß das Interesse des Arbeitnehmers, je länger er bei seinem Arbeitgeber tätig ist, um so gefestigter wird, dort seinen Lebensunterhalt zu verdienen und die Erhaltung seiner Existenz zu sichern[48]. Soweit das Gesetzesrecht Abfindungen für den Verlust des Arbeitsplatzes vorsähe (so z. B. in § 113 I BetrVG 72 und § 9 KschG), sei für ihre Bemessung der maßgebliche Gesichtspunkt, daß der Arbeitnehmer durch seine Arbeitsleistung einen Beitrag für den Erfolg des Unternehmens gleistet habe, der mit dem bloßen Arbeitsentgelt nicht abgegolten sein könne[49]. Die Sozialplanregelung stelle eine Ergänzung im System des Kün-

---

[44] *Richardi,* Sozialplan, S. 11 ff.; ähnlich bereits *ders.,* Betriebsverfassung und Privatautonomie, S. 42 ff.; *ders.,* DB-Beilage Nr. 6/76, S. 5 f.; *ders.,* JZ 1978, S. 485; *ders.,* Anm. zu BAG AP Nr. 1 zu § 113 BetrVG 72 (Bl. 9 R/10); *ders.,* Anm. zu BAG AP Nr. 2 zu § 113 BetrVG 72; *ders.,* RdA 1979, S. 193 ff., 195 ff.

[45] *Däubler / Bösche,* Zum Inhalt von Sozialplänen, S. 21 f.; *Corts,* JA 1976, S. 499; *Fuchs,* Sozialplan, S. 28 ff.; *Gamillscheg,* in: FS für F. W. Bosch (1976), S. 209 ff., 220; *Grunsky,* RdA 1978, S. 174 ff. (177); *Heinze,* DB 1974, S. 1814 ff., 1818; *ders.,* NJW 1980, S. 147; *Kaven,* Recht des Sozialplans, S. 142; *Körnig,* DB 1975, S. 1411 ff.; *Ohl,* Sozialplan, S. 132 ff.; *Vogt,* DB 1975, S. 1581 ff., 1586; trotz abweichender Begründung mit gleichem Ergebnis *Dorndorf,* Sozialplan im Konkurs, S. 9 ff.

[46] BAGE (GS) 31, 176 (187 f.) = AP Nr. 6 zu § 112 BetrVG 72.

[47] BAGE (GS) 31, 176 (206 f.) = AP Nr. 6 zu § 112 BetrVG 72.

[48] *Dietz / Richardi,* § 112, Rdnr. 53; *Richardi,* Betriebsverfassung und Privatautonomie, S. 45; *ders.,* Sozialplan, S. 13 f.

digungsschutzes dar, da Abfindungszahlungen nach dem mutmaßlichen Willen des Gesetzgebers auch dann erfolgen sollten, wenn die Kündigung individualrechtlich rechtswirksam, also insbesondere gem. § 1 KschG sozial gerechtfertigt sei[50]. Nach Ansicht der Vertreter der Entschädigungstheorie handelt es sich schon beim bloßen Verlust des Arbeitsplatzes um einen *vermögenswerten* wirtschaftlichen Nachteil, da bloße ideelle Beeinträchtigungen nach einhelliger Auffassung nicht vom Telos der Sozialplanmitbestimmung erfaßt werden[51].

Der Entschädigungsgedanke macht den Weg frei zur Vereinbarung pauschaler Abfindungen in einem Sozialplan, da die Betriebspartner bei dessen Abschluß nicht zur Beachtung konkreter wirtschaftlicher Nachteile gezwungen sind, vielmehr generell den Arbeitsplatzverlust als entschädigungspflichtig beurteilen können.

b) Der Sonderopfergedanke

Eine wesentliche Begründung der Sozialplanmitbestimmung wird von *Beuthien* darin gesehen, daß der entlassene Arbeitnehmer zugunsten des weiterbeschäftigten Arbeitnehmeranteils ein Sonderopfer erbringe, für das er entsprechend zu entschädigen sei[52]. Da eine rationalisierende Betriebsänderung die Rentabilität des Betriebes bewahre oder steigere, erhalte sie damit den Arbeitnehmern, die nicht von einer Entlassung betroffen würden, die Arbeitsplätze. Deshalb sei es ein Gebot der betriebsinternen Gerechtigkeit, „daß die weichenden Arbeitnehmer für das betriebliche Sonderopfer ihres Arbeitsplatzes aus der gerade dadurch erhaltenen Ertragskraft des Unternehmens entschädigt werden“[53]. Schon an dieser Stelle ist anzumerken, daß die Sonderopfertheorie jedenfalls dann versagt, wenn alle Arbeitnehmer des Unternehmens entlassen werden. Im Falle des Konkurses könnte daher in der Regel ein Sozialplan mangels eines Sonderopfers nicht aufgestellt werden[54]. Wie schon oben dargelegt, entspricht es jedoch dem

---

49 *Dietz / Richardi,* § 112, Rdnr. 53; *Richardi,* Betriebsverfassung und Privatautonomie, S. 45; *ders.,* Sozialplan, S. 13f.; ähnlich *Heinze,* DB 1974, S. 1814ff., 1817; *Körnig,* DB 1975, S. 1411ff., 1413. Zur Kritik dieser Auffassung, die die Übernahme der marxistischen Mehrwerttheorie in die Rechtsdogmatik rügt, vgl. *Beuthien,* RdA 1976, S. 160; *Wiedemann / Willemsen,* Anm. zu BAG AP Nr. 3 zu § 112 BetrVG 72, Bl. 7; *Willemsen,* Arbeitnehmerschutz, S. 188ff.; dagegen wiederum *Richardi,* RdA 1979, S. 197; *Heinze,* NJW 1980, S. 147.

50 Vgl. *Dietz / Richardi,* § 112, Rdnr. 52.

51 Vgl. *Dietz / Richardi,* § 112, Rdnr. 47; *Fabricius,* GK, § 112, Rdnr. 29; *Galperin / Löwisch,* § 112, Rdnr. 18; *Richardi,* Sozialplan, S. 12; *Fuchs,* Sozialplan, S. 28; *Hanau,* ZfA 1974, S. 101.

52 *Beuthien,* RdA 1976, S. 154ff.

53 *Beuthien,* RdA 1976, S. 154.

54 Vgl. auch *Dietz / Richardi,* § 112, Rdnr. 31; *Ohl,* Sozialplan, S. 9; *Richardi,* RdA 1979, S. 195f.

Sinn und Zweck der Sozialplanmitbestimmung, daß ein Sozialplan gerade dann nötig ist, wenn der gesamte Betrieb eines Unternehmens stillgelegt wird und damit besonders viele Arbeitnehmer von wirtschaftlichen Härten betroffen sind. Folgerichtig hat *Beuthien* seine Auffassung für diesen Fall dahingehend modifiziert, daß es dann um die soziale Teilhabe der Arbeitnehmer an der Verwertung der von ihnen mitgeschaffenen Unternehmenssubstanz gehe[55]. Die Sozialplanmitbestimmung wird von ihm letztendlich als soziales Gebot des unternehmensinternen Lastenausgleichs interpretiert. Es ist zu sehen, daß der Gedanke des „Sonderopfers" bei diesen Überlegungen keine Rolle mehr spielt und spielen kann, da ja allen Arbeitnehmern das gleiche Opfer, nämlich der Verlust ihres Arbeitsplatzes, zugemutet wird. Behandelt wird lediglich die Frage, ob Arbeitnehmer eine Risikobeteiligung an ihrem Arbeitsplatz zu tragen haben, mithin, ob im Konkurs des Unternehmens ein Sozialplan zulässig ist.

Die Sonderopfertheorie ist daher schon an dieser Stelle abzulehnen, da sie entgegen dem unter I. 4. gefundenen Ergebnis dazu führen würde, daß mangels eines Sonderopfers bei Liquidierung des Betriebes ein Sozialplan im Konkurs nicht aufgestellt werden könnte.

c) Theorie der Daseinsvorsorge

Nach einer weiteren Auffassung hat der Sozialplan lediglich eine Überbrückungs- und Vorsorgefunktion. Die Vertreter dieser „Theorie der Daseinsvorsorge" lehnen daher Entschädigungen für den bloßen Verlust des Arbeitsplatzes ab, solange andere wirtschaftliche Nachteile nicht vorhanden sind[56]. Der Sozialplan ist nach dieser Auffassung nicht vergangenheits-, sondern lediglich zukunftsorientiert. Ein Abfindungsanspruch soll deshalb bei einem Arbeitsplatzverlust nur dann festgelegt werden können, wenn dem Arbeitnehmer „durch die Entlassung die kontinuierliche Verwertung seiner Arbeitskraft zur Bestreitung des Lebensunterhalts für eine nicht unerhebliche Zeit unmöglich gemacht wird"[57]. Wenn also ein Arbeitnehmer in angemessener Zeit nach der Entlassung einen wirtschaftlich völlig gleichwertigen neuen Arbeitsplatz findet, kann für ihn keine Abfindung im Sozialplan vorgesehen werden. Folgerichtig wird dem Sozialplan auch ein anderer Inhalt als dem gesetzlichen Nachteilsausgleich bei Verletzung der Beteiligungsrechte des Betriebsrats gem. § 113 I BetrVG 72 beigelegt.

---

[55] Vgl. *Beuthien*, Sozialplan und Unternehmensverschuldung, S. 29.

[56] *Hanau*, ZfA 1974, S. 89ff., 102; *Becker / Schaffner*, BlStSozArbR 1976, S. 78; *Galperin / Löwisch*, § 112, Rdnr. 3; *Willemsen*, Arbeitnehmerschutz, S. 212.

[57] *Wiedemann / Willemsen*, Anm. zu BAG AP Nr. 3 zu § 112 BetrVG 72, Bl. 8 R.

2. Stellungnahme

a) *Kritik der Entschädigungstheorie*

Zunächst ist zur „Entschädigungstheorie" zu bemerken, daß jede Entschädigung den Verlust einer geschützten Rechtsposition voraussetzt. Der Arbeitsplatz müßte demnach ein Recht verkörpern, dessen Verlust eine Entschädigungspflicht bewirken kann. Da die Rechtsordnung bisher dem Arbeitnehmer keinerlei dingliche Mitberechtigung an den Produktionsmitteln seines Betriebes zugesteht, kann es sich bei der durch Entlassung betroffenen Rechtsposition lediglich um ein Recht *auf* und nicht am Arbeitsplatz handeln. Dieses Recht des Arbeitnehmers kann, wenn man es anerkennt, nur ein *relativ* geschütztes sein, da es die Rechtsordnung einem jeden Arbeitgeber gestattet, das Recht *auf* den Arbeitsplatz zulässigerweise, nämlich durch rechtmäßige Kündigung, zu vernichten. Die von *Richardi*[58] gezogene Parallele der Sozialplanentschädigung zur Eigentumsentschädigung scheitert daher schon deshalb, weil es sich bei dem Recht auf den Arbeitsplatz nicht um ein dem Eigentum vergleichbares Rechtsgut handelt. Folgerichtig und zutreffend wird deshalb von einer Reihe arbeitsrechtlicher Autoren die Einordnung des Rechtes auf den Arbeitsplatz in die von § 823 BGB geschützten absoluten Rechtsgüter abgelehnt[59]. Die Anwendung des Entschädigungsgedankens auf die Sozialplanmitbestimmung ist demnach m. E. schon deshalb umstritten, weil der Arbeitnehmer mit seinem Arbeitsplatz eine Rechtsposition einbüßt, die nicht gleich einem absoluten subjektiven Recht i. S. v. § 823 BGB geschützt wird.

Fraglich erscheint auch das von den Vertretern der Entschädigungstheorie behauptete Vorliegen einer Regelungslücke im individuellen Kündigungsschutzrecht, die durch Anwendung der §§ 111 ff. BetrVG 72 ausgefüllt werden müßte. Denn aus der Tatsache, daß der Gesetzgeber bislang die Einführung einer allgemeinen Entlassungsentschädigung im Individualarbeitsrecht unterlassen hat, ist nicht zu schließen, daß hier im System des Individualkündigungsschutzrechtes eine von ihm übersehene Lücke besteht, die durch Anwendung der Sozialplanregelung auszufüllen ist. Denn schließlich gibt es im europäischen Ausland durchaus gesetzlich normierte Vorbilder einer solchen individualrechtlichen Entlassungsentschädigung, an denen sich der Gesetzgeber hätte orientieren können[60]. In der Bundesrepublik hat

---

[58] *Richardi,* Betriebsverfassung und Privatautonomie, S. 45; *ders.,* Sozialplan, S. 14 f.; *ders.,* DB 1976, Beil. Nr. 6, S. 6.

[59] Verneinend z. B. *Bötticher,* RdA 1955, S. 323; *ders.,* BB 1957, S. 623; *Wiedemann,* RdA 1961, S. 1 ff.; *Hueck / Nipperdey,* Arbeitsrecht Bd. I, § 46, Fußn. 3; BAG AP Nr. 2 zu § 70 BAT; vgl. auch *Hanau / Adomeit,* Arbeitsrecht, B II 8 m. w. N.

[60] So sieht § 23 des österreichischen Angestelltengesetzes nach 3jähriger ununterbrochener Dauer des Dienstverhältnisses bei dessen Auflösung einen Anspruch auf

es schon vor der Einführung der Sozialplanmitbestimmung nicht an Forderungen gefehlt, eine Entlassungsabfindung auch für den Fall der betriebsbedingten Kündigung einzuführen[61].

Dies bedacht, kann dem Gesetzgeber nicht unterstellt werden, er hätte bei Schaffung der §§ 111ff. BetrVG 72 die behauptete Regelungslücke nicht gesehen, oder gar, es läge in seinem Sinne, eine solche Lücke, ihr Vorhandensein vorausgesetzt, durch Anwendung der §§ 111ff. BetrVG 72 zu schließen. Für diese Annahme gibt auch die amtliche Begründung zum BetrVG 72 keinerlei Hinweis.

Selbst wenn man eine vom Gesetzgeber nicht gesehene Regelungslücke im Individualschutzrecht annehmen würde, begegnete jedoch ihre Schließung mit Hilfe eines kollektivrechtlichen Instituts wie der Sozialplanregelung des § 112 I S. 2 BetrVG 72 erheblichen Bedenken. Denn es ist schlechthin nicht einsehbar, warum nur Arbeitnehmer, für die das BetrVG 72 gilt, in den Genuß der Entlassungsabfindung kommen sollen. Besteht nämlich in einem Betrieb kein Betriebsrat oder fällt er unter die Vorschrift des § 118 BetrVG 72, erweist sich die Heranziehung der § 111ff. BetrVG 72 zur Füllung der vermeintlichen Regelungslücke als ungeeignet, da mit deren Anwendung zwangsläufig eine sachlich nicht gerechtfertigte Ungleichbehandlung der in den angesprochenen Betrieben beschäftigten und entlassenen Arbeitnehmer einherginge. Auch die leitenden Angestellten, die nach § 14 II KschG in das System des individualrechtlichen Kündigungsschutzes eingebunden sind, könnten bei lückenausfüllender Anwendung des § 112 I S. 2 BetrVG 72 keine Berücksichtigung finden, da für sie eine Abfindungsregelung in einem Sozialplan nicht getroffen werden könnte. Bei näherer Betrachtung stellen sich somit die Vorschriften über den Sozialplan im BetrVG 72 als ungeeignet zur Füllung einer (vermeintlichen) Regelungslücke im Individualkündigungsschutzrecht dar.

Eine Heranziehung des § 112 I S. 2 BetrVG 72 würde sich im übrigen auch als systemwidrig darstellen. Das deutsche Kündigungsschutzrecht knüpft die nach §§ 9, 10 KschG bestehende Pflicht des Arbeitgebers zur Zahlung einer Abfindung grundsätzlich an den Fall sozial ungerechtfertigter (§ 1

---

eine „Abfertigung" vor, deren Grundbetrag in Höhe von zwei Monatsgehältern proportional zur Beschäftigungsdauer bis auf das Zwölffache des monatlichen Entgelts steigt.

Bereits seit 1942 sieht Art. 2120 des italienischen Codice zivile Abfindungszahlungen an alle entlassenen Arbeitnehmer vor.

Art. L 122 - 9 des französischen Code du travail gibt dem ausscheidenden Arbeitnehmer unter bestimmten Voraussetzungen einen Anspruch auf Entlassungsentschädigung. Zum französischen Kündigungsschutzrecht allgemein vgl. *Haug / Adrion,* DB 1975, S. 448ff.

[61] Siehe dazu *Becker / Rommelspacher,* ZRP 1976, S. 40ff., 43; *Bogs,* AuR 1975, S. 161ff., 170; *Gamillscheg,* in: FS für F. W. Bosch, S. 209ff., 223; *Kotter,* DB 1976, S. 772ff.; *Richardi,* JZ 1978, S. 485ff., 494; vgl. insbesondere auch § 121 des DBG-Entwurfs zum Arbeitsverhältnisrecht.

KschG) oder aus sonstigen Gründen unwirksamer Kündigung. Voraussetzung ist demnach, daß die Kündigung in jedem Falle *rechtswidrig* ist. Bei einem rechtmäßigen Entzug des Arbeitsplatzes durch wirksame Kündigung besteht ein Anspruch des Arbeitnehmers auf Entschädigungsleistungen grds. nicht. Gerade für diesen Fall ist jedoch die Sozialplanabfindung geschaffen worden. Nach dem Wortlaut des § 112 I S. 2 BetrVG 72 soll sie die bei einer Entlassung entstehenden wirtschaftlichen Nachteile ausgleichen bzw. mildern, und zwar unabhängig davon, ob sie auf einer rechtswidrigen Kündigung beruhen oder nicht. Damit würde bei lückenausfüllender Anwendung der Vorschrift des § 112 I S. 2 BetrVG 72 der im Individualarbeitsschutzrecht eingeschlagene Weg umgangen, ihr würde unzulässigerweise ein Sanktionscharakter beigelegt. Eine zulässige, auch betriebsbedingte Kündigung ist jedoch nach dem im KschG zum Ausdruck gekommenen Willen des Gesetzgebers, wie oben dargestellt, stets sanktionsfrei, mithin die Ableitung eines Entschädigungsanspruches für den *bloßen* Arbeitsplatzverlust aus § 112 I S. 2 BetrVG 72 systemwidrig.

Auch ist fraglich, ob schon der bloße Verlust des Arbeitsplatzes für sich genommen einen *vermögenswerten* wirtschaftlichen Nachteil i.S.v. § 112 I S. 2 BetrVG 72 darstellt. Nach Auffassung *Richardis*[62] liegt der Vermögenswert des Arbeitsplatzes in dem Wert der vom Arbeitnehmer geleisteten Arbeit, der das ausgezahlte Arbeitsentgelt übersteigt. Dieser Auffassung ist entgegenzuhalten, daß gerade die §§ 111, 112 I S. 2 BetrVG 72 zur Abfindung eines solchen Vermögensverlustes ungeeignet sind, da sie den Arbeitnehmer stets nur bei einer *betriebsbedingten* Kündigung entschädigen würden (vgl. „Betriebsänderung" in § 111 BetrVG 72) und es nicht einsehbar ist, warum personen- oder verhaltensbedingt gekündigte Arbeitnehmer keinen Anspruch auf eine entsprechende Entschädigung haben sollen. Im übrigen stellt sich die Frage nach dem Vermögenswert des Arbeitsplatzes bei der Entlassung eines Arbeitnehmers, der in einem Betrieb arbeitete, der seit seiner Gründung bis zum Konkurs nur Verluste erwirtschaftet hat. Gerade in diesem Fall besonderer Schutzbedürftigkeit ginge der Arbeitnehmer nach der Entschädigungstheorie leer aus, da sein verlorener Arbeitsplatz keinen wirtschaftlichen Wert aufwies. Hätte der Arbeitnehmer seine Arbeit auf gesellschaftsrechtlicher Grundlage geleistet, wäre er u.U. sogar am Risiko beteiligt und müßte seinerseits eine Ausgleichszahlung leisten. Dieses kaum wünschenswerte Ergebnis führt am Ende dazu, die Auffassung, ein bloßer Verlust des Arbeitsplatzes stelle für sich genommen schon einen wirtschaftlichen Nachteil dar, abzulehnen.

Die insbesondere von *Richardi* vertretene Entschädigungstheorie ist wegen der nicht zu rechtfertigenden Konsequenzen im Bereich der Sozial-

---

[62] *Richardi,* Betriebsverfassung und Privatautonomie, S. 45; *ders.,* Sozialplan, S. 13f.; ähnlich *Heinze,* DB 1974, S. 1814ff., 1817; *Körnig,* DB 1975, S. 1411ff., 1413.

planabfindung unanwendbar. Daraus folgt im Ergebnis, daß grds. pauschale Abfindungszahlungen für den Verlust des Arbeitsplatzes die dem Sozialplan gesetzten funktionellen Grenzen überschreiten und damit vom Gesetzeszweck nicht mehr gedeckt sind.

b) Kritik der Überbrückungs- bzw. Vorsorgetheorie

Zur Ermittlung der funktionellen Bedeutung der Sozialplanabfindung ist zunächst der Wortlaut des § 112 I S. 2 BetrVG 72 maßgeblich zu untersuchen. Danach sollen *infolge* einer Betriebsänderung entstehende wirtschaftliche *Nachteile* ausgeglichen bzw. gemildert werden. Der Sozialplan ist also vom Zeitpunkt der Betriebsänderung aus gesehen *zukunfts-* und nicht vergangenheitsorientiert[63]. Er hat schon nach dem Wortlaut der gesetzlichen Regelung die Aufgabe, die nach der Entlassung zwangsläufig bei den meisten Arbeitnehmern eintretende Verschlechterung der finanziellen Verhältnisse abzumildern. Für einen Arbeitnehmer, der nach der Entlassung nicht in angemessener Zeit einen adäquaten Arbeitsplatz findet, ist der soziale Abstieg in aller Regel vorprogrammiert[64]. Daran vermögen auch die staatlichen Leistungen nach dem AFG nichts zu ändern, zumal sie nur einen Teil des bisherigen Einkommens abdecken und zudem bei längerer Dauer der Arbeitslosigkeit weiter reduziert werden (§§ 111, 134ff. AFG). Da der Arbeitgeber es in der Hand hat, durch zulässige Kündigung dem Arbeitnehmer mit seinem Arbeitsplatz dessen zumeist einzige Einnahmequelle zu entziehen, ist die Funktion des Sozialplans darin zu sehen, die durch eine jede Betriebsänderung i.S.v. § 111 BetrVG 72 entstehende erhebliche Übergangsschwierigkeit zu mildern bzw. aufzuheben. Der Sozialplan läßt sich danach nur als eine kollektivrechtlich verankerte Ausprägung des arbeitsrechtlichen Schutzprinzips auffassen, die *zukunftsorientiert* vom Zeitpunkt der Betriebsänderung aus gesehen den bei einer Entlassung unvermeidlichen wirtschaftlichen Schwierigkeiten vorbeugen will. Eine andere Schlußfolgerung läßt auch die amtliche Begründung zum Regierungsentwurf des BetrVG 72 nicht zu[65].

---

[63] So auch *Hanau,* ZfA 1974, S. 89ff., 102; *Becker / Schaffner,* BlStSozArbR 1976, S. 38; *Galperin / Löwisch,* § 112, Rdnr. 3; *Willemsen,* Arbeitnehmerschutz, S. 212; *Wiedemann / Willemsen,* Anm. zu BAG AP Nr. 3 zu § 112 BertVG 72 (Bl. 8 R); GK / *Fabricius,* § 112, Rdnr. 49; *Hanau / Adomeit,* Arbeitsrecht, D III 6, S. 134.

[64] Nach *Gessner / Plett,* Der Sozialplan im Konkursunternehmen, fanden im Sept. 1977 nur 20% der entlassenen Arbeitnehmer innerhalb eines Monats einen neuen Arbeitsplatz (S. 24). Im Durchschnitt betrug 1975 die Einbuße des Einkommens 45% der vorherigen Bezüge (S. 25). Eine weitere Darstellung der sozialen Auswirkungen von Entlassungen, insbes. im Hinblick auf ideelle Beeinträchtigungen, findet sich auf S. 27.

[65] Vgl. BT-Drucks. VI 1786, S. 33: „Arbeitgeber und Betriebsrat sollen nachteilige *soziale Folgen* durch einen Sozialplan ausgleichen oder mildern.“

Zwar wendet *Richardi*[66] ein, daß eine ausschließliche Zukunftsorientierung Zweifel an der Zulässigkeit der Aufstellung eines Sozialplans im Konkurs aufwerfen würde, da es bei solcher Auffassung den Konkursgläubigern nicht zuzumuten sei, daß das Vermögen des Gemeinschuldners zur Erfüllung einer derartigen Verpflichtung herangezogen wird. Dem ist zu erwidern, daß selbstverständlich auch nach der hier vertretenen Auffassung *Anknüpfungspunkt* des Sozialplans das (beendete) Arbeitsverhältnis bleibt. Die Beschränkung des Sozialplans auf eine Überbrückungs- und Vorsorgefunktion dürfte im übrigen gerade den Konkursgläubigern entgegenkommen, da das zu verwertende Vermögen des Gemeinschuldners erheblich geringer belastet wird. Außerdem soll nicht in Frage gestellt werden, daß die *Begründung* eines Sozialplans notwendigerweise vergangenheitsorientiert ist. Denn selbstverständlich können nur Arbeitnehmer von einem Sozialplan erfaßt werden, die schon zuvor in dem Betrieb des Arbeitgebers beschäftigt waren und ebenso notwendigerweise haftet der Arbeitgeber für die Erfüllung der Sozialplanverbindlichkeit mit seinem Vermögen. Diese Haftung wird auch nicht durch die Stellung des Konkursantrages beseitigt. Die Haftung des Vermögens des Gemeinschuldners auch für Sozialplanabfindungen stellt sich damit als den Grundsatz der Zukunftsorientierung nicht durchbrechend dar, da zukunftsorientiert nicht der Grund, sondern der vom Sozialplan verfolgte *Zweck*, nämlich der Ausgleich bzw. die Milderung des wirtschaftlichen Nachteils zu sein hat. Nach der hier vertretenen Auffassung unterscheidet sich der Charakter der Sozialplanabfindung von dem des Nachteilsausgleichs i.S.v. § 113 I BetrVG 72. Dies tut er zu Recht, da neben dem Kompensationszweck dem Nachteilsausgleichsanspruch auch anerkanntermaßen eine Sanktionsbedeutung zukommt[67]. Ein Sanktionszweck fehlt dem Sozialplan jedoch vollends, da er unabhängig von einem rechtswidrigen Verhalten des Arbeitgebers entsteht. Es ist deshalb gerechtfertigt, seine Funktion auf bloße Daseinsvorsorge zu beschränken. Anders als bei § 113 I BetrVG 72 ist daher eine Zahlung bei bloßem Arbeitsplatzverlust, dem sich kein weiterer wirtschaftlicher Nachteil anschließt, im Bereich der erzwingbaren Sozialplanmitbestimmung als unzulässig zu erachten. Im übrigen verlangt schon der Gesetzeswortlaut des § 113 I BetrVG 72 keinesfalls, daß dem Arbeitnehmer infolge der Entlassung ein wirtschaftlicher Nachteil entsteht. Durch die Einführung dieser Voraussetzung in § 112 I S. 2 BetrVG 72 ist deshalb hinreichend deutlich geworden, daß der Wille des Gesetzgebers dahingeht, Sozialplan und Interessenausgleich jeweils unterschiedliche Funktionen beizulegen.

---

[66] *Dietz / Richardi,* § 112, Rdnr. 29.

[67] BAG BB 1979, S. 267; BB 1983, S. 1724; *Stege / Weinspach,* §§ 111 - 113, Rdnr. 177; *Dietz / Richardi,* § 113, Rdnr. 2; GK / *Fabricius,* § 113, Rdnr. 1; *Hanau / Adomeit,* B III 6, S. 134; *Fitting / Auffarth / Kaiser / Heither,* § 113, Rdnr. 25.

c) *Die Auswirkungen des neuen § 112 V BetrVG 72 auf die Diskussion der Sozialplanfunktion*

Durch das BeschfG 85 werden der Einigungsstelle im neu geschaffenen Absatz 5 des § 112 BetrVG 72 *Ermessensrichtlinien* bei ihrer Entscheidung an die Hand gegeben, die nach dem erklärten Willen des Gesetzgebers dazu führen sollen, daß mehr als bisher im Einigungsstellenverfahren tatsächlich feststellbare oder konkret zu erwartende materielle Einbußen betroffener Arbeitnehmer ausgeglichen und entsprechend weniger pauschale Abfindungssummen festgesetzt werden[68].

Damit wird die bisherige Rechtsprechung des BAG, nach der bisher die Einigungsstelle bei Abschluß eines Sozialplans in den Grenzen von Recht und Billigkeit (§ 75 BetrVG 72) in ihrer Ermessensentscheidung frei darüber befinden konnte, welche Nachteile, die der Arbeitsplatzverlust mit sich bringt, durch eine Abfindung ausgeglichen werden sollten, von gesetzgeberischer Seite korrigiert[69]. Gem. Art. 14 BeschfG 85 gelten die in § 112 V BetrVG 72 niedergelegten Leitlinien für alle Einigungsstellenverfahren, deren Tätigwerden nach dem 1. Mai 1985 beantragt worden ist, und zwar auch dann, wenn die Betriebsänderung schon vor dem Inkrafttreten des BeschfG 85 stattgefunden hat.

Der Grund der getroffenen Regelung ist in dem Versuch der Beseitigung schwerer Bedenken zu sehen, die dagegen erhoben wurden, daß die Einigungsstelle in freier Entscheidung finanzielle Aufwendungen des Unternehmens festsetzen, damit einschneidend in die unternehmerische Entscheidung eingreifen und eine für das Unternehmen ohnehin meist kritische Situation vollends in die Pleite umschlagen lassen konnte[70]. Daß die Einigungsstelle bei der Berücksichtigung auszugleichender wirtschaftlicher Nachteile bisher frei war, führte dazu, daß auf den Unternehmer unberechenbar hohe und damit nicht kalkulierbare Sozialplanforderungen zukamen, wenn sein Betrieb in eine Krise geriet. Dieser Entwicklung soll durch die Konkretisierung der in § 112 V S. 1 BetrVG 72 genannten Begriffe „soziale Belange der betroffenen Arbeitnehmer" und „wirtschaftliche Vertretbarkeit ihrer Entscheidung für das Unternehmen" entgegengewirkt werden[71]. Die Flexibilität der Arbeitgeber und damit ihre Bereitschaft, im

---

[68] Amtl. Begr., BT-Drucks. 10/2102, S. 17; *Stege / Weinspach,* § 111 - 113, Rdnr. 128; *Löwisch,* § 112, Rdnr. 19a.

[69] BAG AP Nr. 7 zu § 112 BetrVG 72; BAG BB 1982, S. 1299; DB 1979, S. 795; vgl. auch *Dietz / Richardi,* § 112, Rdnr. 59.

[70] Vgl. zur grundsätzl. Kritik an § 112 IV BetrVG 72 im Hinblick auf Art. 14 GG *Krüger,* Der Regierungsentwurf eines Betriebsverfassungsgesetzes vom 29.1.1971 und das Grundgesetz, 1971, S. 44ff., 66; *Erdmann / Jürging / Kaufmann,* § 112, Rdnr. 5; *Galperin,* Der Regierungsentwurf eines neuen Betriebsverfassungsgesetzes, 1971, S. 45f.; *ders.,* Leitfaden, S. 136; *Kranz,* BlStSozArbR 1971, S. 282.

[71] Vgl. die amtl. Begr. zu Art. 2 zu BeschfG 85, BT-Drucks. 10/2102, S. 17; *Stege / Weinspach,* §§ 111 - 113, Rdnr. 127.

Zuge einer konjunkturellen Wiederbelebung vermehrt Arbeitnehmer einzustellen, ohne im Falle einer Krise mit hohen Sozialplanforderungen überzogen zu werden, soll nach dem Sinn und Zweck des BeschfG 85 gefördert werden[72]. Dadurch, daß der Gesetzgeber bei der Bemessung der Sozialplanleistungen der Einigungsstelle aufgibt, die Umstände des konkreten Einzelfalles zu berücksichtigen, wird deutlich, daß er weniger an eine abstrakte Entschädigung für einen Arbeitsplatzverlust oder Ausgleich des durch den Arbeitnehmer während seines Arbeitsverhältnisses miterwirtschafteten Mehrwerts, sondern an ausgleichende Daseinsvorsorge für künftige konkrete wirtschaftliche Nachteile denkt. Unter dem Eindruck des neuen § 112 V BetrVG 72 ist daher nach Ansicht des Verfassers die Funktion der Sozialplanabfindung auf bloße Überbrückung und Daseinsvorsorge, also auf den Ausgleich konkret eintretender wirtschaftlicher Nachteile infolge einer Betriebsänderung zu beschränken.

Durch den in § 112 V Nr. 1 BetrVG 72 enthaltenen Zusatz „in der Regel" wird allerdings deutlich gemacht, daß in Ausnahmefällen, der bisherigen Praxis folgend, pauschalierte Festsetzungen von Sozialplanabfindungen erfolgen können. Dies dürfte insbesondere in Fällen zulässig sein, in denen die Einigungsstelle die wirtschaftlichen Nachteile der betroffenen Arbeitnehmer nicht im einzelnen feststellen kann, was zur Folge hätte, daß die Abwicklung des Sozialplans unnötig verzögert oder für längere Zeit unmöglich gemacht würde[73].

Bevor auf die neuen Regelungen des § 112 V BetrVG 72 im einzelnen eingegangen werden kann, stellt sich die Frage, ob die in ihm enthaltenen Ermessensrichtlinien auch einem Sozialplan zugrunde zu legen sind, der zwischen Betriebsrat und Unternehmer, insbesondere im Falle des Konkurses mit dem Konkursverwalter abgeschlossen wird.

Unproblematisch ist dabei der Fall, wenn ein Sozialplan zwischen Betriebsrat und Unternehmer vereinbart wird, der die Richtlinien des § 112 V BetrVG 72 nicht beachtet. Denn selbstverständlich ist es jedem Unternehmer freigestellt, im Rahmen einer freiwilligen Betriebsvereinbarung nach § 88 BetrVG 72 einen Sozialplan abzuschließen, der den Rahmen einer *erzwingbaren* Vereinbarung i.S.d. § 112 BetrVG 72 überschreitet. Allerdings ist in der Praxis zu erwarten, daß die an die Einigungsstelle adressierten Richtlinien auch den Ablauf der Verhandlungen bis zu einem Einigungsstellenspruch bestimmen, obwohl die Absätze 1 - 3 des § 112 BetrVG 72 formal von ihnen unberührt bleiben. So wird beispielsweise der zur Neutralität verpflichtete Vorsitzende einer Einigungsstelle keinen Vorschlag gem. § 112 III S. 2 BetrVG 72 machen, der als Einigungsstellenspruch

---

[72] Amtl. Begr., BT-Drucks. 10/2102, S. 17.

[73] Amtl. Begr. BT-Drucks. 10/2102, S. 27; vgl. auch *Stege / Weinspach*, §§ 111 - 113, Rdnr. 131; *Löwisch*, § 112, Rdnr. 12.

den durch § 112 V BetrVG 72 gesteckten Ermessensrahmen überschreiten würde. Es kann deshalb davon ausgegangen werden, daß der Umfang der Sozialplanlast durch den neuen § 112 V BetrVG 72 neu umschrieben, nämlich beschränkt wird[74]. Festzuhalten bleibt allerdings, daß es jedem Unternehmer unbenommen bleibt, Sozialplanleistungen, die den Rahmen des § 112 V BetrVG 72 überschreiten, nach §§ 77, 88 BetrVG 72 mit dem Betriebsrat freiwillig zu vereinbaren. Eine derartige Vereinbarung dürfte im Konkurs des Unternehmens jedoch keinen Bestand haben. Denn ein Sozialplan, der über den Inhalt des § 112 I S. 2, V BetrVG 72 hinausgeht und sich nicht darauf beschränkt, konkret feststellbare wirtschaftliche Nachteile von einer Betriebsänderung betroffener Arbeitnehmer auszugleichen oder zu mildern, dürfte Gegenstand einer Konkursanfechtung gem. §§ 29, 30 Nr. 1 Fall 1 KO werden, da in einer bewußten Überschreitung der Ermessensrichtlinien des § 112 V BetrVG 72 eine Benachteiligung der Konkursgläubiger erblickt werden könnte[75].

Schwieriger zu beurteilen ist die Frage, ob zwischen Betriebsrat und Konkursverwalter, also nach Eröffnung des Konkursverfahrens, ein Sozialplan abgeschlossen werden kann, der die Grenzen des § 112 I S. 2, V BetrVG 72 überschreitet. Ein solcher Sozialplan, wäre er wirksam, unterläge nicht der konkurslichen Anfechtung gem. §§ 29ff. KO, da er eben erst *nach* Eröffnung des Konkursverfahrens zustande gekommen wäre. Die Frage ist demnach, ob der Konkursverwalter bei Abschluß eines Sozialplans mit dem Betriebsrat an die im erzwingbaren Sozialplanverfahren geltenden Ermessensrichtlinien des § 112 V BetrVG 72 gebunden ist. Die grundsätzliche Rechtsetzungsautonomie der Betriebspartner, die auch beinhaltet, freiwillig einen über den Rahmen von § 112 I S. 2, V BetrVG 72 dotierten Sozialplan abzuschließen, ist im Konkurs, genauer: im Verhältnis Betriebsrat – Konkursverwalter, als *beschränkt* anzusehen. Dieses Ergebnis muß aus einer konkursrechtlichen Überlegung folgen: Würde der Konkursverwalter mit dem Betriebsrat einen Sozialplan vereinbaren, der über den Ermessensrahmen des § 112 I S. 2, V BetrVG 72 hinausginge, würde er damit dem für ihn bestehenden Gebot größtmöglicher Konkursgläubigerbefriedigung[76] zuwiderhandeln, da insoweit zur Begründung von die Konkursmasse mindernden Arbeitnehmeransprüchen keine *Verpflichtung* besteht. Eine solche Rechtshandlung des Konkursverwalters wäre durch seine auf den Konkurszweck begrenzte Verwaltungs- und Verfügungsbefugnis (vgl. § 6 II i.V.m. § 3 KO)[77]

---

[74] Vgl. dazu auch *Otto*, ZfA 1985, S. 78.

[75] Ebenso LAG Hamm, DB 1982, S. 1119; *Dietz / Richardi*, § 112, Rdnr. 3f.; *Galperin / Löwisch*, § 112, Rdnr. 71; *Richardi*, Sozialplan, S. 71f.; *Fuchs*, Sozialplan, S. 54; *Kaven*, Recht des Sozialplans, S. 150; *Ohl*, Sozialplan, S. 186; *Schlüter*, Die konkursrechtliche Behandlung der Sozialplanansprüche, S. 83; *Willemsen*, Arbeitnehmerschutz, S. 354ff.; *Hanau*, ZfA 1974, S. 113f.

[76] Vgl. statt vieler *Böhle-Stamschräder / Kilger*, § 6, Rdnr. 7.

[77] Vgl. *Jäger*, § 6, Rdnr. 150; *Böhle-Stamschräder / Kilger*, § 6, Rdnr. 7.

nicht gedeckt. Nach herrschender konkursrechtlicher Auffassung sind aber solche Rechtshandlungen des Verwalters, die dem Konkurszweck offensichtlich zuwiderlaufen, nicht nur im Verhältnis zu den Konkursgläubigern, also relativ, sondern absolut unwirksam[78]. Eine Vereinbarung zwischen Betriebsrat und Konkursverwalter, die die Ermessensgrenzen des § 112 I S. 2, V BetrVG 72 evident überschreitet, könnte daher keinerlei Rechtswirksamkeit entfalten. Die in § 112 V BetrVG 72 enthaltenen, die *Funktion* des Sozialplans eingrenzenden Ermessensrichtlinien stellen damit gleichzeitig eine inhaltliche Grenze dar, die der Konkursverwalter bei Abschluß eines Sozialplans mit dem Betriebsrat zwingend zu beachten hat.

Im Ergebnis ist daher festzustellen, daß die ansonsten bindend nur für das Einigungsstellenverfahren geltenden Regeln des § 112 V BetrVG 72 im Falle des Konkurses schon im Vorfeld Beachtung zu finden haben. Im folgenden sollen die einzelnen, in § 112 V BetrVG 72 geregelten Ermessensrichtlinien dargestellt werden.

ca) § 112 V S. 2 Nr. 1 BetrVG 72

In Nr. 1 des § 112 V BetrVG 72 wird die Einigungsstelle angehalten, beim Ausgleich oder der Milderung wirtschaftlicher Nachteile Leistungen vorzusehen, die den Gegebenheiten des Einzelfalles Rechnung tragen. Als Beispiele von Ereignissen, die einen wirtschaftlichen Nachteil für die von einer Betriebsänderung betroffenen Arbeitnehmer nach sich ziehen, werden Einkommensminderung, Wegfall von Sonderleistungen oder Verlust von Anwartschaften auf betriebliche Altersversorgung, Umzugskosten und erhöhte Fahrtkosten genannt.

§ 112 V S. 2 Nr. 1 BetrVG 72 betrifft die Fälle, in denen die Betriebsänderung nicht zu einem Arbeitsplatzverlust führt[79], ist also z.B. bei Verlegung eines Betriebes oder der Weiterbeschäftigung betroffener Arbeitnehmer in einem anderen Betrieb des Unternehmens einschlägig. Liegt der Fall einer derartigen Betriebsänderung vor, so hat die Einigungsstelle die Gegebenheiten des Einzelfalles zu berücksichtigen. Nach Sinn und Zweck der Vor-

[78] RGZ 23, S. 54ff., 60; 29, S. 80ff.; 53, S. 190ff., 192f.; 76, S. 244ff., 250; BGH LM Nr. 3 zu § 6 KO = JZ 1955, S. 337; BGH NJW 1971, S. 701; LG Aachen, BB 1951, S. 766; OLG Schleswig, SchlHA 1956, S. 239; *Mentzel / Kuhn,* § 6, Rdnr. 37; *Jäger,* § 6, Rdnr. 150; *Böhle-Stamschräder / Kilger,* § 6, Rdnr. 7; *Jauernig,* FS für Weber 1975, S. 307ff.

[79] Vgl. *Fitting / Auffarth / Kaiser,* Betriebsänderung, Sozialplan und Konkurs, §§ 112, 112a, Rdnr. 34; *Fitting / Auffarth / Kaiser / Heither,* §§ 112, 112a, Rdnr. 34; *Stege / Weinspach,* §§ 111 - 113, Rdnr. 176; *Otto,* ZfA 1985, S. 79, bezieht § 112 V S. 2 Nr. 1 BetrVG 72 auch auf den Fall des Arbeitsplatzverlustes. Dies ist m.E. unzutreffend, da durch die Berücksichtigung der Lage der Arbeitnehmer auf dem Arbeitsmarkt in Nr. 2 die Einigungsstelle zu eingehenden Untersuchungen bei *Entlassungen* veranlaßt wird.

schrift soll sie dazu angehalten sein, für die von einer Betriebsänderung betroffenen Arbeitnehmer nicht von vornherein generelle Abfindungszahlungen vorzusehen. Vielmehr soll festgestellt werden, welche tatsächlichen Nachteile einzelnen Arbeitnehmern entstehen bzw. zu entstehen drohen. Wie schon oben festgestellt, hat der Sozialplan in erster Linie Vorsorge- und Überleitungsfunktionen zu erfüllen. Diese Aufgabe verlangt, daß er schnell aufgestellt und abgewickelt werden muß. Oft ist jedoch im Zeitpunkt der Aufstellung nur eine Prognose möglich, welche Nachteile der einzelne Arbeitnehmer infolge der Betriebsänderung tatsächlich zu erwarten hat. Für diesen Fall sind Pauschalisierungen bei der Bemessung der Sozialplanabfindungen unerläßlich, sollen diese der Funktion der Daseinsvorsorge gerecht werden[80]. Um eine effiziente Sicherung der wirtschaftlichen Verhältnisse zu erreichen, werden deshalb die Betriebspartner nach wie vor gezwungen sein, im gewissen Rahmen pauschalierend Faktoren bei der Bemessung der Sozialplanabfindungen zu berücksichtigen. So dürften wie bisher nach Alter, Dauer der Betriebszugehörigkeit und den jeweiligen familiären Verhältnissen gestaffelte Abfindungszahlungen zulässig sein[81]. Damit die der Einigungsstelle (und den Betriebspartnern, s.o.) durch § 112 V S. 2 Nr. 1 BetrVG 72 auferlegten Ermessensrichtlinien nicht leerlaufen, ist jedoch zu fordern, daß bei aller, wie oben gesehen, notwendigen Pauschalierung dennoch möglichst konkret auf den Umfang der zu erwartenden wirtschaftlichen Nachteile für die betroffenen Arbeitnehmer eingegangen wird. Ansonsten würde die Diktion des Gesetzgebers, die Zukunftsorientierung der Sozialplanabfindung durch die Schaffung des § 112 V BetrVG 72 zu betonen, im Sande verlaufen[82]. Soll das gesetzgeberische Ziel erreicht werden, in Zukunft unberechenbar hohe und damit für den Unternehmer unkalkulierbare Pauschalierungen zu verhindern[83], muß § 112 V S. 2 Nr. 1 BetrVG 72 dahingehend verstanden werden, daß die Einigungsstelle, im Falle des Konkurses der Konkursverwalter, bei Erstellung einer Zukunftsprognose hinsichtlich der die Arbeitnehmer treffenden wirtschaftlichen Nachteile bis ins einzelne gehende Ermittlungen anzustellen haben[84]. Die Unternehmen müssen demnach in der Praxis mehr als bisher alle einschlägi-

---

[80] Vgl. *Fitting / Auffarth / Kaiser / Heither,* § 112, 112a, Rdnr. 19; *Fitting / Auffarth / Kaiser,* Betriebsänderung, Sozialplan und Konkurs, §§ 112, 112a, Rdnr. 34; *Stege / Weinspach,* §§ 111 - 113, Rdnr. 131; vgl. auch amtl. Begr. BT-Drucks. 10/2102, S. 27; *Löwisch,* § 112, Rdnr. 15.

[81] ArbG Hamburg, DB 1980, S. 884f.; LAG Hamburg in EzA, § 112 BetrVG 72 Nr. 23; überholt hingegen BAG DB 1984, S. 1527ff.; vgl. auch amtl. Begr., BT-Drucks. 10/2102, S. 27.

[82] Vgl. amtl. Begr., BT-Drucks. 10/2102, S. 27.

[83] Amtl. Begr., BT-Drucks. 10/2102, S. 17.

[84] So zutreffend *Stege / Weinspach,* §§ 111 - 113, Rdnr. 131; anders insoweit amtl. Begr., BT-Drucks. 10/2102, S. 27; a.A. *Fitting / Auffarth / Kaiser,* Betriebsänderung, Sozialplan und Konkurs, §§ 112, 112a Rdnr. 34; *Fitting / Auffarth / Kaiser / Heither,* §§ 112, 112a, Rdnr. 34.

gen und erreichbaren Daten über mögliche Nachteile der Betroffenen vortragen[85].

Ausgleichsfähig sind, so ausdrücklich § 112 V S. 2 Nr. 1 BetrVG 72, nur wirtschaftliche, d.h. nicht immaterielle Nachteile[86]. Sie dürfen für den einzelnen Arbeitnehmer nicht nur unwesentlich sein. Nicht ausgleichsfähig sind demnach bloße Unbequemlichkeiten und Nachteile von nur geringem wirtschaftlichen Gewicht[87]. So entschied beispielsweise das LAG Berlin, daß die Verlegung einer Betriebsabteilung um 4,5 km in einer Großstadt mit entsprechendem Verkehrsnetz keinen wesentlichen wirtschaftlichen Nachteil darstellt[88].

Festzuhalten bleibt nach alledem, daß unter der Geltung des § 112 V S. 2 Nr. 1 BetrVG 72 pauschalierte Ausgleichszahlungen nur noch als Ausnahmefall dann zulässig sein werden, wenn in angemessener, dem Zweck des Sozialplans gerecht werdender Zeit eine genaue Prognose der den betroffenen Arbeitnehmern aus der Betriebsänderung erwachsenden wirtschaftlichen Nachteile nicht möglich ist. Im Falle des Konkurses wird § 112 V S. 2 Nr. 1 BetrVG 72 allerdings kaum einschlägig sein, da regelmäßig eine Betriebsstillegung erfolgt und die von ihr Betroffenen ihren Arbeitsplatz verlieren. Diesen Fall will jedoch § 112 V S. 2 Nr. 2 BetrVG 72 erfassen.

cb) § 112 V S. 2 Nr. 2 BetrVG 72: Vermittelbarkeit entlassener Arbeitnehmer/Weiterbeschäftigung

§ 112 V S. 2 Nr. 2 BetrVG 72 stellt klar, daß die Einigungsstelle bei der Bemessung von Sozialplanabfindungen im Falle des Arbeitsplatzverlustes die Aussichten der betroffenen Arbeitnehmer auf dem Arbeitsmarkt zu berücksichtigen und danach entsprechende Leistungen festzusetzen hat. Wie schon oben gesehen, trifft diese Pflicht allerdings auch den Betriebsrat und insbesondere den Konkursverwalter, für den die Vorschriften über den erzwingbaren Sozialplan verbindlich gelten. Die Vorschrift des § 112 V S. 2 Nr. 2 BetrVG 72 verdeutlicht ebenfalls, daß es dem Gesetzgeber um den Ausgleich *zukünftiger* wirtschaftlicher Nachteile geht. Grund der Sozialplanabfindung bei Arbeitsplatzverlust soll das Bedürfnis nach Überbrükkungshilfe in sozial schwieriger Situation und nicht ein Ausgleichsanspruch für den bloßen Arbeitsplatzverlust sein. Die Vorschrift beschränkt das Ermessen der Einigungsstelle und damit im Falle des Konkurses des Kon-

---

[85] So auch *Stege / Weinspach*, §§ 111 - 113, Rdnr. 132.
[86] Vgl. das Beispiel bei *Stege / Weinspach*, §§ 111 - 113, Rdnr. 133.
[87] *Dietz / Richardi*, § 112, Rdnr. 19; *Stege / Weinspach*, §§ 111 - 113, Rdnr. 11ff.
[88] LAG Berlin, DB 1983, S. 1264.

kursverwalters insofern, als sie die entsprechenden Erwägungen vornehmen *müssen*[89].

Maßgebender Zeitpunkt für die anzustellenden Überlegungen muß der der Aufstellung des Sozialplans bzw. des Spruches der Einigungsstelle sein. Denn § 112 V S. 2 Nr. 2 BetrVG 72 verlangt, daß eine entsprechende Prognose, die den wirklichen Verhältnissen Rechnung zu tragen hat, schon bis Abschluß des Sozialplans bzw. Spruches der Einigungsstelle getroffen wird[90]. Danach ist die Rechtsprechung des BAG, wonach die Einigungsstelle eine zwischen dem Zeitpunkt der Betriebsschließung und des Spruches der Einigungsstelle (bzw. Abschluß des Sozialplans durch den Konkursverwalter) eintretende Wiederbeschäftigung von Arbeitnehmern bei der Bemessung der Abfindungen nicht zu berücksichtigen habe[91], überholt. Entscheidend für die Prognose gem. § 112 V S. 2 Nr. 2 BetrVG 72 sind in Zukunft die tatsächlichen Verhältnisse der einzelnen Betroffenen im Zeitpunkt der endgültigen Sozialplanfeststellung.

Nach § 112 V S. 2 Nr. 2 BetrVG 72 hat die Einigungsstelle in einem jeden Einzelfall die entsprechenden Arbeitsmarktaussichten zu prüfen. Dies wird durch die Erwähnung der *„betroffenen"* Arbeitnehmer deutlich. Aus der Formulierung „betroffenen" wird erkennbar, daß eine pauschale Abfindung für bestimmte Gruppen Beschäftigter, wie z.B. alle in einem Betrieb entlassenen Schweißer, nicht erfolgen soll. Vielmehr sind die Gegebenheiten des Einzelfalles, mithin die beruflichen Aussichten des jeweiligen betroffenen Arbeitnehmers prognostisch zu würdigen. Durch die generelle Wendung „Aussichten auf dem Arbeitsmarkt" in § 112 V S. 2 Nr. 2 BetrVG 72 soll zum einen klargestellt werden, daß eine Prognose darüber zu treffen ist, ob der einzelne, von Entlassung betroffene Arbeitnehmer einen neuen Arbeitsplatz findet oder ob er mit einer, u.U. länger andauernden Arbeitslosigkeit zu rechnen hat. Schon hier wird deutlich, daß ein bloßer Arbeitsplatzverlust in Zukunft keine Sozialplanabfindung mehr rechtfertigen wird. Weist der Unternehmer nach, daß es für den betroffenen Arbeitnehmer ohne weiteres möglich ist, übergangslos in ein neues, dem alten in jeder Hinsicht gleichwertiges Arbeitsverhältnis einzutreten, muß die nach § 112 V S. 2 Nr. 2 BetrVG 72 vorzunehmende Prognose hinsichtlich seiner Chancen auf dem Arbeitsmarkt zu dem Ergebnis kommen, daß eine Sozialplanabfindung für diesen Arbeitnehmer jedenfalls nicht vereinbart werden kann, ohne die Ermessensrichtlinie des § 112 V S. 2 Nr. 2 BetrVG 72 zu überschreiten. Neben individuellen Gesichtspunkten in der Person des Arbeitnehmers wie Alter, Dauer der Betriebszugehörigkeit und Ausbildungsstand werden bei

---

[89] So auch *Hanau,* NZA 1984, S. 348; *Stege / Weinspach,* §§ 111 - 113, Rdnr. 137; *Löwisch,* § 112, Rdnr. 15.

[90] Vgl. *Löwisch,* § 112, Rdnr. 19a; *Stege / Weinspach,* §§ 111 - 113, Rdnr. 137.

[91] BAG vom 23.4.1985, BB 1985, S. 929.

Erstellung der Prognose arbeitsmarktbedingte Faktoren wie Höhe und Grad der Arbeitslosigkeit in der betreffenden Region und Art bzw. Umfang der offenen Stellen zu berücksichtigen sein[92].

Über die Wendung „Aussichten auf dem Arbeitsmarkt" bei der Abwägung sozialer Belange der betroffenen Arbeitnehmer fließen zum anderen aber auch die in § 112 V S. 2 Nr. 1 BetrVG 72 genannten Kriterien in die vorzunehmende Prognose ein. So ist zu berücksichtigen, wenn einem bestimmten Arbeitnehmer bei Eintritt in ein neues Arbeitsverhältnis mit Sicherheit wirtschaftliche Nachteile entstehen werden, etwa weil er weniger Lohn erhalten oder weil er Anwartschaften auf betriebliche Altersversorgung bei dem Arbeitsplatzwechsel einbüßen wird. Im Rahmen der Berücksichtigung der Aussichten der betroffenen Arbeitnehmer auf dem Arbeitsmarkt hat die Einigungsstelle (und damit der Konkursverwalter) daher zunächst eine Prognose dahingehend zu treffen, ob dem Arbeitsplatzverlust eine mehr oder weniger lange Phase der Arbeitslosigkeit folgen wird, und, wenn dies nicht der Fall ist, ob eine Weiterbeschäftigung entlassener Arbeitnehmer in einem anderen Arbeitsverhältnis nur unter vergleichsweise ungünstigeren Bedingungen erfolgen kann. Liegen diese Voraussetzungen vor, so ist für die jeweiligen Arbeitnehmer eine den Gegebenheiten des Einzelfalles Rechnung tragende Sozialplanabfindung festzusetzen.

§ 112 V S. 2 Nr. 2, Fall 2 BetrVG 72 enthält eine Vorschrift, die es ermöglicht, Arbeitnehmer von Sozialplanleistungen auszuschließen, die eine zumutbare Weiterbeschäftigung im selben Betrieb, einem anderen Betrieb des Unternehmens oder einem zum Konzern gehörenden Unternehmen ablehnen. Die Unzumutbarkeit der Weiterbeschäftigung soll dabei nicht schon aus einem bloßen Ortswechsel folgen. Es handelt sich hierbei um eine Kannvorschrift (soll), trotz Vorliegens der Voraussetzungen des § 112 V S. 2 Nr. 2, Fall 2 BetrVG 72 können Einigungsstelle bzw. Konkursverwalter in *besonderen Ausnahmefällen* also auch Leistungen für solche Arbeitnehmer festsetzen bzw. vereinbaren, die ein entsprechendes zumutbares Weiterbeschäftigungsangebot abgelehnt haben. Die in § 112 V S. 2 Nr. 2, Fall 2 BetrVG 72 getroffene Regelung knüpft an die Rechtsprechung des BAG an, nach der schon unter der Geltung des alten § 112 BetrVG 72 in Sozialplänen Ausschlußklauseln für zulässig erachtet wurden, nach denen Arbeitnehmer von Sozialplanleistungen ausgeschlossen wurden, die ein zumutbares Weiterbeschäftigungsangebot abgelehnt hatten[93].

---

[92] Vgl. *Stege / Weinspach*, §§ 111 - 113, Rdnr. 137; *Fitting / Auffarth / Kaiser*, Betriebsänderung, Sozialplan und Konkurs, § 112, Rdnr. 35; *Fitting / Auffarth / Kaiser / Heither*, §§ 112, 112a, Rdnr. 35, 35a.

[93] BAG BB 1977, S. 495, BB 1984, SAE 1984, S. 330ff. mit Anm. *Hromadka;* vgl. auch amtl. Begr. BT-Drucks. 10/2102, S. 27.

Zur Frage der Zumutbarkeit sagt § 112 V S. 2 Nr. 2, Fall 2 BetrVG 72 nichts aus. Sie ist durch die Betriebspartner im Rahmen ihres Ermessensspielraums zu entscheiden. Als Rechtsfrage kann sie gerichtlich im Rahmen des § 76 V BetrVG 72 überprüft werden[94]. Nach Ansicht des BAG kann auch der einzelne Arbeitnehmer im Rahmen einer Klage auf Abfindung die Frage der Zumutbarkeit zum Gegenstand des gerichtlichen Verfahrens machen[95], in dem er allerdings die Beweislast für eben die Unzumutbarkeit des ihm angebotenen Arbeitsplatzes trägt[96]. Für die Frage der Zumutbarkeit wird auf die Gleichwertigkeit der Arbeitsbedingungen abzustellen sein, wobei dem Arbeitnehmer jedoch Einschränkungen in finanzieller Hinsicht auferlegt werden können[97]. Hinsichtlich der Qualifikation der Weiterbeschäftigung wird man eine dem Ausbildungsstand des Arbeitnehmers entsprechende Arbeit zu verlangen haben, wobei aber auch hier geringe Abstriche in Kauf genommen werden müssen. Auch die Teilnahme an entsprechenden Umschulungsmaßnahmen wird von den betroffenen Arbeitnehmern verlangt werden können, solange sie das Ziel verfolgen, eine gleichwertige Weiterbeschäftigung zu ermöglichen[98]. Zur Zumutbarkeit der Weiterbeschäftigung in einem anderen Konzernunternehmen dürfte auch gehören, daß das andere Unternehmen den vom Arbeitnehmer erworbenen Kündigungsschutz in den neuen Arbeitsvertrag übernimmt[99].

Löwisch hält als Kriterium für die Zumutbarkeitsbestimmung eines angebotenen Arbeitsplatzes die aufgrund des § 103 AFG erlassene Zumutbarkeitsanordnung der Bundesanstalt für Arbeit vom 15.4.83 für maßgebend[100]. Nach Ansicht des Verfassers kann diese Anordnung nicht zur Klärung der Frage der Zumutbarkeit im Rahmen des § 112 V S. 2 Nr. 2, Fall 2 BetrVG 72 herangezogen werden, da der Zumutbarkeitsbegriff dieser Norm ein anderer als der des § 103 AFG ist[101]. Denn die Regelung des § 103 AFG

---

[94] Vgl. *Stege / Weinspach,* §§ 111 - 113, Rdnr. 138, *Fitting / Auffarth / Kaiser,* Betriebsänderung, Sozialplan und Konkurs, § 112, Rdnr. 41; *Fitting / Auffarth / Kaiser / Heither,* §§ 112, 112a, Rdnr. 35a, 36, 38.

[95] BAG BB 1977, S. 495 = AP Nr. 3 zu § 112 BetrVG 72, *Stege / Weinspach,* §§ 111 - 113, Rdnr. 138, *Fitting / Auffarth / Kaiser,* Betriebsänderung, Sozialplan und Konkurs, § 112, Rdnr. 41; *Fitting / Auffarth / Kaiser / Heither,* §§ 112, 112a, Rdnr. 41.

[96] Vgl. *Stege / Weinspach,* §§ 111 - 113, Rdnr. 138 a.E., *Winterfeld* in BlStSozArbR 1985, S. 35.

[97] So *Stege / Weinspach,* §§ 111 - 113, Rdnr. 138 mit Recht im Hinblick auf das gesetzgeberische Ziel, möglichst vielen Arbeitnehmern einen neuen Arbeitsplatz zu verschaffen; a.A. *Wlotzke,* NZA 1984, S. 221; *Fitting / Auffarth / Kaiser,* Betriebsänderung, Sozialplan und Konkurs, § 112, Rdnr. 35; *Löwisch,* § 112, Rdnr. 13; *Fitting / Auffarth / Kaiser / Heither,* §§ 112, 112a, Rdnr. 35a, 36.

[98] Vgl. *Fitting / Auffarth / Kaiser,* Betriebsänderung, Sozialplan und Konkurs, § 112, Rdnr. 35; *Fitting / Auffarth / Kaiser / Heither,* §§ 112, 112a, Rdnr. 35a.

[99] Vgl. BAG BB 1977, S. 495; *Stege / Weinspach,* §§ 111 - 113, Rdnr. 138; amtl. Begr. BT-Drucks. 10/2102, S. 27.

[100] *Löwisch,* § 112, Rdnr. 12, 13, *ders.,* BB 1985 S. 1200ff., 1205.

[101] So auch *Fitting / Auffarth / Kaiser,* Betriebsänderung, Sozialplan und Konkurs, § 112, Rdnr. 35; *Fitting / Auffarth / Kaiser / Heither,* §§ 112, 112a, Rdnr. 35a.

und die zu ihm erlassene Zumutbarkeitsanordnung verfolgen in erster Linie arbeitsmarktpolitische Zwecke, während bei der Ermessensentscheidung nach § 112 V BetrVG 72 die sozialen Belange der von Entlassung betroffenen Arbeitnehmer im Vordergrund stehen. Ließen sich die Betriebspartner bzw. die Einigungsstelle bei ihrer Ermessensentscheidung ausschließlich von der ZumutbarkeitsAO zu § 103 AFG leiten, blieben die im Einzelfall zu berücksichtigenden sozialen Belange der betroffenen Arbeitnehmer weitgehend unbeachtet. Die in der Zumutbarkeitsanordnung zu § 103 AFG enthaltenen Regelungen hinsichtlich der Zumutbarkeit einer Weiterbeschäftigung können daher nur als Indizien bei der von der Einigungsstelle zu treffenden Ermessensentscheidung berücksichtigt werden, nicht jedoch deren Grundlage sein. Daß eine wie in § 5 ZumutbarkeitsAO beschriebene Weiterbeschäftigung auch im Rahmen des § 112 V S. 2 Nr. 2, Fall 2 BetrVG 72 unzumutbar sein dürfte, versteht sich von selbst.

Im Ergebnis bleibt daher festzuhalten, daß es für die Ermessensentscheidung der Einigungsstelle zur Frage der Zumutbarkeit eines anderen Arbeitsverhältnisses im Rahmen des § 112 V S. 2 Nr. 2, Fall 2 BetrVG 72 grundsätzlich bei einer Einzelfallabwägung zu verbleiben hat, deren einzige *gesetzliche* Orientierung in der Aussage des § 112 V S. 2 Nr. 2, Fall 2 BetrVG 72, daß die mögliche Weiterbeschäftigung an einem anderen Ort für sich allein noch nicht die Unzumutbarkeit begründet, gegeben ist.

cc) § 112 V S. 2 Nr. 3 BetrVG 72

§ 112 V S. 2 Nr. 3 BetrVG 72 gibt der Einigungsstelle nunmehr eine Ermessensrichtlinie an die Hand, die diese bei der Bemessung des *Gesamtbetrages* der Sozialplanleistungen zu beachten hat: danach ist von ihr bei der Sozialplanaufstellung zu berücksichtigen, daß durch die vorzunehmenden Zahlungen der Fortbestand des Unternehmens oder die nach Durchführung der Betriebsänderung verbleibenden Arbeitsplätze nicht gefährdet werden. Die Vorschrift stellt damit eine inhaltliche Grenze für die Ausstattung von Sozialplänen auf und ist im folgenden Abschnitt der Untersuchung zu behandeln.

3. Ergebnis

Zusammenfassend bleibt festzuhalten, daß durch die Einführung der Nrn. 1 u. 2 des § 112 V S. 2 BetrVG 72 der Wille des Gesetzgebers Ausdruck bekommen hat, die Vereinbarung von pauschalierten Abfindungen in Sozialplänen in Zukunft zu vermeiden, wobei jedoch der Einigungsstelle zur Erhaltung eines effektiven sozialen Schutzes Raum zur ausnahmsweisen Festsetzung von Ansprüchen verbleibt, die ohne eine bis ins kleinste gehende prognostische Ermittlung der zu erwartenden wirtschaftlichen Nachteile ausgezahlt werden müssen.

Nach alledem erscheint es aus heutiger Sicht gerechtfertigt, die Funktion der Sozialplanansprüche auf die der sozialen Überbrückung und Vorsorge zu begrenzen. Unter dem Eindruck des BeschfG 85 läßt sich nach Ansicht des Autors die Entschädigungsthese nicht mehr halten. Vielmehr folgt aus den vorliegenden gesetzlichen Neuregelungen, daß es sich beim Sozialplananspruch um eine in die Zukunft gerichtete Entschädigung für im Einzelfall festzustellende, *tatsächlich* eintretende wirtschaftliche Nachteile von Arbeitnehmern handelt, die von einer Betriebsänderung i.S.d. §§ 111ff. BetrVG 72 betroffen werden.

IV. Die inhaltlichen Grenzen des Sozialplans im Konkurs ohne Berücksichtigung des SozplG 85

1. Einleitung

Die Bestimmung der inhaltlichen Grenzen eines Sozialplans i.S.d. § 112 BetrVG 72 fiel in der Vergangenheit deshalb schwer, weil der Gesetzgeber es versäumte, in § 112 BetrVG 72 eine Höchstgrenze zu normieren, wie das beim Interessenausgleich gem. § 113 I, II BetrVG mit der Verweisung auf § 10 KSchG geschah.

Hinzuweisen ist darauf, daß der Inhalt des Sozialplananspruchs naturgemäß durch dessen *Funktion* wesentlich mitbestimmt wird. Folgt man der unter III. 3. entwickelten These, daß dem Sozialplan lediglich eine Vorsorge- und Überbrückungsfunktion innewohnt, so kann in ihm beispielsweise inhaltlich keine Entschädigung für den bloßen Arbeitsplatzverlust vorgesehen werden, falls dem betroffenen Arbeitnehmer keine wirtschaftlichen Nachteile entstehen.

Für Sozialpläne außerhalb des Konkursverfahrens hat der Gesetzgeber der Einigungsstelle mit der neuen Regelung des § 112 V S. 2 Nr. 3 BetrVG 72 eine Ermessensrichtlinie an die Hand gegeben, die die Forderung des § 112 V S. 1 BetrVG 72, daß sie bei ihrer Entscheidung sowohl die sozialen Belange der betroffenen Arbeitnehmer zu berücksichtigen als auch auf die wirtschaftliche Vertretbarkeit ihrer Entscheidung für das Unternehmen zu achten habe, konkretisiert. Wie schon oben gesehen, verpflichten die Nrn. 1 u. 2 des § 112 V S. 2 BetrVG 72 die Einigungsstelle selbstverständlich dazu, die in ihnen normierten Grundsätze bei der inhaltlichen Ausgestaltung des Sozialplans zu beachten, insbesondere eine am Einzelfall des betroffenen Arbeitnehmers orientierte Entscheidung zu finden.

Für den Sozialplan im Konkurs gilt nach dem oben Gesagten, daß Betriebsrat und Konkursverwalter die in § 112 V S. 1, 2 BetrVG 72 enthaltenen Grundsätze zu beachten haben, da die Vereinbarung eines über die funktionellen Grenzen des § 112 IV, V BetrVG 72 hinausgehenden Sozialplans durch den Konkursverwalter konkurszweckwidrig und damit nichtig wäre, da er insofern dem Gebot größtmöglicher Gläubigerbefriedigung zuwiderhandeln würde. Für Sozialpläne im Konkurs stellt das SozplG 85 eine zusätzliche inhaltliche Begrenzung zu den von Rechtsprechung und Literatur zu § 112 BetrVG 72 entwickelten Grundsätzen auf, indem es für konkursliche und solche Sozialpläne, die nicht früher als 3 Monate vor Stellung des Antrags auf Eröffnung des Konkursverfahrens zustande kamen, eine absolute sowie relative inhaltliche Obergrenze normiert. Wegen der Komplexität des Stoffes sollen die durch das neue Gesetz eingeführten Inhaltsschranken jedoch in einem gesonderten Kapitel abgehandelt werden. Im folgenden wird zu untersuchen sein, wie sich die inhaltlichen Sozialplangrenzen im Lichte der durch das BeschfG 85 eingeführten gesetzlichen Neuerungen in Zukunft ziehen lassen werden.

2. Zur bisherigen Rechtslage vor Inkrafttreten des BeschfG 85

a) Inhaltliche Grenzen des Sozialplans i. S. d. § 112 BetrVG 72

Nach der bisherigen Rechtslage waren die Betriebspartner beim Abschluß eines Sozialplans in den Grenzen von Recht und Billigkeit (§ 75 BetrVG 72) frei, darüber zu entscheiden, welche wirtschaftlichen Nachteile der durch eine Betriebsänderung betroffenen Arbeitnehmer in welcher Höhe ausgeglichen werden sollten[102]. Als Grenze für die Festlegung vermögenswerter Leistungen ist allgemein die Gewährleistung des status quo im Lebensstandard angesehen worden[103]. Als Bemessungskriterien für die Ansprüche der einzelnen Arbeitnehmer wurden neben der Dauer der Betriebszugehörigkeit und dem Lebensalter[104] insbesondere die vermögenswerten Nachteile aufgefaßt, die dem Arbeitnehmer infolge der Betriebsänderung entstanden sind. Außer der in § 112 IV S. 2 BetrVG 72 enthaltenen Regelung, wonach die Einigungsstelle bei ihrer Entscheidung die sozialen Belange der betroffenen Arbeitnehmer und die wirtschaftliche Vertretbarkeit der Sozialplanforderungen für das Unternehmen gegeneinander abzuwägen hatte, fand sich im Gesetzestext keine Angabe, bis zu welcher Höhe der Unternehmer mit finanziellen Leistungen aus einem Sozialplan belastet werden konnte[105]. Von der überwiegenden Meinung in Literatur und Rechtsprechung wurde als mittelbare Schranke für die Belastung des Unternehmens durch einen

---

[102] Vgl. BAG AP Nr. 7 zu § 112 BetrVG 72; *Richardi,* § 112, Rdnr. 59.

[103] *Richardi,* § 112, Rdnr. 58; *ders.,* Sozialplan, S. 54f.

[104] *Richardi,* § 112, Rdnr. 54; *Ohl,* Sozialplan, S. 83ff.

[105] Vgl. zum Gesamtaufwand betrieblicher Sozialpläne in den Jahren 1975 - 1980 die rechtstatsächliche Untersuchung von *Vogt,* Sozialpläne, S. 131ff., 150ff.

Sozialplan § 113 BetrVG 72 herangezogen, wo für Abfindungen bei Entlassungen auf § 10 KschG verwiesen wird und bei anderen wirtschaftlichen Nachteilen eine Ausgleichspflicht des Unternehmens bis zu einem Zeitraum von zwölf Monaten besteht[106]. Im folgenden wird zu prüfen sein, ob der durch das BeschfG 85 eingeführte § 112 V BetrVG 72, insbesondere die Nr. 3 des S. 2, dazu führt, daß die bisherigen inhaltlichen Höchstgrenzen aktualisiert werden müssen.

b) Inhaltliche Grenzen des Sozialplans i.S.d. § 112 I S. 2 BetrVG 72 im Konkurs des Unternehmens

Auch im Konkursfall galten bisher für die inhaltlichen Grenzen des Sozialplans die oben unter a) beschriebenen Grundsätze, die sich teilweise schon aus der funktionellen Beschränkung der Sozialplanabfindung ergeben. Darüber hinaus wurde unter weitgehender Billigung in der Literatur[107] von der Rechtsprechung der Grundsatz aufgestellt, daß bei der Bemessung der Abfindungen im Konkurs darauf zu achten sei, daß die Sozialplanlast für die Konkursmasse vertretbar ist[108]. Das BAG griff bei der Aufstellung dieses Grundsatzes auf die Abwägungsklausel des § 112 IV S. 2 BetrVG 72 zurück, indem es an die Stelle der Interessen des Unternehmens die der übrigen Konkursgläubiger treten ließ[109].

3. Die Inhaltsgrenzen des Sozialplans im Lichte des BeschfG 85: § 112 V S. 2 Nr. 3 BetrVG 72 – neue Ermessensrichtlinie für die Einigungsstelle

Die Nr. 3 des neu durch das BeschfG 85 eingeführten § 112 V S. 2 BetrVG 72 gibt der Einigungsstelle bei ihrer Entscheidung nach § 112 IV BetrVG 72 eine neue Ermessensrichtlinie an die Hand, indem sie die in § 112 V S. 1 BetrVG 72 erhobene Forderung konkretisiert, bei der Bemessung der Sozialplanleistungen sowohl die sozialen Belange der betroffenen Arbeitnehmer

---

[106] LAG Baden-Württemberg, BB 76, S. 36f.; DB 1979, S. 39, *Richardi,* § 112, Rdnr. 61; *ders.,* Sozialplan, S. 19; *Rumpff,* Mitbestimmung in wirtschaftlichen Angelegenheiten, S. 290ff.; *Becker,* BlStSozArbR 1974, S. 59; *Heinze,* DB 1974, S. 1819; *Vogt,* DB 1975, S. 1585; *Reuter / Körnig,* Dü AG 1978, S. 325; *Willemsen,* Arbeitnehmerschutz, S. 239; anderer Ansicht sind: GK / *Fabricius,* § 112, Rdnr. 61ff.; *Fitting / Auffarth / Kaiser,* § 112, Rdnr. 11; *Fuchs,* Sozialplan, S. 31; *Kaven,* Recht des Sozialplans, S. 134f.; *Ohl,* Sozialplan, S. 92f.; *Schlüter,* Die konkursrechtliche Behandlung der Sozialplanansprüche, S. 40; *Däubler / Bösche,* zum Inhalt von Sozialplänen, S. 16ff.; *Böhm,* DB 1973, S. 1099; *Hanau,* ZfA 1974, S. 104; *v. Stebut,* DB 1975, Beil. 9, S. 10.

[107] *Fitting / Auffarth / Kaiser,* § 112, Rdnr. 31; im Ergebnis auch *Richardi,* § 112, Rdnr. 99; GK / *Fabricius,* § 112, Rdnr. 97; a.A. *Beuthien,* Sozialplan und Unternehmensverschuldung, S. 45.

[108] BAGE (GS) 31, S. 176ff., 191f. = AP Nr. 6 zu § 112 BetrVG 72.

[109] Vgl. BAGE (GS) 31, S. 176ff., 191f. = AP Nr. 6 zu § 112 BetrVG 72.

als auch die wirtschaftliche Vertretbarkeit für das Unternehmen zu berücksichtigen. Danach soll bei der Festsetzung des Gesamtbetrages der Leistungen darauf geachtet werden, daß der Fortbestand des Unternehmens oder die nach Durchführung der Betriebsänderung verbleibenden Arbeitsplätze nicht gefährdet werden. Dies bedeutet konkret, daß die *äußerste inhaltliche Schranke* eines Sozialplans die finanzielle Belastung ist, die den Fortbestand des Unternehmens oder den Erhalt der noch verbleibenden Arbeitsplätze gerade noch gewährleistet[110].

Außerdem wird die Einigungsstelle angehalten, das künftige Bestehen des Unternehmens im Wettbewerb sowie seine künftige Kreditwürdigkeit und schließlich sein Vermögen, Verbindlichkeiten zu begleichen, zu berücksichtigen[111]. Teilweise wird auch das Verbleiben einer gewissen Rentabilität für den Unternehmensträger zur wirtschaftlichen Vertretbarkeit bzw. zum „Fortbestand des Unternehmens" i.S.v. § 112 V S. 2 Nr. 3 BetrVG 72 gezählt[112].

Bei der nach § 112 V S. 2 Nr. 3 BetrVG 72 zu erstellenden Prognose, ob das Sozialplanvolumen für das Unternehmen auf Dauer gesehen wirtschaftlich vertretbar ist, dürfte es auf den Zeitpunkt der Aufstellung des Sozialplans und nicht den der Betriebsänderung ankommen, da es dem durch die Einfügung des § 112 V S. 2 Nr. 1 u. 2 BetrVG 72 deutlich gewordenen Willen des Gesetzgebers entspricht, die wirklichen Verhältnisse bei Festsetzung des Sozialplanvolumens zugrunde zu legen[113]. Bei der durch § 112 V S. 1, S. 2 Nr. 3 BetrVG 72 vorgeschriebenen Zukunftsschau werden auch die wirtschaftliche Lage einzelner Gesellschafter sowie die Rückwirkungen auf im Inland gelegene, verbundene Unternehmen zu berücksichtigen sein[114].

Die Regelung des § 112 V S. 2 Nr. 3 BetrVG 72 wiederholt und verweist damit im wesentlichen auf Grundsätze, die schon zur Zeit der Geltung des alten § 112 IV BetrVG 72 von der arbeitsrechtlichen Literatur[115] herausgearbeitet wurden und besagt insofern lediglich Selbstverständliches[116]. Danach hat die Einigungsstelle die Sozialplanabfindungen so zu bemessen,

---

110 Vgl. LAG Frankfurt, BB 1976, S. 1463; GK / *Fabricius,* § 112, Rdnr. 91; *Vogt,* Sozialpläne, S. 105; *Fuchs,* Sozialplan, S. 109f.; *Galperin / Löwisch,* § 112, Rdnr. 101; *Löwisch,* § 112, Rdnr. 19.

111 *Stege / Weinspach,* §§ 111 - 113, Rdnr. 141; *Löwisch,* § 112, Rdnr. 19.

112 Vgl. *Löwisch,* § 112, Rdnr. 18f.

113 *Löwisch,* § 112, Rdnr. 19a, hält zu Recht die Entscheidung des BAG, BB 1985, S. 929 zur alten Fassung des § 112 für überholt.

114 Vgl. dazu *Hess / Schlochauer / Glaubitz,* § 112, Rdnr. 117.

115 Vgl. *Stege / Weinspach,* §§ 111 - 113 BetrVG 72, Rdnr. 141 m.w.N.; *Hanau,* ZfA 1974, S. 105.

116 *Fitting / Auffarth / Kaiser / Heither,* §§ 112, 112a, Rdnr. 37; *Fitting / Auffarth / Kaiser,* Betriebsänderung, Sozialplan und Konkurs, §§ 112, 112a, Rdnr. 37; *Otto,* ZfA 1985, S. 81.

daß diese nicht zu einem weiteren Arbeitsplatzabbau führen[117]. § 112 V S. 2 Nr. 3 BetrVG 72 stellt erstmals eine gewisse flexible, gesetzlich normierte allgemeine Obergrenze für den Gesamtbetrag der Sozialplanleistungen dar[118].

Auch Betriebsrat und Konkursverwalter haben § 112 V S. 2 Nr. 3 BetrVG 72 bei der Vereinbarung eines Sozialplans zu berücksichtigen. Allerdings entfällt der Gesichtspunkt der wirtschaftlichen Vertretbarkeit für das Unternehmen bei dessen endgültiger Liquidation ebenso naturgemäß wie der des Fortbestands der verbleibenden Arbeitsplätze, da ja nichts Erhaltenswertes in diesem Sinne mehr vorhanden ist[119].

Zu kritisieren an der gesetzlichen Vorschrift ist, daß es der Gesetzgeber wieder versäumt hat, eine feststehende Obergrenze für den zulässigen Gesamtbetrag des Sozialplans zu normieren. Dies läuft dem im BeschfG 85 verfolgten gesetzgeberischen Ziel zuwider, durch größere Berechenbarkeit der eventuellen Sozialplanlasten die unternehmerische Investitionsfreude zu stärken und dadurch die vermehrte Einstellung von Arbeitslosen zu fördern[120]. Denn die Neuregelung des § 112 V BetrVG 72 wird nicht im genügenden Maße dafür sorgen, die auf den Unternehmer gegebenenfalls zukommende Sozialplanlast berechenbarer zu machen, läßt im Gegenteil den Betriebspartnern immer noch einen erheblichen Ermessensspielraum bei der Dotierung entsprechender Vereinbarungen.

Nach alledem ist im Ergebnis festzuhalten, daß § 112 V S. 2 Nr. 3 BetrVG 72 den Inhalt von unter seiner Geltung zustandekommenden Sozialplänen im Vergleich zur alten Rechtslage kaum verändern wird, da in ihm substantiell keine Neuerungen enthalten sind, vielmehr lediglich Grundsätze wiedergegeben werden, die schon zuvor von Rechtsprechung und arbeitsrechtlicher Literatur zum Begriff der „wirtschaftlichen Vertretbarkeit" des alten § 112 IV S. 2 BetrVG 72 entwickelt worden sind.

V. Die durch das SozplG 85 aufgestellten Grenzen

1. Einleitung

Das SozplG 85 führt im Hinblick auf die konkursrechtliche Behandlung von Sozialplänen *inhaltliche Obergrenzen* ein. Zum einen wird das Volumen von Sozialplänen, die *nach* Eröffnung des Konkurses von Betriebsrat und

[117] BAG BB 1982, S. 1299, amtl. Begr. BT-Drucks. 10/2102, S. 27; *Wlotzke,* NZA 1984, S. 221, *Stege / Weinspach,* §§ 111 - 113, Rdnr. 142.

[118] Vgl. *Stege / Weinspach,* §§ 111 - 113, Rdnr. 142.

[119] *Fitting / Auffarth / Kaiser,* Betriebsänderung, Sozialplan u. Konkurs, §§ 112, 112a, Rdnr. 37; *Löwisch,* § 112, Rdnr. 19; Beuthien, SAE 1980, S. 321f.

[120] Vgl. amtl. Begr., BT-Drucks. 10/2102, S. 17.

Konkursverwalter abgeschlossen wurden, statisch begrenzt. Für Sozialpläne, die nicht früher als drei Monate vor Stellung des Antrages auf Eröffnung des Konkursverfahrens vereinbart wurden, enthält es ebenfalls Regelungen, die deren konkurswirksamem Inhalt Höchstgrenzen setzen. Diese Sozialpläne nach §§ 2, 3 SozplG 85 werden gem. § 4 S. 1 SozplG 85 mit dem Rang des § 61 I Nr. 1 KO ganz oder zum Teil bevorrechtigt berichtigt.

Neben der absoluten Grenze der §§ 2, 3 SozplG 85 wird eine *relative* Obergrenze in § 4 S. 2 SozplG 85 für Forderungen aus bevorrechtigten Sozialplänen insofern normiert, als für ihre Berichtigung nicht mehr als ein Drittel der für die Verteilung an die Konkursgläubiger zur Verfügung stehenden Konkursmasse verwendet werden darf.

Im § 6 stellt das SozplG 85 Regeln für die Behandlung von Sozialplänen auf, die bei seinem Inkrafttreten anhängig waren[121].

Das Gesetz ist mit der gesetzgeberischen Zielvorgabe[122] geschaffen worden, als eine *Zwischenlösung* die Gesamtreform des Insolvenzrechts vorzubereiten, deren Inkrafttreten nach dem heutigen Stand bis zum Jahresende 1988[123] erwartet werden kann. Demgemäß ist das SozplG 85 in Form eines *Zeitgesetzes* ergangen, das gem. § 8 S. 2 SozplG 85 mit Ablauf des 31. 12. 1988 außer Kraft tritt.

Im folgenden wird zunächst das Verhältnis der neugeschaffenen Regelung zum Betriebsverfassungs- und Konkursrecht sowie den Vorschlägen der Insolvenzrechtskommission zu untersuchen sein. Ferner wird die Frage geklärt werden müssen, wie sich die im SozplG 85 neu geschaffenen Grenzregelungen auf die drei möglichen Arten von Sozialplänen, nämlich auf Sozialpläne, die nach Eröffnung des Konkursverfahrens aufgestellt wurden, solche, die nicht früher als drei Monate vor Stellung des Eröffnungsantrages und schließlich auf solche, die früher als drei Monate vor Stellung des Eröffnungsantrages zustandekamen, auswirken. Schließlich wird auf die in § 6 SozplG 85 enthaltenen Übergangs- und „Reparatur-"[124]Vorschriften einzugehen sein.

2. Verhältnis des SozplG 85 zum BetrVG 72 und zur KO

Da das SozplG 85 besondere Vorschriften für die Behandlung eines Sozialplans (§§ 112, 112a BetrVG 72) im Konkurs- bzw. Vergleichsverfahren vorsieht, wird von seiten des Gesetzgebers erstmals klargestellt, daß das BetrVG 72 im Konkurs des Unternehmers uneingeschränkt gilt[125].

---

[121] Das SozplG vom 20.2.1985 (s. BGBl. I, 369) ist am 28.2.1985 in Kraft getreten.
[122] Vgl. amtl. Begr. BT-Drucks. 10/2102, S. 6, *Balz,* RWS Skript 149, S. 39f.
[123] Amtl. Begr. BT-Drucks. 10/2102, S. 6; *Hess,* NZA 1985, S. 205.
[124] So genannt von *Balz* in seiner Abhandlung, RWS Skript 149, S. 44.

Das SozplG 85 steht jedoch außerhalb der Betriebsverfassung, die in ihm enthaltenen Vorschriften modifizieren die Sozialplanregelungen der §§ 112, 112a BetrVG 72 nur insoweit, als diese eine Anpassung an die besondere Unternehmenssituation im Konkurs erfordern. So schafft das SozplG 85 jedenfalls kein eigenständiges Rechtsinstitut des „Konkurssozialplans" und hebt sich insofern vom sonstigen Betriebsverfassungsrecht nicht ab[126]. Es verhängt hinsichtlich des Betriebsverfassungsgesetzes auch keine Regelungssperre, sondern nimmt Bezug auf die jeweils geltenden Sozialplanvorschriften.

Insbesondere greift das SozplG 85 nicht in die allgemeinen betriebsverfassungsrechtlichen Voraussetzungen ein, die erfüllt sein müssen, damit ein Sozialplan aufgestellt werden kann. Hierzu gehört vor allem die Vorschrift des § 111 BetrVG 72, wonach die Sozialplanvorschriften nur dann einschlägig sind, wenn es sich um ein Unternehmen mit in der Regel mehr als 20 Arbeitnehmern handelt. Diese durch das BetrVG 72 gesetzte Sperre sorgt dafür, daß von vornherein nur in einem Bruchteil aller Insolvenzunternehmen Sozialpläne überhaupt erstellt werden können. So erreichten nach der Untersuchung von *Gessner / Plett* aus dem Jahre 1982 nur 33% aller Insolvenzbetriebe die für einen Sozialplan erforderliche Beschäftigtenzahl von mehr als 20 Arbeitnehmern[127]. Eine weitere Einschränkung erfährt die Anwendbarkeit der Sozialplanregelungen dadurch, daß viele der insolventen Unternehmen, die mehr als 20 Arbeitnehmer beschäftigen, überhaupt keinen Betriebsrat haben[128]. Dies wird teilweise darauf zurückgeführt, daß die betriebliche Interessenvertretung der Arbeitnehmer aus Gründen der Rechtsunkenntnis oder aufgrund faktischer Abhängigkeiten nur schwach ausgeprägt ist. Im übrigen stößt auch die Wahrnehmung des Restmandats durch den Betriebsrat nach der Schließung des Betriebes auf erhebliche praktische Schwierigkeiten. Eine wesentliche Einbuße erfahren die Sozialplanregelungen in der Praxis dadurch, daß die meisten Insolvenzverfahren gar nicht erst zur Eröffnung gelangen. So wurden von ca. 16 000 Konkursverfahren im Jahre 1983 lediglich 3747 eröffnet. Dies entspricht einer Quote von 23,4%[129].

Aufgrund dieser drei Voraussetzungen, die sich teilweise aus dem BetrVG, teilweise aus der KO ergeben, nämlich Belegschaftsgröße von mehr als 20 Arbeitnehmern, Vorhandensein eines Betriebsrats, Eröffnung des Konkurs-

---

125 Vgl. amtl. Begr. BT-Drucks. 10/2129, S. 7; *Fitting / Auffarth / Kaiser*, Betriebsänderung, Sozialplan und Konkurs, § 1 SozplKonkG, Rdnr. 7; *Fitting / Auffarth / Kaiser / Heither*, § 1 SozplKonkG, Rdnr. 7.

126 Vgl. *Balz*, RWS Skript 149, S. 35.

127 *Gessner / Plett*, Der Sozialplan im Konkursunternehmen, S. 33.

128 Nach der Untersuchung von *Gessner / Plett*, Der Sozialplan im Konkursunternehmen, Tabelle S. 35, war dies im Jahre 1980 in 960 von 1915 Unternehmen der Fall.

129 Erster Bericht der Kommission für Insolvenzrecht, Anl. 1, S. 459.

verfahrens, bleiben von der Gesamtheit der insolventen Unternehmen insgesamt nur 12% übrig, die überhaupt sozialplanpflichtig bzw. -fähig sind[130]. Von diesen Unternehmen wird jedoch nur in ca. jedem fünften auch tatsächlich ein Sozialplan erstellt[131]. Als Gründe hierfür kommen wohl Größe, Alter und Branchenzugehörigkeit des insolventen Unternehmens sowie der gewerkschaftliche Organisationsgrad der Belegschaft in Frage[132].

Dies bedeutet, daß in weniger als 3% der insolvenzbetroffenen Unternehmen in der Regel ein Sozialplan zustandekommt[133]. Hinsichtlich der Zahl der insolvenzbedingt von Entlassung betroffenen Arbeitnehmer ergibt sich, daß nur für 8% von ihnen in einem Konkursverfahren Sozialpläne abgeschlossen werden[134]. Diese Zahlen machen deutlich, daß die in BetrVG und KO einerseits vorhandenen Sperren und die geringe Wahrnehmung der betrieblichen Interessenvertretung andererseits dazu führen, daß die Bedeutung der Anwendbarkeit der Regelungen des SozplG 85 im Licht der rechtstatsächlichen Gegebenheiten zumindest relativiert werden muß. Eine Beeinflussung dieser Fakten darf vom SozplG 85 nicht erwartet werden, da es sowohl die betriebsverfassungsrechtlichen als auch die konkursrechtlichen Voraussetzungen eines Sozialplans unberührt läßt.

3. Das Verhältnis des SozplG 85 zu den Reformvorschlägen der Kommission für Insolvenzrecht

Sämtliche an der Schaffung des SozplG 85 beteiligten Verfassungsorgane haben im Laufe des Gesetzgebungsverfahrens die Forderung erhoben, daß durch die Ausgestaltung des Gesetzes die geplante Gesamtreform des Insolvenzrechts nicht präjudiziert werden dürfe[135]. Diese Forderung beinhaltet, daß durch das SozplG 85 keine Besitzstände geschaffen werden durften, die im Rahmen der Gesamtreform nur schwer zu beseitigen sein könnten, und im übrigen, daß die gesetzliche Regelung auf die von der Insolvenzrechtskommission vorgelegten Reformvorschläge Rücksicht zu nehmen und sie im Rahmen des geltenden Konkursrechts zu verwirklichen hatte[136]. Es ist deshalb zu untersuchen, inwieweit diese Vorgaben durch das SozplG 85 eingehalten wurden, mithin, ob es mit den Reformvorschlägen der Insolvenzrechtskommission inhaltlich vereinbar ist.

---

130 *Plett,* ZIP 1982, S. 905ff., 912.

131 *Plett,* ZIP 1982, S. 905ff., 912.

132 *Balz,* RWS Skript 149, S. 15; *Gessner / Plett,* Der Sozialplan im Konkursunternehmen, S. 34.

133 *Plett,* ZIP 1982, S. 905ff., 912.

134 *Gessner / Plett,* Der Sozialplan im Konkursunternehmen, S. 34; *Plett,* ZIP 1982, S. 905ff., 912.

135 Vgl. hierzu u.a. amtl. Begr., BT-Drucks. 10/2129, S. 6; BR-Drucks. 146/84.

136 Vgl. *Balz,* RWS Skript 149, S. 22.

Die Reformvorschläge der Insolvenzrechtskommission gehen zunächst ähnlich wie das SozplG 85 davon aus, daß die § 111 ff. BetrVG 72 auch im künftig einheitlichen Insolvenzverfahren Anwendung finden. Bezüglich der einzelnen Vorschläge ist zu unterscheiden, ob ein (zukünftiges) Insolvenzverfahren in Form eines Reorganisations- und Liquidationsverfahrens vorliegt. Nach den Reformvorschlägen der Kommission soll das Sozialplanvolumen zukünftig im Liquidationsverfahren nicht mehr frei zwischen Betriebsrat und Konkursverwalter ausgehandelt oder von der Einigungsstelle festgesetzt werden können[137]. Es wird vielmehr eine zweifache Begrenzung angestrebt: zum einen soll das Sozialplanvolumen absolut begrenzt werden. Es soll sich aus der Summe von 1½ Monatsverdiensten derjenigen aus dem Betrieb ausscheidenden Arbeitnehmer errechnen, deren Arbeitsverhältnis in dem Unternehmen länger als fünf Jahre bestanden hat oder die das 45. Lebensjahr vollendet haben und im Unternehmen seit mindestens zwei Jahren beschäftigt sind[138]. Ein diese absolute Obergrenze überschreitendes Volumen soll im Sozialplan nicht festgesetzt werden können, die Grenze soll den Charakter einer Verbotsnorm i. S. v. § 134 BGB haben[139].

Der unter Geltung der absoluten Obergrenze errechnete Betrag soll nach Ansicht der Reformkommission auch relativ begrenzt werden: Das absolute Volumen eines Sozialplans darf einen bestimmten Prozentsatz der freien Teilungsmasse, nach der Mehrheit der Kommissionsmitglieder 25%, nicht übersteigen, demnach nicht zur Verteilung an die Arbeitnehmer gelangen, wenn die entsprechende relative Begrenzung erreicht ist[140]. Das unter der Geltung der beiden Obergrenzen errechnete Sozialplanvolumen soll in voller Höhe an die betroffenen Arbeitnehmer ausgeschüttet werden. Hierbei handelt es sich allerdings nicht um ein Konkursvorrecht im herkömmlichen Sinne, sondern um eine Sondervorschrift für die Verteilung der freien Teilungsmasse. Demgemäß ist auch eine Anmeldung der Sozialplanabfindungen zur Konkurstabelle entbehrlich[141].

Weitere Reformvorschläge der Insolvenzrechtskommission haben zum Inhalt, daß eine Zwischenfinanzierung der Sozialplanforderungen durch die Bundesanstalt für Arbeit erfolgen[142] und daß es im Konkursverfahren lediglich einen einzigen privilegierten (*nicht* bevorrechtigten!) Sozialplan, mithin keine Konkurrenz von Altsozialplänen mit solchen, die erst im Laufe des Konkursverfahrens aufgestellt werden, geben soll[143]. Sozialpläne, die in den letzten drei Monaten vor Eröffnung des Konkursverfahrens aufgestellt wur-

---

137 Vgl. Erster Bericht der Kommission für Insolvenzrecht, 1985, S. 354.

138 1. Bericht der Insolvenzrechtskommission, Leitsatz 4.1.3, S. 358.

139 Insolvenzrechtskommission, Leitsatz 4.1.3., S. 357.

140 Insolvenzrechtskommission, Leitsatz 4.1.4., S. 360.

141 Insolvenzrechtskommission, Leitsatz 4.1.8., S. 367.

142 Insolvenzrechtskommission, Leitsatz 4.1.9., S. 367.

143 Insolvenzrechtskommission, Leitsatz 4.1.10., S. 369.

den, sollen unwirksam werden und Forderungen aus solchen, die früher als drei Monate vor dem Eröffnungsantrag aufgestellt wurden, sollen nicht privilegiert, sondern als einfache Insolvenzforderungen behandelt werden[144].

Für das dem Liquidationsverfahren zukünftig vorgeschaltete Reorganisationsverfahren beläßt es die Insolvenzrechtskommission bei dem derzeit geltenden Grundsatz, daß Sozialplanforderungen im Rahmen der § 111ff. BetrVG 72 frei aushandelbar sind[145].

Das SozplG 85 weicht in einigen Punkten von den dargestellten Reformvorschlägen ab, obgleich es die wesentlichen Anliegen der Insolvenzrechtskommission aufgreift. So werden insbesondere die absolute und relative Begrenzung des zu vereinbarenden Volumens für bestimmte Sozialpläne eingeführt. Im übrigen soll eine bevorzugte Berichtigung nur bei Sozialplanforderungen eingreifen, die nicht früher als drei Monate vor Stellung des Eröffnungsantrages vereinbart wurden.

Abweichend von den Reformvorschlägen wird die Sozialplanforderung nicht als eine gedankliche Sondermasse, sondern als Konkursforderung entsprechend der Entscheidung des BAG von 1978 aufgefaßt[146]. Dies wird vor allem durch das geltende System der Konkursordnung veranlaßt, das die Einpassung der Sozialplanabfindungen in die fortbestehende Rangordnung des § 61 KO verlangt. Daraus folgt, daß sie auch zur Konkurstabelle angemeldet und festgestellt werden müssen. Hinsichtlich der Eckwerte für die zu berechnenden Grenzen weicht das SozplG 85 von den Reformvorschlägen ab. So wurde die absolute Obergrenze auf 2½ Monatsverdienste *aller* ausscheidenden Arbeitnehmer festgesetzt. Dieser höhere Wert rechtfertigt sich dadurch, daß das bevorrechtigte Sozialplanvolumen nach dem SozplG 85 in Rangklasse I (§ 61 I Nr. 1 KO) eingeordnet wird, mithin mit anderen Konkursforderungen konkurriert und so in vielen Fällen einer Kürzung unterliegen wird, die nach den Erwartungen der Bundesregierung 30 - 33% ausmachen wird[147], während nach den Vorstellungen der Insolvenzrechtskommission der privilegierte Betrag vollständig an die Arbeitnehmer ausgezahlt werden soll.

Hinsichtlich der relativen Obergrenze sieht das SozplG 85 eine Begrenzung des zur Berichtigung kommenden Sozialplanvolumens auf 33,33 statt 25% der Teilungsmasse vor. Der sachgerechte Grund für diese Abweichung dürfte darin zu sehen sein, daß die Konkursverfahren gegenwärtig ausgesprochen massearm sind, während sie unter der Geltung der Vorschläge der Kommission gerade an Masse erheblich hinzugewinnen werden[148].

---

[144] Insolvenzrechtskommission, Leitsatz 4.1.10 (2), S. 369.
[145] Vgl. *Balz*, RWS Skript 149, S. 27.
[146] Vgl. *Balz*, RWS Skript 149, S. 30.
[147] Vgl. *Balz*, RWS Skript 149, S. 31.

Schließlich erschien auch die generelle Unwirksamkeit von vorkonkurslichen Sozialplänen als im Rahmen einer Zwischenlösung zu einschneidend, weshalb sie nach dem SozplG 85 mit nachkonkurslichen in Wettbewerb um das konkurswirksame Sozialplanvolumen treten können.

Festzuhalten bleibt, daß durch das SozplG 85 die Vorschläge der Insolvenzrechtskommission insoweit aufgegriffen wurden, als sie sich mit dem (noch) geltenden System des Insolvenzrechtes in Einklang bringen lassen. Insofern stellt das SozplG 85 eine den gesetzgeberischen Vorgaben entsprechende Zwischenlösung dar, die die kommende Gesamtreform des Insolvenzrechtes einleitet.

4. Die absolute Begrenzung des Sozialplanvolumens durch das SozplG 85

a) Sozialpläne, die während des Konkursverfahrens aufgestellt wurden

Gem. §§ 1, 2 SozplG 85 kann in einem Sozialplan, der nach der Eröffnung des Konkursverfahrens aufgestellt wird, für den Ausgleich oder die Milderung von wirtschaftlichen Nachteilen, die den Arbeitnehmern infolge der geplanten Betriebsänderung entstehen, ein Gesamtbetrag von 2½ Monatsverdiensten der von einer Entlassung betroffenen Arbeitnehmer vorgesehen werden.

aa) Monatsverdienst

Hinsichtlich des Begriffes „Monatsverdienst" verweist das SozplG 85 auf § 10 III KschG. Danach gilt als Monatsverdienst, was dem Arbeitnehmer bei der für ihn maßgebenden regelmäßigen Arbeitszeit in dem Monat, in dem das Arbeitsverhältnis endet, an Geld und Sachbezügen zusteht. Es handelt sich hierbei um Bruttobeträge. Beiträge zur Sozialversicherung sowie die Lohnsteuer werden nicht abgezogen[149]. Für die Berechnung des Monatsverdienstes kommt es auf die für den Arbeitnehmer persönlich geltende Arbeitszeit an, Überstunden und Kurzarbeit sind nicht zu berücksichtigen, es sei denn, daß sie für diesen Arbeitnehmer regelmäßig gelten[150]. Auch beeinflussen Unterbrechungen der Arbeit durch Krankheit, Betriebsstillegung und Urlaub die Berechnung des absolut wirksamen Sozialplans nicht[151]. Ein dreizehntes Monatsgehalt ist ebenso auf die einzelnen Monate zu verteilen wie eine Tantieme, da beides Bezüge sind, die für die Arbeit

---

148 Vgl. insbesondere die Leitsätze der Insolvenzrechtskommission unter 3., S. 295 - 349.

149 Vgl. *Hueck,* KschG, § 10, Rdnr. 4.

150 *Hueck,* KschG, § 10, Rdnr. 4; *Schaub,* § 141, VII, 2; *Stahlhacke,* Rdnr. 375.

151 Vgl. *Balz,* RWS Skript, S. 53; *Hueck,* KschG, § 10, Rdnr. 4.

eines längeren Zeitraumes berechnet werden[152]. Dagegen sind Beträge, die lediglich bei besonderer Gelegenheit gezahlt werden, wie z.B. Gratifikationen, auf den Monatsverdienst gem. § 10 III KschG nicht anzurechnen[153].

ab) Maßgeblicher Zeitpunkt

Für die Berechnung der Obergrenze nach § 2 SozplG 85 ist der Zeitpunkt zugrunde zu legen, in dem der Sozialplan rechtsverbindlich zustandekommt[154]. Auf den Zeitpunkt des Monats der Auflösung des Arbeitsverhältnisses gem. §§ 9, 10 KschG kann deshalb nicht abgestellt werden, weil dieser eben gerade bei der Aufstellung eines Sozialplans ungewiß ist. Die bis zur Entlassung mit Sicherheit zu erwartenden Änderungen sind zu berücksichtigen. Im übrigen kann dem einzelnen Arbeitnehmer nach einem Punktsystem ein bestimmter Teil des numerisch einstweilen noch nicht errechneten Sozialplanvolumens zugeteilt und diese Forderung erst bei der Anmeldung bzw. Feststellung definitiv beziffert werden.

ac) Zum Begriff der von Entlassung betroffenen Arbeitnehmer in § 2 SozplG 85

Der Begriff des Arbeitnehmers wird durch das SozplG 85 nicht definiert. Beim Sozialplan handelt es sich jedoch um eine Vereinbarung, die der Betriebsrat kraft seiner ihm vom BetrVG 72 eingeräumten Kompetenz trifft. Gerade diese Kompetenz wird durch das SozplG 85 für den Fall eines ihm unterfallenden Sozialplans vorausgesetzt. Wie schon oben gesehen, berührt das SozplG 85 die Sozialplanvoraussetzungen, die sich aus dem BetrVG 72 ergeben, nicht. Es ist daher davon auszugehen, daß der Begriff des betroffenen Arbeitnehmers im SozplG 85 so zu verstehen ist wie der des von einer Betriebsänderung betroffenen Arbeitnehmers i.S.v. § 112 I S. 2 BetrVG 72. Der Begriff der von einer Entlassung betroffenen Arbeitnehmer i.S.v. § 2 SozplG 85 ist also unter Zugrundelegung des § 5 III BetrVG 72 zu verstehen[155]. Mithin wird bei der Berechnung der absoluten Obergrenze nach § 2 SozplG 85 der Monatsverdienst von entlassenen Organpersonen sowie leitenden Angestellten keine Berücksichtigung finden können. Denn gerade für diesen Personenkreis besitzt der Betriebsrat keine betriebsverfassungsrechtliche Vereinbarungskompetenz. Dies betrifft insbesondere die leiten-

---

[152] *Hueck,* KschG, § 10, Rdnr. 6.

[153] *Hueck,* KschG, § 10, Rdnr. 6; *Balz,* RWS Skript 149, S. 54; *Nikisch,* S. 791.

[154] So auch *Balz,* RWS Skript, S. 54, 55.

[155] So auch *Balz,* RWS Skript 149, S. 55f.; *Fitting / Auffarth / Kaiser,* Betriebsänderung, Sozialplan und Konkurs, § 2 SozplKonkG, Rdnr. 10; *Düttmann / Kehrmann / Muff,* AiB 1985, S. 36; *Fitting / Auffarth / Kaiser / Heither,* § 2 SozplKonkG, Rdnr. 10.

den Angestellten, für die der Betriebsrat nur über eine evtl. rechtsgeschäftliche Vertretung i. V. m. § 328 BGB Ansprüche begründen kann. Würden in einem Konkurssozialplan (freiwillig) Abfindungszahlungen für leitende Angestellte vereinbart, so dürften sie weder den Beschränkungen der §§ 2, 3 SozplG 85 unterliegen, noch das Vorrecht des § 4 S. 1 SozplG 85 genießen, da es sich bei ihnen nicht um Forderungen aus einem Sozialplan i. S. d. §§ 2, 3 SozplG 85 handelt[156].

Festzuhalten bleibt jedenfalls, daß bei der Errechnung der absoluten Obergrenze des § 2 SozplG nur die monatlichen Einkommen *solcher* von Entlassung betroffener Arbeitnehmer zu berücksichtigen sind, die dem betriebsverfassungsrechtlichen Arbeitnehmerbegriff entsprechen und nicht durch § 5 III BetrVG 72 aus diesem Arbeitnehmerkreis ausgeschlossen sind.

Da der betriebsverfassungsrechtliche Arbeitnehmerbegriff zugrunde zu legen ist, zählen zu den betroffenen Arbeitnehmern i. S. d. SozplG 85 auch die in Heimarbeit Beschäftigten, wenn sie in der Hauptsache für den in Betracht kommenden Betrieb tätig sind[157]. Betroffene Arbeitnehmer i. S. d. SozplG 85 sind allerdings nicht nur solche, denen vom Konkursverwalter gekündigt wird, sondern auch diejenigen, die aufgrund von Aufhebungsverträgen ausscheiden[158]. Denn da das Gesetz nicht von „gekündigten" spricht, kann es auf den formalen Beendigungsgrund nicht ankommen. Allerdings ist entsprechend § 112a I S. 2 BetrVG 72 zu fordern, daß in diesem Falle das Ausscheiden des Arbeitnehmers vom Arbeitgeber bzw. Konkursverwalter veranlaßt wird[159].

Ausgeschiedene Arbeitnehmer sind bei der Berechnung der absoluten Obergrenze des Sozialplanvolumens dann zu berücksichtigen, wenn ihr Ausscheiden auf die der Sozialplanvereinbarung zugrundeliegende Betriebsänderung zurückgeht[160].

Ist unter Beachtung der vorstehend genannten Kriterien durch Addition der Betrag der Monatsverdienste aller betroffenen Arbeitnehmer ermittelt worden, so ergibt sich die absolute Obergrenze des für den jeweiligen Sozialplan geltenden Volumens durch Multiplikation dieser Zahl mit 2,5.

---

156 So auch *Balz*, RWS Skript 149, S. 56.

157 *Fitting / Auffarth / Kaiser*, Betriebsänderung, Sozialplan und Konkurs, § 2 SozplKonkG, Rdnr. 10 m. w. N.; *Fitting / Auffarth / Kaiser / Heither*, § 2 SozplKonkG, Rdnr. 10.

158 *Düttmann / Kehrmann / Muff*, AiB 1985, S. 36; *Balz*, DB 1985, S. 691; *Fitting / Auffarth / Kaiser*, Betriebsänderung, Sozialplan und Konkurs, § 2 SozplKonkG, Rdnr. 11; *Fitting / Auffarth / Kaiser / Heither*, § 2 SozplKonkG, Rdnr. 11.

159 Vgl. *Fitting / Auffarth / Kaiser*, Betriebsänderung, Sozialplan u. Konkurs, § 2 SozplKonkG, Rdnr. 11; *Fitting / Auffarth / Kaiser / Heither*, § 2 SozplKonkG, Rdnr. 11.

160 *Fitting / Auffarth / Kaiser*, Betriebsänderung, Sozialplan u. Konkurs, § 2 SozplKonkG, Rdnr. 11 a. E.; *Fitting / Auffarth / Kaiser / Heither*, § 2 SozplKonkG, Rdnr. 11.

ad) Die Auswirkungen der absoluten Obergrenze auf Konkurssozialpläne

§ 2 SozplG 85 stellt eine außerhalb des BetrVG 72 befindliche Einschränkung der Vereinbarungskompetenz von Betriebsrat und Konkursverwalter zugunsten anderer Konkursgläubiger dar. Dies bedeutet insbesondere für den Konkursverwalter, daß er nur Vereinbarungen treffen darf, die sich im Rahmen der vorgegebenen Grenze befinden, ein die Grenze des § 2 SozplG 85 überschreitender Sozialplan kann nicht bis zur Erreichung der Höchstgrenze konkurswirksam sein und mit dem Restbetrag das freie oder künftige Vermögen des Gemeinschuldners belasten, denn eine solche Belastung würde von der durch den Zweck des Konkursverfahrens begrenzten Rechtsetzungsmacht des Konkursverwalters nicht mehr gedeckt[161].

Demzufolge ist die absolute Obergrenze des § 2 SozplG 85 als eine Inhaltsschranke in Form einer Verbotsnorm gem. § 134 BGB aufzufassen. Eine Überschreitung des nach § 2 SozplG 85 höchstzulässigen Sozialplanvolumens führt daher prinzipiell zur Nichtigkeit des gesamten Sozialplans[162]. Wird die Grenze des durch § 2 SozplG 85 vorgegebenen rechtlichen Könnens von den Betriebspartnern überschritten, tritt automatisch die Unwirksamkeit der Vereinbarung ein[163]. Selbstverständlich gilt § 2 SozplG 85 auch für Konkurssozialpläne, die durch die Einigungsstelle festgesetzt werden, auch ihre Rechtsetzungsmacht wird durch ihn begrenzt[164].

Unbenommen dürfte den Betriebspartnern im Konkurs die Möglichkeit bleiben, Regelungen für den Fall zu treffen, daß die durch § 2 SozplG 85 normierten Grenzen ungewollt überschritten werden, etwa dadurch, daß bei der Errechnung des mit 2,5 zu multiplizierenden Betrages Einkünfte von Arbeitnehmern irrtümlich mitberücksichtigt werden, die nicht Betroffene i. S. v. § 2 SozplG 85 sind[165]. In ihnen könnte zum Beispiel eine anteilige Herabsetzung der Ansprüche vorgesehen werden.

---

161 Vgl. *Balz*, RWS Skript 149, S. 61 f.

162 So auch *Fitting / Auffarth / Kaiser*, Betriebsänderung, Sozialplan und Konkurs, § 2 SozplKonkG, Rdnr. 18; *Balz*, RWS Skript 149, S. 62; *Stege / Weinspach*, §§ 111 - 113, Rdnr. 158 a; *Hess*, NZA 1985, S. 206; *Uhlenbruck*, NJW 1985, S. 713. Vgl. insbesondere auch die amtl. Begr. in BT-Drucks. 10/2129, S. 7; *Fitting / Auffarth / Kaiser / Heither*, § 2 SozplKonkG, Rdnr. 18.

163 Siehe *Fitting / Auffarth / Kaiser*, Betriebsänderung, Sozialplan und Konkurs, § 2 SozplKonkG, Rdnr. 18; *Fitting / Auffarth / Kaiser / Heither*, § 2 SozplKonkG, Rdnr. 18.

164 Vgl. *Fitting / Auffarth / Kaiser*, Betriebsänderung, Sozialplan und Konkurs, § 2 SozplKonkG, Rdnr. 18 a. E.; *Fitting / Auffarth / Kaiser / Heither*, § 2 SozplKonkG, Rdnr. 18 a. E.

165 Dies schlagen auch *Fitting / Auffarth / Kaiser*, Betriebsänderung, Sozialplan und Konkurs, § 2 SozplKonkG, Rdnr. 18, vor. *Fitting / Auffarth / Kaiser / Heither*, § 2 SozplKonkG, Rdnr. 18, ebenso.

Ist eine solche Regelung nicht vorhanden und übersteigt ein Konkurssozialplan gleichwohl die absolute Obergrenze des § 2 SozplG 85, so stellt sich die Frage, ob die an sich unwirksame Regelung nach den allgemeinen Grundsätzen über die Nichtigkeit von Betriebsvereinbarungen in eine wirksame umgedeutet werden kann. Nach der Rechtsprechung soll eine an sich nichtige Betriebsvereinbarung teilweise aufrechterhalten bleiben können, wenn ein nicht von der Unwirksamkeit betroffener Teil eine in sich geschlossene und sinnvolle Regelung enthält[166]. Ausgangspunkt ist die Regel des § 139 BGB. Danach muß eine *Teilnichtigkeit* gegeben sein, was im Umkehrschluß bedeutet, daß wenigstens ein Teil der betreffenden rechtsgeschäftlichen Vereinbarung seinerseits wirksam zu sein hat. An dieser Stelle wird deutlich, daß zumindest die direkte Anwendung des § 139 BGB auf Fälle, in denen das gem. § 2 SozplG 85 höchstzulässige Volumen von einem Konkurssozialplan überschritten wird, rechtsdogmatisch bedenklich erscheinen muß. Denn ein derartiger Verstoß hat gerade nicht die Unwirksamkeit nur eines Teils, sondern die der gesamten Vereinbarung zur Folge. Es handelt sich bei einem Sozialplan nämlich nicht um eine „zerlegbare" rechtsgeschäftliche Einigung, dies um so weniger, wenn er im Konkurs zustandekommt und § 2 SozplG 85 durch die absolute Begrenzung die einzelnen Forderungen aus ihm hinsichtlich ihrer Wirksamkeit zusammenfaßt. Insofern sind die gegen eine direkte Anwendung des § 139 BGB und der zu ihm durch die Rechtsprechung des BAG entwickelten Grundsätze erhobenen Bedenken aus der Sicht des Verfassers durchaus beachtlich[167].

In Frage kommen kann daher nur eine in Ermangelung anderer Rechtsvorschriften analog § 139 BGB und den zur Umdeutung von Betriebsvereinbarungen aufgestellten Grundsätzen erfolgende Auslegung an sich wegen Verstoßes gegen § 2 SozplG 85 nichtiger Sozialpläne.

So dürften Gründe der Praktikabilität für eine Anpassung des Sozialplanvolumens an die Obergrenze des § 2 SozplG 85 sprechen[168]. Denn Folge der absoluten Nichtigkeit eines gegen § 2 SozplG 85 verstoßenden Sozialplans wären neue Verhandlungen, neue Vereinbarungen und schließlich gegebenenfalls ein erneutes Tätigwerden der Einigungsstelle. Der Neubeginn des u.U. langwierigen Verfahrens nach dem BetrVG würde insbesondere die gerade im Konkursfall bedeutsame Daseinsvorsorge- und Überbrückungs-

---

[166] Vgl. BAG DB 1981, S. 1882, NJW 1984, S. 1582, zum Einigungsstellenbeschluß BAG AP Nr. 1 zu § 87 BetrVG „Vorschlagwesen".

[167] Für unanwendbar halten die Grundsätze über die teilweise Aufrechterhaltung von Betriebsvereinbarungen *Fitting / Auffarth / Kaiser,* Betriebsänderung, Sozialplan und Konkurs, § 2 SozplKonkG, Rdnr. 20; *Fitting / Auffarth / Kaiser / Heither,* § 2 SozplKonkG, Rdnr. 20; *a.A. Balz,* RWS Skript 149, S. 62; *ders.,* DB 1985, S. 691; *Düttmann / Kehrmann / Muff,* AiB 1985, S. 36; *Hess,* NZA 1985, S. 206.

[168] Vgl. *Fitting / Auffarth / Kaiser,* Betriebsänderung, Sozialplan und Konkurs, § 2 SozplKonkG, Rdnr. 20 a.E.; *Fitting / Auffarth / Kaiser / Heither,* § 2 SozplKonkG, Rdnr. 20 a.E.

funktion der Sozialplanabfindung erheblich gefährden. Es ist deshalb zu befürworten, daß alle Ansprüche in einem nach § 2 SozplG 85 nichtigen Sozialplan soweit anteilig gekürzt werden können, bis das zulässige Volumen erreicht ist[169]. Voraussetzung für eine derartige Auslegung muß allerdings sein, daß im Sozialplan enthaltene Verteilungsmaßstäbe durch die anteilige Kürzung nicht berührt werden. Ist dies nicht der Fall, sollte der Sozialplan gekürzt aufrechterhalten bleiben können[170].

An dieser Stelle sei bemerkt, daß das SozplG 85 in § 2 keine Maßstäbe für die Verteilung der vereinbarten Sozialplanleistungen aufstellt. Insoweit bleibt es bei den zu §§ 112, 112a BetrVG 72 entwickelten Kriterien. Gleiches gilt für das Verfahren bis zur Aufstellung, das sich gegebenenfalls über Verhandlungen zwischen Betriebsrat und Konkursverwalter, der Vermittlung des Präsidenten des Landesarbeitsamtes (§ 112 II BetrVG 72) bis hin zur Einigungsstelle erstrecken kann. Denn das SozplG 85 greift grundsätzlich nicht in das Verfahren nach dem BetrVG 72 ein.

Abschließend sei festgestellt, daß sich die in § 2 SozplG 85 normierte Obergrenze an den durchschnittlichen Abfindungen, die aufgrund des Beschlusses des BAG von 1978 ausgezahlt wurden, orientiert. Sie scheint deshalb, obwohl von den von der Insolvenzrechtskommission empfohlenen Eckwerten abweichend, akzeptabel zu sein[171].

ae) Rechtsstreitigkeiten

(1) Streitigkeiten hinsichtlich der Berechnung des Sozialplanvolumens

Streitigkeiten über einen Konkurssozialplan, der sich nach § 2 SozplG 85 beurteilt, können insbesondere hinsichtlich der Berechnung des Sozialplanvolumens auftreten. Eine fehlerhafte Berechnung kann z.B. dann erfolgen, wenn die Begriffe des Monatsverdienstes bzw. der betroffenen Arbeitnehmer verkannt werden. Die Folge einer solchen fehlerhaften Berechnung ist die Nichtigkeit der Vereinbarung, sofern die absolute Obergrenze überschritten wird. Eine derartige Nichtigkeit kann vom Konkursverwalter

---

[169] So im Ergebnis auch *Fitting / Auffarth / Kaiser,* Betriebsänderung, Sozialplan und Konkurs, § 2 SozplKonkG, Rdnr. 20; *Hess / Schlochauer / Glaubitz,* Anh. 30; § 2 SozplG, Rdnr. 4; *Balz,* DB 1985, S. 691; *ders.,* RWS Skript 149, S. 63; *Düttmann / Kehrmann / Muff,* AiB 1985, S. 36; *Fitting / Auffarth / Kaiser / Heither,* § 2 SozplKonkG, Rdnr. 20.

[170] So auch *Fitting / Auffarth / Kaiser,* Betriebsänderung, Sozialplan und Konkurs, § 2 SozplKonkG, Rdnr. 20 a.E.; *Fitting / Auffarth / Kaiser / Heither,* § 2 SozplKonkG, Rdnr. 20 a.E.

[171] Vgl. hierzu amtl. Begr. zu § 2 SozplG, BT-Drucks. 10/2129, S. 7; *Gessner / Plett,* Der Sozialplan im Konkursunternehmen 1982, S. 100.

sowohl bei einem mit dem Betriebsrat vereinbarten als auch durch die Einigungsstelle festgesetzten Sozialplan jederzeit vor dem Arbeitsgericht geltend gemacht werden[172].

Die Prüfung findet, wie jede Streitigkeit über die Höhe der vereinbarten Sozialplanabfindung, im Beschlußverfahren statt, da es sich um eine Rechtsstreitigkeit handelt[173]. Es gilt hierbei die Zweiwochenfrist des § 76 V S. 4 BetrVG 72 nicht[174]. Hinsichtlich des Spruches der Einigungsstelle kann der Betriebsrat ein Beschlußverfahren vor dem Arbeitsgericht einleiten, § 2a I Nr. 1, II i.V.m. §§ 80ff. ArbGG[175].

Aus § 144 KO ergibt sich, daß sowohl der Konkursverwalter als auch die Konkursgläubiger den Sozialplanforderungen der Arbeitnehmer mit dem Widerspruch entgegentreten können, wenn aus § 2 SozplG 85 die Nichtigkeit der Vereinbarung folgt[176].

(2) Streitigkeiten im Hinblick auf die Verteilung der einzelnen Abfindungen

Neben dem Streit über die richtige Berechnung des höchstzulässigen Sozialplanvolumens kann auch die Frage auftauchen, ob die Aufteilung des nach § 2 SozplG 85 errechneten Betrages auf die von der Betriebsänderung betroffenen Arbeitnehmer rechtmäßig ist. Hierbei ist zunächst der Fall zu beachten, daß Betriebsrat und Konkursverwalter darüber streiten, ob die sozialen Belange der betroffenen Arbeitnehmer insbesondere gegenüber denen der Konkursgläubiger ausreichend berücksichtigt wurden. Allerdings kann ein solcher Streit nur entstehen, wenn ein Sozialplan ausgehandelt wurde, der die Obergrenze des § 2 SozplG 85 (erheblich) unterschreitet.

Der Streit über die angemessene Berücksichtigung der sozialen Belange der Arbeitnehmer ist nicht konkursspezifisch, sondern, wie auch im außerkonkurslichen Fall, Regelungsstreitigkeit und unterliegt der arbeitsgerichtlichen Ermessenskontrolle[177].

---

[172] So ebenfalls *Fitting / Auffarth / Kaiser,* Betriebsänderung, Sozialplan und Konkurs, § 2 SozplKonkG, Rdnr. 19; *Fitting / Auffarth / Kaiser / Heither,* § 2 SozplKonkG, Rdnr. 19.

[173] s. *Dietz / Richardi,* § 112, Rdnr. 179; *Balz,* RWS Skript 149, S. 115.

[174] Vgl. *Hess / Schlochauer / Glaubitz,* Anl. 30, § 2 SozplG, Rdnr. 5; *Balz,* DB 1985, S. 689, 691; *Fitting / Auffarth / Kaiser,* SozplKonkG, § 2, Rdnr. 19; *Fitting / Auffarth / Kaiser / Heither,* § 2 SozplKonkG, Rdnr. 19.

[175] Vgl. *Fitting / Auffarth / Kaiser,* Betriebsänderung, Sozialplan und Konkurs, § 2 SozplG, Rdnr. 19; *Balz,* RWS Skript 149, S. 113; *Fitting / Auffarth / Kaiser / Heither,* § 2 SozplKonkG, Rdnr. 19.

[176] So *Balz,* RWS Skript 149, S. 113.

[177] Vgl. *Dietz / Richardi,* § 112, Rdnr. 176, 180f. m.w.N.; *Balz,* RWS Skript 149, S. 115.

Schwieriger stellt sich die Lösung des Problems dar, das entsteht, wenn einzelne Arbeitnehmer, die der Regelungskompetenz des Betriebsrats nach § 5 BetrVG 72 unterliegen, mit dem Arbeitgeber bzw. Konkursverwalter darüber streiten, ob ihnen nach dem Grundsatz von Recht und Billigkeit (§ 75 BetrVG 72) eine höhere als die für sie im Sozialplan festgelegte Abfindung zusteht. Nach der Rechtsprechung des BAG kann nämlich auch eine auf den Inhalt der Sozialplanregelung beschränkte Billigkeitskontrolle zu einer Erweiterung des ausgehandelten finanziellen Gesamtrahmens des Sozialplans führen, *ohne daß dieser selbst zum Gegenstand der Nachprüfung gemacht wird*[178]. Unter der Geltung des SozplG 85 stellt sich die Anwendung dieses Grundsatzes jedenfalls dann als unmöglich dar, wenn durch die Anhebung des gesamten Sozialplanvolumens im Konkursfall die absolute Obergrenze des § 2 SozplG 85 überschritten würde. Auch kann in einem solchen Fall die relative Begrenzung des Sozialplanvolumens, auf die noch unten genau einzugehen sein wird, übertreten werden. Übertrüge man die vom BAG entwickelten Grundsätze ohne Einschränkung auf Sozialpläne, die im Konkursverfahren abgeschlossen werden, so würde dies dazu führen, daß die einzelnen Arbeitnehmer unter Berufung auf Recht und Billigkeit ein Mittel an der Hand hätten, die Vorschriften des SozplG 85 hinsichtlich der Begrenzung des Sozialplanvolumens zu umgehen. Die §§ 2ff. SozplG 85 würden zur Makulatur, wenn das Arbeitsgericht in der Lage wäre, festzustellen, daß eine mehr oder weniger große Anzahl von Arbeitnehmern einen Anspruch auf höhere Sozialplanabfindung hat und dadurch die absolute oder relative Begrenzung des Sozialplanvolumens überschritten wird, ohne daß die Überschreitung selbst der gerichtlichen Nachprüfung unterläge. Eine Anhebung einzelner Sozialplanansprüche aus Billigkeitsgründen ist deshalb nur insoweit möglich, als die Vorschriften des SozplG 85 unberührt bleiben. Im Anschluß an *Balz*[179] ist deshalb zu fordern, daß im Rahmen der gerichtlichen Billigkeitskontrolle die absolute Grenze des Sozialplanvolumens gem. § 2 SozplG 85 nicht überschritten werden darf. Auch die relative Begrenzung des Sozialplanvolumens gem. § 4 S. 2 u. 3 SozplG 85 darf in keinem Falle berührt werden. Auch sollten solche Arbeitnehmer, die keine insolvenzbedingten Nachteile erlitten haben, nicht in einen nach §§ 2, 3, 4 S. 1 SozplG 85 privilegierten Sozialplan aus Billigkeitsgründen miteinbezogen werden.

Abschließend sei zu dieser Problematik bemerkt, daß auch eine gerichtliche Umverteilung des begrenzten Sozialplanvolumens zugunsten einzelner Arbeitnehmer nicht stattfinden darf, da die durch diese Maßnahme belasteten anderen Sozialplangläubiger eine Einbuße hinnehmen müßten, ohne daß ihnen auch nur gerichtliches Gehör gewährt würde[180].

---

[178] RAGE 35, S. 89ff., 92.
[179] Vgl. *Balz,* RWS Skript 149, S. 117f.
[180] Vgl. BAG AP Nr. 11, 21 zu § 112 BetrVG 72.

b) Sozialpläne, die frühestens 3 Monate vor Eröffnung des Konkursverfahrens aufgestellt wurden

Vorkonkursliche Sozialpläne, die nicht früher als 3 Monate vor Eröffnung des Konkursverfahrens zwischen Betriebsrat und Gemeinschuldner vereinbart bzw. von der Einigungsstelle festgesetzt wurden, unterfallen der Regelung des § 3 SozplG 85, die bestimmt, daß diese Pläne den Konkursgläubigern gegenüber insoweit unwirksam sind, als die Summe der Forderungen aus ihnen jeweils größer ist als der Gesamtbetrag von 2½ Monatsverdiensten der von einer Entlassung betroffenen Arbeitnehmer.

Aus dieser Formulierung des Gesetzes läßt sich ablesen, daß derartige Sozialpläne mit solchen nach § 2 SozplG 85, insbesondere hinsichtlich ihrer bevorrechtigten Befriedigung (vgl. § 4 S. 1 SozplG 85) weitgehend gleichbehandelt werden sollen, was auch durchaus sachgemäß ist, da sie regelmäßig unter dem Eindruck drohender Insolvenz abgeschlossen werden und daher *gesteigerten* Schutz der in ihnen bedachten Sozialplangläubiger bezwecken sollen. Die Begriffe der „von Entlassung betroffenen Arbeitnehmer" sowie des „Monatsverdienstes" in § 3 SozplG 85 entsprechen denen des § 2 SozplG 85. Insofern kann auf die Ausführungen unter B. V. 4. aa) und B. V. 4. ac) verwiesen werden.

Im folgenden soll untersucht werden, wie sich die in § 3 SozplG 85 enthaltene Regelung auf vorkonkursliche Sozialpläne auswirkt und wie Rechtsstreitigkeiten, die solche Sozialpläne betreffen, zu behandeln sind.

ba) Unwirksamkeit gegenüber den Konkursgläubigern

Die Vorschrift des § 3 S. 1 SozplG 85 verfolgt den Zweck, daß die Konkursmasse durch einen unmittelbar vor dem Konkurs aufgestellten Sozialplan nicht stärker belastet wird, als sie es würde, wenn der Sozialplan erst nach der Konkurseröffnung aufgestellt worden wäre[181], und zum anderen ist das Anliegen des Gesetzgebers erkennbar, den von Entlassung betroffenen Arbeitnehmern auch in dieser Situation effektiven sozialen Schutz zu vermitteln.

Zu berücksichtigen ist bei der Behandlung derartiger Sozialpläne, daß der nachmalige Gemeinschuldner vor der Eröffnung des Konkursverfahrens regelmäßig unbeschränkt über sein Vermögen verfügen kann. Dieser Umstand muß dazu führen, daß bei einer Überschreitung des nach § 3 SozplG 85 zulässigen Sozialplanvolumens nicht die durch § 2 SozplG 85 für Konkurssozialpläne in diesem Fall verordnete Folge, nämlich deren abso-

---

[181] Vgl. *Fitting / Auffarth / Kaiser,* Betriebsänderung, Sozialplan und Konkurs, § 3 SozplKonkG, Rdnr. 9; *Fitting / Auffarth / Kaiser / Heither,* § 3 SozplKonkG, Rdnr. 9.

lute Unwirksamkeit, auch nicht für den die Grenze des § 3 SozplG 85 übersteigenden Betrag gelten kann, da eine solche Rechtsfolge als unverhältnismäßiger Eingriff in gesicherte Rechtspositionen der bedachten Arbeitnehmer bewertet werden müßte[182]. Der die Grenze des § 3 SozplG 85 (2,5 Monatsverdienste) überschreitende Betrag des Sozialplanvolumens ist demgemäß nur den übrigen Konkursgläubigern gegenüber unwirksam. Die Beschränkung der Beanspruchung der freien Teilungsmasse zugunsten der übrigen Konkursgläubiger wird hier durch ein verfahrensmäßiges, nicht materiell-rechtliches Mittel vorgenommen. Hinsichtlich des 2,5 Monatsverdienste übersteigenden Betrages werden die Sozialplangläubiger *aus dem Konkursverfahren verwiesen.*

Durch die Formulierung, daß der Sozialplan „den Konkursgläubigern gegenüber insoweit unwirksam" ist, als er die absolute Begrenzung des Sozialplanvolumens nach § 3 SozplG 85 überschreitet, wird hinsichtlich der Rechtsfolge einer solchen Überschreitung auf das konkursliche Anfechtungsrecht gem. § 29 KO Bezug genommen[183]. Die Anfechtungswirkung tritt dabei ex lege ein, sie hängt nicht vom Vorliegen der Anfechtungsvoraussetzungen nach der KO ab[184]. Das Eingreifen der Beschränkung des § 3 SozplG 85 bei einem vorkonkurslichen Sozialplan hat somit zur Folge, daß die Vereinbarung nicht insgesamt unwirksam ist, vielmehr ihre Gültigkeit im Verhältnis zu dem an ihrem Zustandekommen beteiligten Gemeinschuldner behält[185]. Der nach § 3 SozplG 85 überschießende Betrag des Volumens stellt eine Forderung dar, die nicht im Konkursverfahren geltend gemacht werden kann. Der Arbeitgeber bleibt jedoch Schuldner und haftet mit seinem konkursfreien Vermögen. Die Forderung geht demnach nicht unter. Die Arbeitnehmer werden darauf verwiesen, ihre Befriedigung hinsichtlich des Betrages, der gem. § 3 S. 1 SozplG 85 nicht im Konkursverfahren geltend gemacht werden kann, außerhalb zu suchen. Vor allem mit seinem Neuerwerb, also dem Vermögen, das nicht gem. § 1 I KO zum Zeitpunkt der Konkurseröffnung zur Konkursmasse gehört, haftet der Arbeitgeber und spätere Gemeinschuldner auch außerhalb des Konkurses für die von ihm eingegangenen Sozialplanverbindlichkeiten in voller Höhe[186].

---

[182] Vgl. *Balz,* RWS Skript 149, S. 64; amtl. Begr. BT-Drucks. 10/2129, S. 7.

[183] Vgl. *Balz,* RWS Skript 149, S. 64f.; *Fitting / Auffarth / Kaiser,* Betriebsänderung, Sozialplan und Konkurs, § 3 SozplKonkG, Rdnr. 10; *Stege / Weinspach,* §§ 111 - 113, Rdnr. 158; s. auch die amtl. Begr. BT-Drucks. 10/2129, S. 7; *Fitting / Auffarth / Kaiser / Heither,* § 3 SozplKonkG, Rdnr. 10.

[184] Vgl. *Balz,* RWS Skript 149, S. 65; amtl. Begr. BT-Drucks. 10/2129, S. 7.

[185] Die Regelung folgt der Entscheidung des LAG Hamm zur Konkursanfechtung eines Sozialplans, vgl. ZIP 1982, S. 615ff., 618f.

[186] Vgl. *Fitting / Auffarth / Kaiser,* Betriebsänderung, Sozialplan und Konkurs, § 3 SozplKonkG, Rdnr. 16; *Fitting / Auffarth / Kaiser / Heither,* § 3 SozplKonkG, Rdnr. 16.

bb) Geltendmachung der Sozialplanforderung gem. § 3 S. 2 SozplG 85

§ 3 S. 2 SozplG 85 bestimmt, daß eine Forderung aus einem Sozialplan im Konkursverfahren mit demjenigen Teil ihres Betrages geltend gemacht werden kann, der dem Verhältnis des in § 3 S. 1 SozplG 85 bestimmten Gesamtbetrages zu der Summe der Forderungen aus dem Sozialplan entspricht.

Der Arbeitnehmer kann also eine solche, noch nicht befriedigte Forderung nur gekürzt geltend machen. Dabei wird die einzelne Forderung des Arbeitnehmers im Verhältnis von rechtlich zulässigem Gesamtvolumen zur tatsächlichen Summe aller im (vorkonkurslichen) Sozialplan begründeten Forderungen gekürzt.

- Ist beispielsweise der gem. § 3 S. 1 SozplG 85 errechnete Höchstbetrag eines Sozialplans mit DM 1 000 000,- zu bemessen, beträgt das tatsächlich in ihm vereinbarte Volumen jedoch DM 2 000 000,-, so entspricht das einem Verhältnis von 1 zu 2, mithin ½. In diesem Verhältnis ist jede Forderung aus dem Sozialplan bei der konkurslichen Geltendmachung zu kürzen. Ein Arbeitnehmer, der laut Sozialplan DM 10 000,- zu beanspruchen hätte, kann im Konkursverfahren nur DM 5000,- geltend machen.

Die Kürzung sämtlicher Sozialplanansprüche führt im Ergebnis dazu, daß die Konkursmasse nur im für zulässig gehaltenen Umfang in Anspruch genommen werden kann. Der nicht geltend gemachte Betrag kann vom Arbeitnehmer als außerkonkursliche Forderung erhoben werden, s. o.

bc) Anrechnung von Zahlungen, die auf Sozialpläne erfolgt sind

Nach § 3 S. 3 SozplG 85 sind Leistungen, die ein Arbeitnehmer auf seine Sozialplanforderung erhalten hat, zunächst auf *denjenigen* Teil seiner Individualforderung anzurechnen, der nach § 3 S. 2 SozplG 85 im Konkursverfahren geltend gemacht werden kann. Diese Regelung ist zur Einhaltung des Gleichbehandlungsgrundsatzes unerläßlich, da ansonsten Sozialplangläubiger, die Vorausleistungen erhalten haben, gegenüber den anderen Arbeitnehmern ungerechtfertigt begünstigt würden.

- Hat im oben geschilderten Beispielsfall der Arbeitnehmer schon DM 4000,- erhalten, so kann er nur noch eine nach § 3 S. 2, 3 SozplG 85 anteilig gekürzte Forderung von DM 1000,- im Konkurs des Arbeitgebers geltend machen.

Hat der Arbeitnehmer auf seine Sozialplanforderung schon eine Vorauszahlung erhalten, die den nach § 3 S. 1, 2, 3 SozplG 85 höchstzulässigen Betrag übersteigt, so verbleibt ihm diese Leistung. Eine Rückabwicklung, die sich an die §§ 812ff. BGB anlehnt, ist im SozplG 85 nicht vorgesehen. Denn die Zahlung ist ja mit rechtlichem Grund erfolgt, der auch nicht, wie oben gesehen, durch die Regelung des § 3 S. 1 SozplG 85 nachträglich entfallen ist. Insofern entspricht die im SozplG 85 vorgenommene Regelung nicht den Anfechtungsvorschriften der KO, deren Anwendung in einem solchen Falle zur Rückgewähr des zuviel bezahlten Betrages führen würde[187].

bd) Anrechnung von anderen als Sozialplanleistungen

Im SozplG 85 finden sich keine Vorschriften darüber, ob und in welchem Umfang andere als Sozialplanleistungen auf die im Konkursverfahren geltend zu machende Teilforderung anzurechnen sind.

Fraglich ist insbesondere, ob eine Anrechnung zu erfolgen hat, wenn ein Arbeitnehmer wegen derselben Betriebsänderung, die zu einem Sozialplan führte, eine Zahlung aufgrund eines Nachteilsausgleichs gem. § 113 BetrVG 72 erhalten hat. Grundsätzlich werden Abfindungen gem. § 113 BetrVG 72 trotz des in ihnen erhaltenen Sanktionscharakters für abhängig von evtl. Leistungen aufgrund eines Sozialplans gehalten[188]. Sie treten in Höhe des Nachteilsausgleichs an die Stelle der Sozialplanabfindung. Diese grundsätzliche Berücksichtigung von Nachteilsausgleichsleistungen läßt es sachgerecht erscheinen, sie auch auf eine Sozialplanforderung des Arbeitnehmers gem. § 3 S. 3 SozplG 85 anzurechnen[189].

be) Rechtsstreitigkeiten

Rechtsstreitigkeiten können bei einem vorkonkurslichen Sozialplan, der der Regelung des § 3 SozplG 85 unterfällt, in zweifacher Hinsicht auftreten: Einmal darüber, ob die von den betroffenen Arbeitnehmern geltend gemachten Sozialplanforderungen überhaupt anmeldefähig sind und weiterhin hinsichtlich der Verteilungsstruktur des Sozialplans, ob also der für den einzelnen Arbeitnehmer festgesetzte Betrag den Grundsätzen von Recht und Billigkeit entspricht.

---

[187] Vgl. § 37 KO.

[188] So BAG AP Nr. 6 zu § 112 BetrVG 72; AP Nr. 5, 11 zu § 113 BetrVG 72; *Stege / Weinspach,* BetrVG, §§ 111 - 113, Rdnr. 117; *Dietz / Richardi,* BetrVG, § 112, Rdnr. 142; *Hanau,* ZfA 1974, S. 110; a. A. *Gnade / Kehrmann / Schneider / Blanke,* BetrVG, § 113, Rdnr. 8; *Fitting / Auffarth / Kaiser,* Betriebsänderung, Sozialplan und Konkurs, § 113, Rdnr. 25; *Galperin / Löwisch,* § 113, Rdnr. 27; *Fitting / Auffarth / Kaiser / Heither,* § 113, Rdnr. 25.

[189] So auch *Balz,* RWS Skript 149, S. 67.

(1) Streitigkeiten über die „Anmeldefähigkeit" einzelner Sozialplanforderungen

Wie schon oben gesehen, sorgt die Regelung des § 3 SozplG 85 dafür, daß Forderungen aus vorkonkurslichen Sozialplänen, die nicht früher als 3 Monate vor Stellung des Antrags auf Eröffnung des Konkursverfahrens vereinbart wurden, nur bis zur Höhe von 2½ Monatsverdiensten der betroffenen Arbeitnehmer am Konkursverfahren teilnehmen. Mit dem überschießenden Betrag werden die Arbeitnehmer aus dem Verfahren verwiesen.

Nun wird es für den einzelnen Arbeitnehmer regelmäßig kaum erkennbar sein, ob er mit seiner Sozialplanforderung voll oder nur anteilig gekürzt am Konkursverfahren teilnehmen wird. Es ist ihm daher zu raten, seine Forderung zunächst in vollem Umfang anzumelden, § 138 KO[190]. Dies hat in der vom Konkursgericht bei der Eröffnung des Verfahrens zu bestimmenden Frist zu geschehen, die gem. § 138 KO mindestens zwei Wochen betragen muß und höchstens 2 Monate betragen darf. Wird die Forderung später angemeldet, kann sie gem. § 141 KO nur geprüft werden, wenn weder der Konkursverwalter noch ein Konkursgläubiger dagegen Widerspruch erheben. Ist dies der Fall, so haben nach § 142 I, III KO die Gläubiger, die ihre Forderungen nach dem allgemeinen Prüfungstermin anmelden, die Kosten eines festzusetzenden besonderen Prüfungstermins zu tragen. Der einzelne Arbeitnehmer hat bei der Anmeldung seiner Sozialplanforderungen gem. § 139 KO den Betrag, den Grund der Forderung und das beanspruchte Vorrecht anzugeben. Nach Eintragung der Forderungen in die Konkurstabelle nach § 140 KO sind sie alle im allgemeinen Prüfungstermin nach § 141 KO zu prüfen, in dem der Konkursverwalter gem. § 144 KO die Möglichkeit hat, Widerspruch gegen die Höhe der angemeldeten Forderung einzulegen. Im daraufhin stattfindenden Feststellungsstreit nach § 146 KO wird dann über den rechtlichen Bestand der Konkursforderung zu entscheiden sein[191].

In diesem Zusammenhang ist dann incidenter über die richtige Berechnung des nach § 3 S. 1 SozplG 85 zulässigen Sozialplanvolumens zu entscheiden, da das erkennende Gericht prüft, inwiefern die angemeldeten Forderungen konkurswirksam sind oder nicht, mithin ihren (konkurs-)rechtlichen Bestand zu beurteilen hat[192]. Die Entscheidung hat die von § 147 KO angeordnete Rechtskraftwirkung. Die Besonderheit des Verfahrens liegt dabei darin, daß es nicht nur, wie sonst bei Feststellungsklagen nach § 146

---

[190] Vgl. dazu *Balz*, RWS Skript 149, S. 120; *Fitting / Auffarth / Kaiser*, Betriebsänderung, Sozialplan und Konkurs, § 3 SozplG, Rdnr. 15; *Fitting / Auffarth / Kaiser / Heither*, § 3 SozplKonkG, Rdnr. 15.

[191] Vgl. *Fitting / Auffarth / Kaiser*, Betriebsänderung, Sozialplan und Konkurs, § 3 SozplKonkG, Rdnr. 15; *Fitting / Auffarth / Kaiser / Heither*, § 3 SozplKonkG, Rdnr. 15.

[192] So auch *Balz*, RWS Skript 149, S. 123; *ders.*, DB 1985, S. 689ff., 692.

KO üblich, darum geht, ob eine Forderung entweder Konkursforderung ist oder nicht, sondern die Frage zu entscheiden, zu welchem Teil sie dies ist. Für eine Anwendung der §§ 144ff. KO zur Klärung der Frage, ob die angemeldeten Sozialplanforderungen das nach § 3 S. 1 SozplG 85 höchstzulässige Volumen enthalten, spricht auch, daß nur eine Forderung, die eben diese Grenze einhält, mit dem Vorrecht des § 4 S. 1 SozplG 85 Befriedigung erlangt. Streitigkeiten über den Rang einer Forderung sind zweifellos über die §§ 144ff. KO abzuwickeln. Der Regelungszusammenhang zwischen Höchstgrenze nach § 3 S. 1 SozplG 85 einerseits und Vorrecht nach § 4 S. 1 SozplG 85 andererseits spricht dafür, daß über die Fragen der Konkurswirksamkeit und dem Vorrecht einer Forderung nach den gleichen Verfahrensvorschriften entschieden wird[193].

Im Ergebnis ist festzustellen, daß in Streitigkeiten über die Konkurswirksamkeit einer Sozialplanforderung und damit über die Einhaltung des nach § 3 SozplG 85 höchstzulässigen Volumens nach Maßgabe der §§ 144 KO zu entscheiden ist.

(2) Streitigkeiten hinsichtlich der Verteilungsstruktur eines vorkonkurslichen Sozialplans gem. § 3 SozplG 85

Wie auch bei Konkurssozialplänen nach § 2 SozplG 85 stellt die Überprüfung eines vorkonkurslichen Planes i.S.v. § 3 SozplG 85 eine Rechtsstreitigkeit dar, die im arbeitsgerichtlichen Beschlußverfahren auf Fehler zu überprüfen ist. Insofern gelten keine Besonderheiten. Auch die Frage, ob das nach § 3 S. 1 SozplG 85 errechnete Höchstvolumen im Wege der gerichtlichen Billigkeitskontrolle ausgeweitet werden kann, beurteilt sich nach den oben unter B. V. 4. ae) geschilderten Grundsätzen.

c) Sozialpläne, die früher als drei Monate vor Stellung des Antrags auf Eröffnung des Konkursverfahrens aufgestellt wurden

ca) Zur Geltendmachung des SozplG 85 und zu den inhaltlichen Grenzen

Für sog. Altsozialpläne, also solche, die früher als drei Monate vor Stellung des Antrags auf Eröffnung des Konkursverfahrens aufgestellt wurden, sieht das SozplG 85 keine besonderen Vorschriften vor. Für sie gilt demnach die sich aus der bisherigen Rechtsprechung des BAG i.V.m. den allgemeinen Vorschriften der §§ 112, 112a BetrVG 72 ergebende Rechtslage. Dies ergibt sich im übrigen auch aus der amtlichen Gesetzesbegründung, die es aus-

---

[193] so *Balz*, RWS Skript 149, S. 123.

drücklich beim vor dem Inkrafttreten des SozplG 85 geltenden Recht belassen will[194]. Dies bedeutet insbesondere hinsichtlich des höchstzulässigen Volumens, daß eine *nachträgliche Begrenzung durch das SozplG 85 nicht erfolgt*. Eine derartige nachträgliche Begrenzung würde verfassungsrechtlichen Vorgaben auf keinen Fall standhalten können.

Die inhaltlichen Grenzen solcher Altsozialpläne bestimmen sich vielmehr einzig und allein nach den Regelungen des BetrVG, insbesondere des § 112 V bei der Festsetzung durch die Einigungsstelle, und der zu ihnen ergangenen höchstrichterlichen Rechtsprechung.

Arbeitnehmer, die in solchen Sozialplänen bedacht werden, können ihre Forderungen deshalb unbeschränkt in voller Höhe zur Konkurstabelle anmelden. Sie werden auch, sofern sich kein Widerspruch gegen die Gültigkeit des (vorkonkurslichen) Sozialplans erhebt, in der angemeldeten Höhe festgestellt.

Da nicht nur die Vorschriften der §§ 2, 3 SozplG 85 auf Altsozialpläne unanwendbar sind, sondern dies auch die des § 4 S. 1 SozplG 85 ist, werden die Forderungen aus solchen Plänen allerdings, der Rechtsprechung des BAG[195] nach der Grundsatzentscheidung des BVerfG[196] folgend, nur als einfache Konkursforderungen mit dem Rang des § 61 I Nr. 6 KO berichtigt. Es erscheint zumindest zweifelhaft, ob diese Regelung der sozialen Bedeutung von Abfindungsansprüchen aus Altsozialplänen gerecht wird, denn bekanntlich bestehen in der Rangklasse des § 61 I Nr. 6 KO nur äußerst geringe Befriedigungschancen. Zum anderen sind die von einer insolvenzbedingten Entlassung betroffenen Arbeitnehmer nicht dadurch weniger schutzwürdig, daß für sie kein Sozialplan in einem Zeitraum von 3 Monaten vor Stellung des Antrags auf Eröffnung des Konkursverfahrens vereinbart bzw. festgesetzt wurde. Es ist daher im folgenden die Frage zu diskutieren, ob, und wenn ja, in welcher Weise eine Anpassung vorkonkurslicher Altsozialpläne an die Regelungen der §§ 2, 3, 4 S. 1 SozplG 85 erfolgen kann.

cb) Neuer Sozialplan nach Konkurseröffnung?

Wie schon oben festgestellt, sind Ansprüche aus Sozialplänen, die früher als drei Monate vor Stellung des Antrags auf Eröffnung des Konkursverfahrens festgesetzt wurden, in den meisten Fällen wirtschaftlich wertlos, da sie nur als einfache Konkursforderungen mit dem Rang nach § 61 I Nr. 6 KO berichtigt werden. Bei dieser für den einzelnen Arbeitnehmer unbefriedigenden Situation soll es jedoch nicht bleiben müssen, schon nach der amt-

---

[194] Vgl. amtl. Begr., BT-Drucks. 10/2129, S. 6.
[195] BAG AP Nr. 23 zu § 112 BetrVG 72.
[196] BVerfGE 65, S. 182.

lichen Begründung zum SozplG 85 soll es den Beteiligten möglich sein, sich im Einzelfall nach allgemeinen Rechtsgrundsätzen von einem vorkonkurslichen Sozialplan lösen zu können[197].

Zu diskutieren sind vor allem die Möglichkeiten, einen derartigen Sozialplan nach § 29 KO anzufechten, ihn außerordentlich zu kündigen oder die Grundsätze über den Wegfall der Geschäftsgrundlage anzuwenden.

Eine Anfechtung nach § 29 KO wird regelmäßig ohne weiteres ausscheiden, da die Voraussetzungen der §§ 30ff. KO kaum einmal bei Abschluß eines Sozialplans vorliegen dürften[198].

Die außerordentliche Kündigung eines Sozialplans wäre begrifflich nur denkbar, wenn dieser einem Dauerschuldverhältnis ähnliche Regelungen enthielte. Dies dürfte jedoch bei den weitaus meisten Plänen nicht der Fall sein. Vielmehr ist davon auszugehen, daß in einem Sozialplan in der Regel einmalige Zahlungen zum Ausgleich der durch Arbeitsplatzverlust eintretenden wirtschaftlichen Nachteile der betroffenen Arbeitnehmer festgesetzt werden[199]. Die außerordentliche Kündigung eines solchen Sozialplans ist daher regelmäßig aus rechtsdogmatischen Gründen ausgeschlossen.

Zu prüfen bleibt, ob über Anwendung der Grundsätze vom Wegfall der Geschäftsgrundlage von seiten der in einem vorkonkurslichen Altplan bedachten Arbeitnehmer der Abschluß eines neuen Sozialplans verlangt werden kann. Grundsätzlich ist das Institut vom Wegfall der Geschäftsgrundlage auf alle schuldrechtlichen Verträge anwendbar[200]. Es hat zum Inhalt, daß der Schuldner die Anpassung eines Vertrages an geänderte tatsächliche Verhältnisse verlangen kann, wenn die entsprechende Geschäftsgrundlage von Anfang an fehlte oder nachträglich weggefallen bzw. wesentlich erschüttert worden ist, so daß ihm unter Berücksichtigung des Grundsatzes von Treu und Glauben ein Festhalten an der Vereinbarung nicht mehr zugemutet werden kann[201]. Ist eine Anpassung der getroffenen Vereinbarung unmöglich, so ist sie als aufgelöst zu betrachten.

Ohne weiteres sind die Grundsätze vom Wegfall der Geschäftsgrundlage nicht auf Sozialplanvereinbarungen anwendbar, da es sich bei ihnen nicht nur um schuldrechtliche Verträge, sondern in erster Linie um normative Regelungen handelt. Weitere Bedenken ergeben sich daraus, daß die Betrof-

---

[197] Vgl. amtl. Begr., BT-Drucks. 10/2129, S. 8.

[198] So auch *Fitting / Auffarth / Kaiser*, Betriebsänderung, Sozialplan und Konkurs, § 3 SozplKonkG, Rdnr. 17; *Hess / Schlochauer / Glaubitz*, Anh. 30, 3 SozplG, Rdnr. 6; *Fitting / Auffarth / Kaiser / Heither*, § 3 SozplKonkG, Rdnr. 17.

[199] Vgl. hierzu BAG AP Nr. 12 zu § 112 BetrVG; *Dietz / Richardi*, § 112, Rdnr. 90; GK / *Fabricius*, § 112, Rdnr. 54; *Galperin / Löwisch*, § 112, Rdnr. 43; *Fitting / Auffarth / Kaiser*, Betriebsänderung, Sozialplan und Konkurs, §§ 112, 112a BetrVG; Rdnr. 31; *Fitting / Auffarth / Kaiser / Heither*, §§ 112, 112a, Rdnr. 31.

[200] Vgl. *Palandt / Heinrichs*, § 242, Rdnr. 6.

[201] *Palandt / Heinrichs*, § 242, Rdnr. 6 A.ff.

fenen, nämlich die in einem Sozialplan bedachten Arbeitnehmer, nicht ohne weiteres erkennen können, was im einzelnen Geschäftsgrundlage für die Parteien des Sozialplans bei dessen Abschluß war[202].

Zu berücksichtigen ist aber, daß die Befriedigungsmöglichkeit des in dem vorkonkurslichen Sozialplan vereinbarten Anspruchs eigentlich *die* Geschäftsgrundlage überhaupt darstellt. Ist sie nicht vorhanden, ist im Grunde der gesamte Sozialplan obsolet, überflüssig geworden. Eben diese Realisierungschance entfällt aber im wesentlichen bei Eintritt des Konkursfalles, da die betroffenen Arbeitnehmer nunmehr damit rechnen müssen, daß ihre Sozialplanforderung lediglich in Höhe von ca. 3 - 5% befriedigt wird.

Mit dem Wegfall der Befriedigungschance ist auch die Geschäftsgrundlage für die im Sozialplan bedachten Arbeitnehmer entfallen, da ohne weiteres davon ausgegangen werden kann, daß sich der Geschäftswille des für sie handelnden Betriebsrates auf der Vorstellung aufbaute, daß die mit Ansprüchen ausgestatteten Arbeitnehmer diese auch tatsächlich realisieren können werden. Trotz der oben genannten, aus rechtsdogmatischen Schwierigkeiten resultierenden Bedenken ist deshalb dafür zu plädieren, die Grundsätze vom Wegfall der Geschäftsgrundlage auch auf sog. Altsozialpläne anzuwenden[203]. Die Rechtsfolge deren Anwendung muß in die Feststellung münden, daß der vorkonkursliche Altsozialplan als aufgelöst zu betrachten ist, da eine Anpassung der ursprünglichen Vereinbarung an die geänderten Umstände, nämlich den Konkurs des Arbeitgebers und die schließlich dadurch bedingte Anwendung des § 61 I Nr. 6 KO, offensichtlich nicht erfolgen kann. Die Folge des Nichtbestehens der ursprünglich getroffenen Sozialplanvereinbarung ist, daß nunmehr der Betriebsrat in neue Verhandlungen mit dem Konkursverwalter über einen Sozialplan eintreten und dessen Abschluß verlangen kann. Für diesen Konkurssozialplan gilt dann die Inhaltsgrenze des § 2 SozplG 85, es gilt allerdings auch § 4 S. 1 SozplG 85, wonach eine Befriedigung der in ihm vereinbarten Forderungen nach § 61 I Nr. 1 KO zu erfolgen hat, was den bedachten Arbeitnehmern erheblich bessere Realisierungschancen einräumt.

cc) Rechtsstreitigkeiten

Rechtsstreitigkeiten im Hinblick auf die Anwendbarkeit des Sozialplangesetzes auf vorkonkursliche Sozialpläne können wohl nur darüber entste-

---

202 Vgl. hierzu *Fitting / Auffarth / Kaiser,* Betriebsänderung, Sozialplan und Konkurs, § 3 SozplKonkG, Rdnr. 18; *Fitting / Auffarth / Kaiser / Heither,* § 3 SozplKonkG, Rdnr. 18.

203 So auch *Dietz / Richardi,* § 112, Rdnr. 107; *Fitting / Auffarth / Kaiser,* Betriebsänderung, Sozialplan und Konkurs, § 3 SozplKonkG, Rdnr. 18; *Hess / Schlochauer / Glaubitz,* Anh. 30, § 3 SozplG, Rdnr. 6 sind a. A.

hen, ob der betreffende Plan früher als 3 Monate vor Stellung des Antrages auf Eröffnung des Konkursverfahrens vereinbart bzw. festgesetzt wurde und der Regelung des § 3 SozplG 85 damit nicht unterfällt. Denn nur in diesem Fall kann eine Lösung von der Vereinbarung unter Anwendung der Grundsätze vom Wegfall der Geschäftsgrundlage diskutiert werden. Bestritten werden könnte der maßgebliche Zeitpunkt für diese Feststellung. Aufgestellt i. S. d. §§ 112 BetrVG 72, 3 SozplG 85 ist ein Sozialplan in dem Moment, in dem sich Arbeitgeber und Betriebsrat einigen bzw. ihn die Einigungsstelle festsetzt. Für die Einigung als Rechtsgeschäft sind die §§ 145 ff. BGB maßgebend. Entscheidend ist danach der Zeitpunkt des Zugangs der Annahmeerklärung auf ein vorher wirksam abgegebenes Angebot. Verhandeln Betriebsrat und Arbeitgeber miteinander, so liegt die Annahme mit der beiderseitigen Unterschrift gem. § 147 I BGB vor. Wenn eine Seite der anderen einen Entwurf schickt, den diese annimmt, so ist der Zeitpunkt des Eingehens der Antworterklärung gem. § 147 II BGB maßgebend[204].

Auf der anderen Seite kommt es für die Frage, ob ein Sozialplan § 3 SozplG 85 unterfällt, auf den Zeitpunkt der Stellung des Eröffnungsantrages an. Dieser Zeitpunkt ergibt sich zweifelsfrei aus den Akten des Konkursgerichts. Wenn mehrere Anträge mehrerer Antragsberechtigter (§ 103 II KO) eingehen, so kommt es auf den ersten wirksamen Antrag an, der schließlich zur Konkurseröffnung führt. Wenn dem Konkursverfahren ein Vergleichsverfahren vorausgeht, so kommt es auf den zur Eröffnung des *Vergleichsverfahrens* führenden Antrag an, da der Vergleich mit dem Anschlußkonkurs gem. §§ 102 ff. VerglO insofern eine Einheit bildet[205].

Festzuhalten bleibt, daß für die Frage, ob ein vorkonkurslicher Sozialplan § 3 SozplG 85 unterfällt oder nicht, der Zeitpunkt der tatsächlichen Eröffnung des Konkursverfahrens schon nach dem Wortlaut des § 3 SozplG 85 unerheblich ist. Wird in dem Zeitraum zwischen Antragsstellung und Eröffnung des Konkursverfahrens ein Sozialplan vereinbart, so ist dieser als ein Plan vor Eröffnung des Konkursverfahrens nach § 3 SozplG 85 und nicht nach § 2 SozplG 85 zu behandeln, da maßgeblich für die Anwendung dieser Vorschrift eben der Zeitpunkt der Konkurseröffnung ist. Für die genaue Feststellung der 3monatigen Frist sind die §§ 187 I, 188 II, III BGB heranzuziehen. Der Fristablauf beginnt dabei mit dem Zustandekommen des Sozialplans (s. o.).

---

[204] Vgl. hierzu *Fitting / Auffarth / Kaiser,* Betriebsänderung, Sozialplan und Konkurs, § 3 SozplKonkG, Rdnr. 4; *Fitting / Auffarth / Kaiser / Heither,* § 3 SozplKonkG, Rdnr. 4.

[205] So auch *Fitting / Auffarth / Kaiser,* Betriebsänderung, Sozialplan und Konkurs, § 3 SozplKonkG, Rdnr. 5; *Fitting / Auffarth / Kaiser / Heither,* § 3 SozplKonkG, Rdnr. 5.

5. Die im SozplG 85 enthaltenen Übergangsvorschriften für Verfahren, die bei Inkrafttreten des Gesetzes anhängig waren (§ 6 SozplG 85)

Die Regelung des § 6 SozplG 85 enthält Vorschriften über die Behandlung von Sozialplanforderungen, die in einem Konkurs- oder Vergleichsverfahren berichtigt werden sollen, das z. Zt. des Inkrafttretens des SozplG 85 anhängig war. Nach § 6 I SozplG 85 sind auf solche Pläne die §§ 2 - 5 SozplG 85, damit auch die Vorschriften über die absolute Begrenzung des Sozialplaninhalts, grundsätzlich anzuwenden.

Von diesem Grundsatz macht jedoch § 6 II SozplG 85 eine bedeutende Ausnahme, der für einen Sozialplan, der schon vor Inkrafttreten des Gesetzes aufgestellt wurde, besondere Regelungen, insbesondere hinsichtlich des Ranges der in ihm enthaltenen Ansprüche, enthält. Da diese Regelungen zusammen mit den Abs. III, IV und V des § 6 SozplG 85 in erster Linie den Rang der Sozialplanansprüche und weniger die inhaltliche Begrenzung des Sozialplanvolumens betreffen, sollen sie nachfolgend unter C. IV. im Zusammenhang mit der dortigen Darstellung erläutert werden. § 6 I i. V. m. § 6 II SozplG 85 regelt demnach, daß die §§ 2 - 5 SozplG 85, insbesondere also auch die inhaltlich begrenzenden Vorschriften dann anzuwenden sind, wenn das Vergleichs- oder Konkursverfahren zum Zeitpunkt des Inkrafttretens des Gesetzes schon anhängig und ein Sozialplan noch nicht aufgestellt war. Genaugenommen kann es sich dabei nur um einen Sozialplan nach § 2 SozplG 85, nämlich einen konkurslichen handeln, insofern ist die Gesetzesformulierung ungenau.

Daß die Vorschriften der §§ 2, 4 und 5 des SozplG 85 bei Abschluß eines Sozialplans im Insolvenzverfahren, das schon bei Inkrafttreten des Gesetzes anhängig war, Anwendung zu finden haben, bedürfte eigentlich keiner Erwähnung, da durch die Neuregelung des SozplG 85 in diesem Falle nicht in getroffene Abreden eingegriffen wird und auch keinerlei Gesichtspunkte vorliegen, die für eine irgendwie schützenswerte Vertrauensposition der betroffenen Arbeitnehmer sprächen, eben weil diesen mangels Abschluß einer Vereinbarung keinerlei Ansprüche erwachsen sind. Der bloße Umstand der Anhängigkeit des Insolvenzverfahrens beim Inkrafttreten des SozplG 85 stellt keinen in irgendeiner Form beachtenswerten Vertrauenstatbestand dar, der nur durch eine gesetzliche Korrektur angemessen eingeschränkt werden könnte. Insofern stellt sich die Vorschrift des § 6 I SozplG 85 als vollkommen überflüssig dar.

6. Die relative Begrenzung des Sozialplanvolumens im Konkurs durch das SozplG 85 als Inhaltsgrenze

§ 4 S. 2 SozplG 85 begrenzt die Ansprüche aus einem Sozialplan i.S.d. §§ 2, 3 SozplG 85 (besser gesagt: deren Realisierung) derart, daß für die Berichtigung dieser Forderungen nicht mehr als ein Drittel der für die Verteilung an die Konkursgläubiger zur Verfügung stehenden Konkursmasse verwendet werden darf. Damit wird vom SozplG 85 eine neuartige „relative", weil nicht feststehende und daher absolute, sondern vom Volumen der Teilungsmasse abhängige Obergrenze installiert. Diese relative Obergrenze betrifft jedoch nicht den *Inhalt* der von Betriebsrat und Arbeitgeber bzw. Konkursverwalter aufgestellten bzw. von der Einigungsstelle festgesetzten Vereinbarung, sondern setzt eine verfahrensmäßige Sperre bei der Befriedigung von Ansprüchen aus Sozialplänen, die unter Beachtung der Inhaltsschranken der §§ 2, 3 SozplG 85 am Konkursverfahren teilnehmen, fest.

Da die relative Obergrenze des § 4 S. 2 SozplG 85 den Inhalt von Sozialplänen nach §§ 2, 3 SozplG 85 nicht beeinflußt, sondern erst im Verteilungsverfahren ihre Bedeutung erlangt, soll eine Darstellung der mit ihr verbundenen Problematik im Rahmen der folgenden Erörterung zum Rang der Sozialplanansprüche unter C. III. erfolgen.

C. Der Rang der Sozialplanansprüche im Konkurs

I. Die bisherige Rechtslage

Die Einordnung von Ansprüchen aus einem Sozialplan im Konkurs des Arbeitgebers und ihre Rangklasse bestimmen die arbeitsrechtliche Diskussion zu den §§ 111ff. BetrVG 72 seit deren Einführung ganz wesentlich.

So wurde teilweise vom BAG[1] und von etlichen arbeitsrechtlichen Autoren[2] die Ansicht vertreten, Sozialplanforderungen seien Masseschulden und damit im Konkurs vorweg zu befriedigen. Andererseits wurden die Meinungen geäußert, Sozialplanansprüche seien im Konkurs des Arbeitgebers als Konkursforderungen nach § 61 I Nr. 1 KO oder als einfache Forderungen nach § 61 I Nr. 6 KO zu berichtigen[3].

Wie bekannt, entschied der GS des BAG schließlich im Jahre 1978 aufgrund einer entsprechenden Vorlage durch den Fünften Senat, daß Ansprüche aus einem Sozialplan gem. § 112 BetrVG 72 (ebenso wie solche aus Nachteilsausgleich nach § 113 I, III BetrVG 72) im Konkurs des Arbeitgebers *Konkursforderungen* mit einem Vorrecht vor den Forderungen des § 61 I Nr. 1 KO, also in einer Rangklasse „O", seien[4]. Diese Rechtsprechung des BAG begegnete erheblicher Kritik in der arbeitsrechtlichen Literatur, fand aber in der Praxis teilweise durchaus Billigung.

Aufgrund mehrerer Verfassungsbeschwerden sah sich das BVerfG veranlaßt, in dieser Sache zu entscheiden, und erklärte mit Beschluß vom 19.10.1983 die richterliche Rechtsfortbildung des BAG für verfassungswidrig[5]. Zur Begründung führt es insbesondere aus, daß die Einordnung von Sozialplanforderungen im Range vor § 61 I Nr. 1 KO mit dem rechtsstaatlichen Grundsatz des Art. 20 III GG unvereinbar sei.

---

[1] BAG AP Nr. 1 zu § 113 BetrVG 72.

[2] *Hanau,* ZfA 1974, S. 89ff.; *Heinze,* DB 1974, S. 1814; *Körnig,* DB 1975, S. 1411ff., 1459ff.; *Richardi,* DB 1976, Beil. 61, S. 4, Fußn. 10; *ders.,* Anm. zu BAG AP Nr. 1 zu § 113 BetrVG 72; *Kraushaar,* AuR 1978, S. 33.

[3] Für eine Einordnung entsprechend § 61 I Nr. 1: *Kraushaar,* DB 1984, S. 346; *Heinze,* NJW 1980, S. 145ff. Für eine Einordnung nach § 61 I Nr. 6 KO: *Bötticher,* BB 1975, S. 977ff.; *Uhlenbruck,* KTS 1973, S. 81; *ders.,* DB 1974, S. 628ff.; *ders.,* Anm. zu BAG AP Nr. 1 zu § 113 BetrVG 72; *Weitnauer,* ZfA 1977, S. 111ff.; *Hess,* Anm. zu BAG EzA § 112 BetrVG 72 Nr. 15; *Henckel,* KTS 1979, S. 171ff.; *Mohrbutter,* BB 1984, S. 296; *Beuthien,* RdA 1976, S. 147ff., 156ff.

[4] BAGE 31, S. 176ff., 206ff.

[5] BVerfGE 65, S. 182ff.

Das BAG zog aus dieser Rechtsprechung des BVerfG die Konsequenz und stellte mit zwei Urteilen vom 30.4.1984 fest, daß Sozialplanforderungen nach geltendem Recht lediglich als einfache Konkursforderungen gem. § 61 I Nr. 6 KO zu behandeln seien[6].

Dieser Rechtslage begegnete am 27.2.1985, dem Tag seines Inkrafttretens, das SozplG 85.

II. Der Rang der Sozialplanansprüche nach dem SozplG 85

Das SozplG 85 regelt den nach der Entscheidung des BVerfG[7] und denen des BAG[8] von allen Seiten als sozial unbefriedigend[9] empfundenen Rechtszustand neu.

Die zentrale Vorschrift zur Rangfrage der Sozialplanansprüche im Konkurs des Arbeitgebers findet sich in § 4 S. 1 SozplG 85: *Forderungen aus einem Sozialplan nach § 2 SozplG 85 sowie solche aus einem nach § 3 SozplG 85, also aus Plänen, die entweder im Laufe des Konkursverfahrens oder frühestens 3 Monate vor Stellung des Eröffnungsantrages vereinbart bzw. festgesetzt wurden, werden nunmehr in ihrem konkurswirksamen Rahmen mit dem Rang des § 61 I Nr. 1 KO berichtigt.*

Die Ansprüche aus solchen Sozialplänen befinden sich jedoch nicht in *freier* Konkurrenz zu den übrigen in § 61 I Nr. 1 KO genannten Ansprüchen (Lohnansprüche für das letzte Jahr vor Eröffnung des Verfahrens, Ansprüche der Bundesanstalt für Arbeit usw.), vielmehr darf für ihre Berichtigung nicht mehr als ein Drittel der Teilungsmasse verwandt werden, § 4 S. 2 SozplG 85. Die Auswirkungen dieser durch das SozplG 85 eingeführten sog. relativen Obergrenze im Hinblick auf die Realisierbarkeit der Sozialplanansprüche soll unter C. III. eingehend behandelt werden. Schließlich wird in § 6 des SozplG 85 eine differenzierte Übergangsregelung für Ansprüche aus Konkurssozialplänen getroffen, die vor dem Inkrafttreten des SozplG 85 aufgestellt worden sind, die Vorschrift wird unter C. IV. näher untersucht.

Das SozplG 85 geht in seiner in § 4 S. 1 enthaltenen Rangklassenregelung entsprechend dem Beschluß des GS des BAG von 1978[10] davon aus, daß Sozialplanansprüche im Konkursverfahren als Konkursforderung i.S.v. § 61 KO zu behandeln sind. Dabei werden, wie schon ausgeführt, nur den §§ 2, 3 SozplG 85 unterfallende Sozialpläne bevorzugt berichtigt, für Forderungen aus älteren Sozialplänen bleibt es bei der bis dahin geltenden

---

[6] BAG AP Nr. 23 zu § 112 BetrVG 72.
[7] BVerfGE 65, S. 182ff.
[8] BAG ZIP 1984, S. 78.
[9] Vgl. amtl. Begr. zum SozplG 85, BT-Drucks. 10/2129, S. 1.
[10] BAGE 31, S. 176ff.

Rechtslage, sie sind als einfache Konkursforderungen im Range des § 61 I Nr. 6 KO zu befriedigen.

Soweit nicht § 4 S. 2, 3 SozplG 85 (relative Obergrenze) eingreift, also für die Befriedigung eines oder mehrerer Sozialpläne nicht mehr als ein Drittel der zur Verfügung stehenden Teilungsmasse in Anspruch genommen werden muß, sind die vom Gesetz erfaßten Sozialplanansprüche den übrigen Konkursforderungen im Range des § 61 I Nr. 1 KO gleichgestellt[11]. Innerhalb dieser Rangklasse I gilt demnach der Grundsatz der Gleichbehandlung. Nach § 61 II S. 2 KO werden gleichrangige Forderungen nach dem Verhältnis ihrer Beträge berichtigt, wenn die vorhandene Teilungsmasse nicht ausreicht, um alle Forderungen innerhalb einer Rangklasse zu befriedigen (Anm.: § 61 II S. 2 KO gilt so uneingeschränkt nur, wenn die Sozialplanforderungen weniger als ein Drittel der Teilungsmasse beanspruchen, vgl. § 4 S. 2, 3 SozplG 85).

– Wenn beispielsweise die vorhandene Konkursmasse mit DM 2 000 000,- beziffert wird, das zulässige Sozialplanvolumen nach §§ 2 u. 3 SozplG 85 DM 500 000,- beträgt und die sonstigen Forderungen in Rangklasse I DM 1 500 000,- ausmachen, werden sämtliche Forderungen in Rangklasse I voll bedient.

  Beträgt im obigen Beispielsfall die Summe der sonstigen Forderungen in Rangklasse I jedoch DM 3 500 000,-, werden sämtliche Forderungen nach dem Verhältnis 1:2 gekürzt, erhalten also eine Quote von 50%. An die Sozialplangläubiger werden in diesem Fall DM 250 000,-, an alle übrigen Gläubiger der Rangklasse I DM 1 750 000,- ausgeschüttet. In beiden Fällen ist die relative Obergrenze des § 4 S. 2 SozplG 85 ohne Bedeutung.

Der letzte Beispielsfall zeigt, daß Arbeitnehmeransprüche aus Sozialplänen nach §§ 2, 3 SozplG 85 erheblicher Bedrohung durch andere bevorrechtigte (die Rückstände der Sozialversicherungsbeiträge und der Bundesanstalt für Arbeit können im Einzelfall erhebliche Summen ausmachen) Konkursforderungen ausgesetzt sein können, ohne daß durch das Institut des Wegfalls der Geschäftsgrundlage eine wirksame Korrektur zu erreichen wäre, darf eine Anpassung doch nur im Rahmen der absoluten Obergrenze des § 2 SozplG 85 erfolgen.

Unter der Voraussetzung, daß § 4 S. 2 SozplG 85 nicht eingreift, dürfen Forderungen nachrangiger Konkursgläubiger erst berichtigt werden, wenn vorrangige Sozialplanansprüche voll befriedigt sind. Selbstverständlich gehen die Sozialplanansprüche auch denen von Arbeitnehmererfindern im Konkurs nunmehr eindeutig vor, vgl. § 27 II ArbnerfG. Durch die Einordnung der Sozialplanansprüche in § 61 I Nr. 1 KO verfolgt der Gesetzgeber

---

[11] Vgl. amtl. Begr., BT-Drucks. 10/2129, S. 8; *Balz,* RWS Skript 149, S. 68; *Hess / Schlochauer / Glaubitz,* Anh. 30, § 4 SozplG, Rdnr. 1.

erklärtermaßen das Ziel, diese Ansprüche denen auf Lohn bzw. Gehalt jedenfalls insoweit gleichzustellen, als die letzteren nicht als Masseschulden i.S.v. § 59 I Nr. 3 KO vorweg Befriedigung erlangen[12], was angesichts der annähernd gleichen sozialen Bedeutung beider Forderungsarten angemessen erscheint.

Zu erwähnen ist, daß die Fraktion der SPD im Bundestag die gesetzliche Festschreibung der vom BAG vorgenommenen Einordnung der Sozialplanansprüche in eine Rangklasse „O" des § 61 I Nr. 1 KO durch Vorlage eines entsprechenden Gesetzentwurfs anstrebte[13]. Diesem Entwurf müssen jedoch die im Urteil des BVerfG[14] auch zum Ausdruck gekommenen verfassungsrechtlichen Bedenken entgegengehalten werden: Im Hinblick auf die übrigen Konkursgläubiger handelt es sich bei den in Rangklasse „O" befriedigten Sozialplanansprüchen um erhebliche Belastungen, die deren Forderungen wesentlich entwerten oder ihre Realisierung ganz und gar unmöglich machen. Die Einhaltung des verfassungsrechtlich begründeten Gebotes, daß bei der Realisierung von Sozialplanansprüchen auf die Interessen der übrigen Konkursgläubiger angemessen Rücksicht zu nehmen ist, wäre durch die Festschreibung dieser Rechtslage (zumal die Befriedigung ohne eine Begrenzung der dazu zur Verfügung stehenden Teilungsmasse erfolgen sollte) zumindest erheblich gefährdet gewesen[15]. Im übrigen wären erhebliche Divergenzen zu den Vorschlägen der Kommission für Insolvenzrecht aufgetreten, die Gefahr einer nachteiligen Präjudizierung der Gesamtreform des Insolvenzrechts hätte auf der Hand gelegen.

Die Regelung des § 4 S. 1 SozplG 85 und die durch ihn vorgenommene Einordnung der Sozialplanansprüche unterscheiden sich insofern von den Vorschlägen der Insolvenzrechtskommission, als in ihnen eine Bevorrechtigung der Forderungen gesetzlich bestimmt wird. Um der sozialen Bedeutung der Sozialplanansprüche gerecht zu werden, bietet aber das geltende Insolvenzrecht keine andere Möglichkeit als eben die der bevorrechtigten Befriedigung. Der Unterschied zu den Vorschlägen der Insolvenzrechtskommission ergibt sich in erster Linie dadurch, daß es im reformierten einheitlichen Insolvenzverfahren grundsätzlich keine Vorrechte mehr geben wird, sondern daß die Sozialplanansprüche als rechnerische Sondermasse in voller Höhe an die Arbeitnehmer auszuschütten sind, ohne daß es sich dabei um eine Bevorrechtigung i.S.d. heute geltenden § 61 I KO handelt[16]. Die Einführung eines neuen Vorrechtes in § 4 S. 1 SozplG 85 ist deshalb zur Erreichung des gesetzgeberischen Zieles, nämlich eine der sozialen Bedeutung

---

[12] Vgl. amtl. Begr., BT-Drucks. 10/2129, S. 6; *Balz,* RWS Skript 149, S. 69.
[13] Vgl. BT-Drucks. 10/81.
[14] BVerfGE 65, S. 182ff. (insbes.: S. 195).
[15] Vgl. amtl. Begr., BT-Drucks. 10/2129, S. 6.
[16] Vgl. erster Bericht der Kommission für Insolvenzrecht, S. 355.

der Sozialplanansprüche gerecht werdende Lösung zu finden, angemessen und führt zu keiner nachteiligen Präjudizierung der Gesamtreform des Insolvenzrechts, zumal das Vorrecht von vornherein nur zeitlich befristet (vgl. § 8 SozplG 85) zugestanden wird.

III. Die relative Obergrenze des § 4 S. 2 SozplG 85 als Sperre im Verteilungsverfahren

§ 4 S. 2 SozplG 85 stellt eine „relative", auf die verfügbare Teilungsmasse bezogene Obergrenze insofern auf, als für die Konkursforderungen, die gem. § 4 S. 1 SozplG 85 bevorrechtigt berichtigt werden, nicht mehr als ein Drittel der Konkursmasse verwandt werden darf. Aus dem Hinweis auf § 4 S. 1 SozplG 85 sowie §§ 2, 3 SozplG 85 („dieser") in § 4 S. 2 SozplG 85 ergibt sich, daß diese Obergrenze nur für Sozialpläne Bedeutung erlangt, die entweder während des Konkursverfahrens oder frühestens 3 Monate vor Stellung des Eröffnungsantrages zustandegekommen sind.

Für Altsozialpläne gilt die Begrenzung des § 4 S. 2 SozplG 85 nicht, sie werden ohne Rücksicht auf die übrigen Konkursgläubiger befriedigt, allerdings mit einer der Rangklasse des § 61 I Nr. 6 KO entsprechend niedrigen Quote.

§ 4 S. 2 SozplG 85 stellt eine Regelung dar, die, im Gegensatz zu §§ 2, 3 SozplG 85, von Betriebsrat und Konkursverwalter bzw. der Einigungsstelle bei Erstellung des Sozialplans nicht *unmittelbar berücksichtigt* zu werden braucht. Es handelt sich somit *nicht* um eine inhaltliche Schranke[17]. Allerdings dürfte der Gesetzgeber davon ausgehen, daß zumindest bei der Aufstellung eines Sozialplans *im Konkursverfahren* die voraussichtlich zu erwartende rechnerische Größe der Konkursmasse und damit das voraussichtlich an die Sozialplangläubiger zur Verteilung kommende Drittel dieses Betrages bei der Bemessung der einzelnen Forderungen (natürlich unter Beachtung des § 2 SozplG 85) Berücksichtigung finden werden, insofern dürfte eine *mittelbare* Ausstrahlung der Begrenzungsregelung des § 4 S. 2 SozplG 85 auch bei der Erstellung von Konkurssozialplänen zu erwarten sein[18].

§ 4 S. 2 SozplG 85 stellt damit eine Grenze dar, die lediglich im Verteilungsverfahren, also nach Feststellung der einzelnen Forderungen aus dem Sozialplan unter Beachtung der §§ 2, 3 SozplG 85 gem. § 144 KO, zu berücksichtigen ist. Er schließt Sozialplanforderungen, die die von ihm normierte relative Obergrenze überschreiten, nicht aus dem Konkursverfahren

[17] Vgl. oben B. V. 6.

[18] Vgl. *Balz*, RWS Skript 149, S. 71; *Fitting / Auffarth / Kaiser*, Betriebsänderung, Sozialplan und Konkurs, § 4 SozplKonkG, Rdnr. § 21 a.E.; *Fitting / Auffarth / Kaiser / Heither*, § 4 SozplKonkG, Rdnr. 21.

aus, sondern schränkt nur ihre Berichtigung ein[19], stellt mithin eine besondere, im Konkursverfahren zu beachtende Verfahrensregel dar.

1. Der Begriff der Konkursmasse des § 4 S. 2 SozplG 85

Die Regelung des § 4 S. 2 SozplG 85 stellt deshalb eine „relative" Obergrenze auf, weil die rechnerische Größe des an die Sozialplangläubiger zur Verteilung kommenden Drittels der Konkursmasse bei Abschluß des Sozialplanes bzw. Feststellung der Sozialplanforderung im Konkursverfahren nicht feststeht, sondern abhängig von der Größe der an die Konkursgläubiger zur Verteilung gelangenden Masse ist. Für die Berechnung der relativen Obergrenze ist es deshalb zunächst erforderlich, Klarheit über den Begriff der Konkursmasse des § 4 S. 2 SozplG 85 zu gewinnen.

Die relative Begrenzung bezieht sich auf die sog. freie Teilungsmasse[20], also auf den Bestand der Konkursmasse, der nach Durchführung von Aufrechnungen, abgesonderten Befriedigungen, Freigabe und nach Befriedigung der Massegläubiger zur Verteilung an die Konkursgläubiger zur Verfügung steht[21].

Durch die gesetzliche Regelung des § 4 S. 2 SozplG 85 wird zum Ausdruck gebracht, daß es sich bei der eingeführten relativen Obergrenze um eine Verteilungssperre handelt, die erst im Zeitpunkt der Verteilung der Konkursmasse Beachtung findet[22]. Demzufolge ist maßgeblicher Zeitpunkt für die Berechnung der Höhe des an die Arbeitnehmer auszuschüttenden Drittels der des Schlußtermins oder der einer Nachtragsverteilung[23]. Es ist bei § 4 S. 2 SozplG 85 darauf abzustellen, wie sich der Gesamtbetrag der Teilungsmasse zu diesen Zeitpunkten *tatsächlich* darstellt und nicht darauf, welche Masse zur Zeit der Aufstellung des Sozialplans voraussichtlich zu erwarten ist.

An der Einrichtung einer relativen Obergrenze wie in § 4 S. 2 SozplG 85 hat sich erhebliche Kritik entzündet, die insbesondere zum Gegenstand hat,

---

[19] Vgl. *Balz,* RWS Skript 149, S. 72; *Fitting / Auffarth / Kaiser,* Betriebsänderung, Sozialplan und Konkurs, § 4 SozplKonkG, Rdnr. 23; *Uhlenbruck,* NJW 1985, S. 712 f.; *Hess / Schlochauer / Glaubitz,* Anh. 30, § 4 SozplG, Rdnr. 6.

[20] Vgl. *Balz,* RWS Skript 149, S. 71 f.

[21] So die Definition bei *Baur,* Konkurs- und Vergleichsrecht, § 7 I, S. 69, *Uhlenbruck,* NJW 1985, S. 712, 713, will den Begriff der „freien Teilungsmasse" des § 2 der Verordnung über die Vergütung des Konkursverwalters, des Vergleichsverwalters, der Mitglieder des Gläubigerausschusses und der Mitglieder des Gläubigerbeirats v. 25.5.1960 (BGBl. I, S. 329) oder den der BRAGO anwenden. Ihm folgend *Hess / Schlochauer / Glaubitz,* Anh. 30, § 4 SozplG, Rdnr. 5.

[22] Vgl. *Balz,* RWS Skript 149, S. 71; *Fitting / Auffarth / Kaiser,* Betriebsänderung, Sozialplan und Konkurs, § 4 SozplKonkG, Rdnr. 14; *Hess / Schlochauer / Glaubitz,* Anh. 30; § 4 SozplG, Rdnr. 6; *Fitting / Auffarth / Kaiser / Heither,* § 4 SozplKonkG, Rdnr. 14.

[23] Vgl. *Balz,* RWS Skript 149, S. 71.

daß es für ein Gericht, einen Arbeitnehmer oder einen Gläubiger schlichtweg unmöglich sei, die vom Konkursverwalter vor der Verteilung der Abfindungen zu ermittelnde Obergrenze auf ihre Richtigkeit hin zu überprüfen. Dadurch, daß der Gesetzgeber die relative Obergrenze zu einem Ausschüttungs- und damit Masseproblem gemacht habe, sei die Höhe der zur Verteilung gelangenden Sozialplangelder für den Arbeitnehmer nicht nachprüfbar und rechtsmittelfähig[24].

Die in dieser Richtung erhobenen Bedenken erscheinen durchaus beachtlich, zu fragen ist jedoch, welche Alternative zur Einführung einer Verteilungssperre für Sozialplanansprüche wohl bestehen könnte, um das gesetzgeberische Ziel, nämlich den effektiven Schutz anderer Konkursgläubiger gegen eine unvertretbar große Aushöhlung der Konkursmasse zu ihren Ungunsten, zu erreichen[25]. Ein anderer Weg als der von § 4 S. 2 SozplG 85 eingeschlagene erscheint kaum denkbar. Zwar handelt es sich bei der Einführung einer Verteilungssperre für eine bestimmte Klasse von Konkursforderungen um ein Novum des deutschen Konkursrechts[26], über das noch keine Erfahrungen vorliegen. Andererseits wird man aber in die Richtigkeit der vom Konkursverwalter errechneten relativen Obergrenze wohl erhebliches Vertrauen investieren dürfen, handelt es sich doch auch hier um eine Pflicht nach § 82 KO, für deren Einhaltung er persönlich haften wird. Hinsichtlich der Nachprüfbarkeit der errechneten Obergrenze darf wohl darauf vertraut werden, daß der Betriebsrat, immerhin an der Vereinbarung konkurslicher Sozialpläne mit Blick auf § 4 S. 2 SozplG 85 beteiligt, dafür sorgen wird, daß nötigenfalls Korrekturen vorgenommen werden. Und schließlich ist auch die Frage, ob Anteile im Verteilungsverfahren auszuzahlen oder zurückzubehalten sind, der Entscheidung durch das Prozeßgericht zugänglich[27], zwar mit den oben beschriebenen Schwierigkeiten.

Im übrigen ist zu beachten, daß die Überschreitung einer unerkannt fehlerhaft zu niedrig festgesetzten relativen Grenze nicht dazu führt, daß der materiell-rechtliche Bestand der titulierten Sozialplanforderung eingeschränkt wird. Nach Aufhebung des Konkurses können vielmehr Sozialplangläubiger, die nicht in korrekter Höhe Befriedigung erlangt haben, gem. § 164 I KO ihre Forderungen gegen den Arbeitgeber persönlich in unbeschränkter Höhe geltend machen, allerdings ist der wirtschaftliche Wert, die Realisierungschance dieser Ansprüche wohl minimal. Im Ergebnis ist jedenfalls festzuhalten, daß, trotz der oben geschilderten Bedenken, der vom SozplG 85 eingeschlagene Weg, für einen effektiven Schutz der den Sozialplangläubigern nachgeordneten anderen Konkursgläubiger zu sorgen, man-

---

[24] So insbes. die Kritik von *Uhlenbruck*, KTS 1985, S. 199ff., 205ff.

[25] Vgl. auch amtl. Begr. zum SozplG 85, BT-Drucks. 10/2129, S. 8.

[26] So die Formulierung bei *Balz*, RWS Skript 149, S. 72.

[27] RG JW 96, S. 34; *Böhle-Stamschräder / Kilger*, § 167, Rdnr. 1.

gels anderer vorstellbarer Möglichkeiten im Rahmen des geltenden Konkursrechts zur Erreichung dieses Zwecks durchaus angemessen erscheint, zumal die auftretenden Probleme nicht so schwerwiegend wirken, als daß sie zu einer nicht hinnehmbaren Beeinträchtigung der Interessen in einem Sozialplan bedachter Arbeitnehmer führen müßten. Die vom Gesetzgeber getroffene Regelung ist auch insofern zu begrüßen, als sie im Hinblick auf die kommende Gesamtreform des Insolvenzrechtes keine nachteilige Präjudizierung darstellt, sondern vielmehr die Vorschläge der Insolvenzrechtskommission zu einem großen Teil verwirklicht; siehe dazu nachfolgend III. 2.

2. Zum Verhältnis der Regelung des § 4 S. 2 SozplG 85 zu den Vorschlägen der Insolvenzrechtskommission

Neben einer Begrenzung des Volumens konkurslicher Sozialpläne in materieller Hinsicht, die also schon bei Aufstellung der Pläne zu beachten ist und der im Grundgedanken die §§ 2, 3 SozplG 85 entsprechen, sieht der Vorschlag der Insolvenzrechtskommission im Hinblick auf die Gesamtreform des Insolvenzrechts auch eine Beschränkung der an die Sozialplangläubiger zur Ausschüttung gelangenden Konkursmasse vor[28]. Nach der Mehrheit der Kommissionsmitglieder soll der für den Sozialplan zur Verfügung gestellte Betrag 25% der freien Teilungsmasse nicht übersteigen. Hinsichtlich dieses Eckdatums weicht das SozplG 85 von der Reformlösung zugunsten der Sozialplangläubiger nicht unerheblich ab.

Eine nachteilige Präjudizierung der kommenden Reformvorschriften dürfte dennoch nicht eintreten. Denn die Bemessung der relativen Obergrenze auf ein Drittel der freien Teilungsmasse im SozplG 85 berücksichtigt, daß die Konkursverfahren in der gegenwärtigen Praxis ausgesprochen massearm sind. Eben gerade diese Massearmut zu beseitigen, etwa durch Einführung eines Verfahrensbeitrages der gesicherten Gläubiger[29], ist eines der zentralen Anliegen der geplanten Insolvenzrechtsreform. Aus diesem Blickwinkel gesehen sind 25% der freien Teilungsmasse nach Reform-Insolvenzrecht für die Sozialplangläubiger vielleicht mehr wert, als die 33,3% nach geltendem Konkursrecht.

Um zu vermeiden, daß der Sozialplan im Konkursunternehmen nur symbolische Bedeutung hat, ist es im übrigen unerläßlich, für die Befriedigung der bedachten Arbeitnehmer einen entsprechend großen Anteil an der Konkursmasse vorzusehen[30]. Berücksichtigt man zudem, daß Sozialplanansprü-

---

[28] Siehe erster Bericht der Kommission für Insolvenzrecht, 1985, Leitsatz 4.1.4., S. 360.

[29] Dahin geht ein Vorschlag der Insolvenzrechtskommission, nachzulesen in ihrem Bericht (s. Fn. 228) unter Leitsatz 3.3.2., S. 312.

[30] *Otto*, ZfA 1985, S. 77ff., hält die Einführung einer relativen Obergrenze durch § 4 S. 2 SozplG 85 insgesamt für fragwürdig. Wenn die Gewährung von Sozialplan-

che oftmals mit anderen Ansprüchen der Rangklasse des § 61 I Nr. 1 KO konkurrieren werden, erscheint es ohnehin fraglich, ob die Ein-Drittel-Grenze des § 4 S. 2 SozplG 85 in der Praxis oft erreicht werden wird.

3. Die Auswirkungen der relativen Obergrenze des § 4 S. 2 SozplG 85 auf einzelne Sozialpläne nach §§ 2, 3 SozplG 85

Wie schon oben gesehen, hängt das Eingreifen der relativen Obergrenze des § 4 S. 2 SozplG 85 von drei verschiedenen Größen ab: zum einen vom Umfang der vorhandenen Teilungsmasse, zum anderen von der Größe des unter Zugrundelegung der §§ 2, 3 SozplG 85 errechneten Sozialplanvolumens und schließlich von der in Rangklasse Nr. 1 des § 61 I KO erzielbaren Quote. Die relative Obergrenze des § 4 S. 2 SozplG 85 wird nur berührt, wenn sich ergibt, daß für die Berichtigung der in Rangklasse I erzielbaren Quote auf das nach §§ 2, 3 SozplG 85 errechnete Sozialplanvolumen mehr als ein Drittel der Verteilungsmasse verwendet werden müßte.

Ergibt sich danach, daß für die Befriedigung von Sozialplanforderungen mehr als ein Drittel der Teilungsmasse verwendet werden müßte, so sind die einzelnen Ansprüche der betroffenen Arbeitnehmer entsprechend zu kürzen. § 4 S. 2 SozplG 85 verweist hinsichtlich des Kürzungsverhältnisses auf § 61 II S. 2 KO. Das bedeutet, daß sich die Höhe der jeweiligen Kürzung aus dem Verhältnis zwischen dem Drittel der Konkursmasse, das für die Verteilung an die Konkursgläubiger zur Verfügung steht, und dem Gesamtbetrag, den die Sozialplangläubiger im Konkursverfahren geltend machen können, ergibt[31]. Führt die Anwendung von § 4 S. 2 SozplG 85 dazu, daß die Forderungen aus einem Sozialplan nach §§ 2, 3 SozplG 85 dessen Ein-Drittel-Grenze überschreiten, so ist der durch Kürzung gewonnene Betrag zunächst an die übrigen Konkursgläubiger in Rangklasse I auszuschütten. Bleibt danach ein Restbetrag übrig, so kommt dieser nachrangigen Konkursgläubigern zugute[32].

Die Wirkungsweise der relativen Obergrenze des § 4 S. 2 SozplG 85 sei an einigen Beispielen im folgenden erläutert:

---

leistungen im Konkurs als wünschenswert erachtet würde, sei es nicht einleuchtend, sie, wie geschehen, noch weiter zu schmälern, vgl. insbes. S. 90f., 99.

[31] Vgl. hierzu *Fitting / Auffarth / Kaiser,* Betriebsänderung, Sozialplan und Konkurs, § 4 SozplKonkG, Rdnr. 17 mit einem instruktiven Beispiel, i.ü. *Fitting / Auffarth / Kaiser / Heither,* § 4 SozplKonkG, Rdnr. 17.

[32] *Fitting / Auffarth / Kaiser,* Betriebsänderung, Sozialplan und Konkurs, § 4 SozplKonkG, Rdnr. 16; *Balz,* RWS Skript 149, S. 75 (Beisp. 5); *Fitting / Auffarth / Kaiser / Heither,* § 4 SozplKonkG, Rdnr. 16.

Beispiel 1:

Die Teilungsmasse nach § 4 S. 2 SozplG 85 beträgt DM 2 000 000,-, es bestehen Sozialplanforderungen in Höhe von DM 500 000,-. Sonstige Forderungen befinden sich in Höhe von DM 3 500 000,- in Rangklasse I.

Die in Rangklasse I erzielbare Quote beträgt 50%. Danach erhalten die Sozialplangläubiger DM 250 000,-. Das ist weniger als ein Drittel von DM 1 000 000,- (DM 333 000,-), insofern greift § 4 S. 2 SozplG 85 nicht ein.

Beispiel 2:

Die Teilungsmasse beträgt DM 2 000 000,-, das Sozialplanvolumen nach §§ 2, 3 SozplG 85 DM 1 000 000,-. In Rangklasse I befinden sich außerdem noch Forderungen in Höhe von DM 1 000 000,-. Nachrangige Forderungen existieren ebenfalls in Höhe von DM 1 000 000,-.

Hier beträgt die in Rangklasse I erzielbare Quote 100%, die Sozialplangläubiger würden daher, ebenso wie die übrigen Gläubiger in Rangklasse I, an sich in Höhe von DM 1 000 000,- Befriedigung erlangen. An diesem Punkt greift jedoch § 4 S. 2 SozplG 85 ein, da dieser Betrag größer ist als ein Drittel der vorhandenen Teilungsmasse. Die Folge ist, daß für die Befriedigung der Sozialplangläubiger lediglich DM 666 666,- (⅓ von DM 2 000 000,-) verwendet werden dürfen. Die übrigen DM 333 334,- kommen, da die übrigen Gläubiger in Rangklasse I volle Befriedigung erlangt haben, nachrangigen Konkursgläubigern zugute.

Beispiel 3:

Die Teilungsmasse beträgt DM 2 000 000,-, das Sozialplanvolumen nach §§ 2, 3 SozplG 85 ebenfalls DM 2 000 000,-. Sonstige Forderungen bestehen in Rangklasse I in Höhe von DM 1 000 000,-, nachrangige in derselben Höhe.

In der Rangklasse I wird für die Sozialplangläubiger an sich eine Quote von 66,66% erzielt, die Arbeitnehmer würden demnach DM 1 333 332,- erhalten. Aufgrund der Regelung des § 4 S. 2 SozplG 85 dürften jedoch nur DM 666 666,- an sie ausgeschüttet werden. Dadurch werden weitere DM 666 666,- für andere Gläubiger frei.

In Höhe von DM 333 334,- sind sie für die anderen in Rangklasse I vorhandenen Gläubiger zu verwenden, die damit eine Quote von 100% erzielen. Der verbleibende Betrag von DM 333 332,- kommt den nachrangigen Gläubigern zugute.

Beispiel 4:

Die Masse beträgt DM 2 000 000,-. Es existieren Sozialplanforderungen nach §§ 2, 3 SozplG 85 in Höhe von DM 1 000 000,- und nachrangige Forderungen in Höhe von DM 3 000 000,-.

Nach §§ 2, 3 SozplG 85 i.V.m. § 4 S. 2 SozplG 85 würden die Sozialplangläubiger an sich eine Quote von 100% erzielen, also DM 1 000 000,- erhalten. § 4 S. 2 SozplG 85 greift jedoch mit der Folge ein, daß an sie nur DM 666 666,- zur Ausschüttung gelangen. Für die Befriedigung der nachrangigen Gläubiger stehen mithin DM 1 333 334,- statt DM 1 000 000,- zur Verfügung.

Dieses Beispiel macht deutlich, daß die Einführung der relativen Obergrenze bei gleichzeitiger Bevorrechtigung der Sozialplanforderungen ein geeignetes Mittel ist, um insbesondere bei Konkursen in Betrieben, deren Wirtschaftstätigkeit durch hohen Kapitaleinsatz und entsprechend geringerem Personaleinsatz gekennzeichnet ist, eine unangemessene Belastung der Konkursmasse durch Sozialplanabfindungen zu verhindern[33].

Beispiel 5:

Die Masse beträgt DM 2 000 000,-. Innerhalb von 3 Monaten vor Stellung des Antrags auf Eröffnung des Konkursverfahrens wurde ein Sozialplan in Höhe von DM 3 000 000,- vereinbart. Die Berechnung der absoluten Obergrenze nach § 3 SozplG 85 ergibt, daß die in ihm vereinbarten Forderungen nur mit einem Betrag von DM 2 000 000,- im Konkursverfahren geltend gemacht werden können und ansonsten das konkursfreie Vermögen des Gemeinschuldners belasten. Sonstige Forderungen in Rangklasse I belaufen sich auf DM 500 000,-. Nachrangige Forderungen schlagen mit DM 2 000 000,- zu Buche.

Nach § 3 i.V.m. § 1 SozplG 85 würde für die Sozialplangläubiger an sich eine Quote von 80% in Rangklasse I erzielt, d.h., daß auf die Sozialplanforderungen DM 1 600 000,- auszuschütten wären. Die nachrangigen Gläubiger würden nichts erhalten.

§ 4 S. 2 SozplG 85 führt dazu, daß an die betroffenen Arbeitnehmer lediglich DM 666 666,- ausgeschüttet werden. Vom verbleibenden Rest von DM 933 334,- gehen DM 100 000,- an die übrigen Gläubiger in Rangklasse I, die damit eine Quote von 100% erzielen. Für die nachrangigen Gläubiger bleiben mithin DM 833 334,- übrig. Ein ansehnlicher Betrag, bedenkt man, daß sie ohne die Vorschrift des § 4 S. 2 SozplG 85 *leer* ausgehen würden.

Beispiel 6:

Die Teilungsmasse beträgt DM 2 000 000,-. Während des Konkursverfahrens wurde ein mit DM 3 000 000,- dotierter Sozialplan aufgestellt. Die Berechnung der absoluten Obergrenze ergibt ein *höchstzulässiges* Volumen von DM 2 000 000,-. In Rangklasse I befinden sich noch sonstige Forderungen in Höhe von DM 500 000,-, nachrangige Konkursforderungen belaufen sich auf DM 2 000 000,-.

---

[33] Zur Intention des Gesetzgebers, gerade bei diesen Betrieben eine übermäßige Belastung der Konkursmasse (und damit eine unangemessene Benachteiligung nachrangiger Konkursgläubiger) durch hohe Sozialplanforderungen zu vermeiden, vgl. amtl. Begr. BT-Drucks. 10/2129, S. 8; *Fitting / Auffarth / Kaiser,* Betriebsänderung, Sozialplan und Konkurs, § 4 SozplKonkG, Rdnr. 15; kritisch hierzu *Otto,* ZfA 1985, S. 91; i.ü. siehe auch *Fitting / Auffarth / Kaiser / Heither,* § 4 SozplKonkG, Rdnr. 15.

Die Besonderheit dieses Beispiels besteht darin, daß § 2 SozplG 85 eingreift. Dies hat, da der *im Konkursverfahren* vereinbarte Sozialplan dessen absolute Obergrenze überschreitet, grundsätzlich seine Nichtigkeit zur Folge.

Die anderen Gläubiger in Rangklasse I würden danach zu 100% befriedigt, für die nachrangigen Konkursgläubiger verbliebe ein Rest von DM 1 500 000,-. Nach den auch auf nach § 2 SozplG 85 nichtige Sozialpläne anwendbaren Grundsätzen über die Teilnichtigkeit könnte eine Auslegung des Konkurssozialplans jedoch ergeben, daß er mit dem nach § 2 SozplG 85 höchstzulässigen Volumen von DM 2 000 000,- aufrechtzuerhalten ist[34]. Sollte dies der Fall sein, ergäbe sich wie im Beispiel 5, daß die Sozialplangläubiger DM 666 666,- (⅓ der Masse), die anderen in Rangklasse I befindlichen Gläubiger DM 500 000,- (100%) und die nachrangigen Gläubiger den verbleibenden Betrag von DM 833 334,- erhielten.

4. Das Schicksal der nach § 4 S. 2 SozplG 85 ausgefallenen Forderungen

Überschreiten Sozialplanforderungen nach §§ 2, 3 SozplG 85 die Ein-Drittel-Grenze des § 4 S. 2 SozplG 85, so werden sie nicht in voller Höhe befriedigt, scheiden also m. a. W. zu diesem Zeitpunkt aus dem Konkursverfahren aus. Da diese Forderungen jedoch vorher zur Tabelle festgestellt wurden (§§ 144, 145, 146 KO), bleiben sie Konkursforderungen. Nach Aufhebung des Konkursverfahrens gem. § 163 KO ist für den Inhaber ausgefallener Forderungen ein unbeschränktes Vorgehen gegen den früheren Gemeinschuldner gem. § 164 I KO möglich. Im Gegensatz zum Forderungsausfall gem. § 3 SozplG 85, wonach der betreffende Arbeitnehmer erst gar nicht am Konkursverfahren teilnehmen kann, ergibt sich für den nach § 4 S. 2 SozplG 85 ausgefallenen Sozialplangläubiger der Vorteil, aus der Eintragung in die Konkurstabelle die Zwangsvollstreckung gegen den früheren Gemeinschuldner betreiben zu können, sofern seine Forderung festgestellt und nicht vom Gemeinschuldner im Prüfungstermin ausdrücklich bestritten worden ist (§ 164 I KO). Die Eintragung in die Tabelle hat insofern die Wirkung eines rechtskräftigen Urteils[35].

Bedenkt man, daß nach § 4 S. 2 SozplG 85 mit ihren Sozialplanforderungen teilweise ausgefallene Sozialplangläubiger immerhin diesen nicht unerheblichen Nutzen aus dem Konkursverfahren ziehen, erscheint die Kritik *Uhlenbrucks* überzogen, der der Meinung ist, die Regelung des § 4 S. 2

[34] Über die Auslegung von Sozialplänen nach den Grundsätzen der Teilnichtigkeit s.o.: B. V. 4. ad).

[35] Vgl. hierzu *Fitting / Auffarth / Kaiser,* Betriebsänderung, Sozialplan und Konkurs, § 4 SozplKonkG, Rdnr. 23; *Fitting / Auffarth / Kaiser / Heither,* § 4 SozplKonkG, Rdnr. 23.

SozplG 85 müsse insbesondere deshalb Bedenken begegnen, weil die betroffenen Arbeitnehmer in Höhe des ausgefallenen Betrages noch nicht einmal im Range des § 61 I Nr. 6 KO als einfache Konkursgläubiger am Verfahren teilnehmen könnten[36].

5. Änderung bzw. Wegfall der Geschäftsgrundlage?

Wie schon oben gesehen, kann die tatsächliche Befriedigungschance von Konkurssozialplanforderungen erst beurteilt werden, wenn die Grenze des § 4 S. 2 SozplG 85 berechenbar geworden ist, mithin erst dann, wenn die Größe der verteilungsfähigen Konkursmasse feststeht. Ergibt sich nach Errechnung der Ein-Drittel-Grenze des § 4 S. 2 SozplG 85, daß das nach §§ 2, 3 SozplG 85 höchstzulässige und zu befriedigende Volumen diesen Wert übersteigt, sind die einzelnen Sozialplanforderungen anteilig, u. U. ganz erheblich, zu kürzen. Die Notwendigkeit einer derartigen Kürzung kann hinsichtlich der Verteilungsstruktur innerhalb der Sozialplanvereinbarung soziale Ungerechtigkeiten mit sich bringen. Denn statt einer anteiligen Kürzung könnte es gerechter sein, einzelne, geringer schutzbedürftige Arbeitnehmer aus dem Sozialplan völlig auszuschließen und die Ansprüche anderer, besonders schutzbedürftiger Arbeitnehmer dafür nicht zu verändern bzw. sie evtl. sogar zu erhöhen. Nach *Fitting / Auffarth / Kaiser* kann deshalb eine nicht vorhersehbare Kürzung der Sozialplanforderungen aufgrund § 4 S. 2 SozplG 85 Grund und Anlaß sein, den zuvor vereinbarten Sozialplan wegen veränderter Geschäftsgrundlage anzupassen[37]. Dies soll in Form des Abschlusses eines neuen Sozialplans durch Betriebsrat und Konkursverwalter geschehen, bei dem der voraussichtliche Ausfall nach § 4 S. 2 SozplG 85 besser berücksichtigt wird.

Nach Ansicht des Verfassers kann das Institut des Wegfalls bzw. der Änderung der Geschäftsgrundlage nur bei solchen Sozialplänen Anwendung finden, die nicht unter der Geltung des § 4 S. 2 SozplG 85 vereinbart wurden. Für solche, vor dem Inkrafttreten des SozplG 85 vereinbarten Sozialpläne gelten die Vorschriften des § 4 SozplG 85 aufgrund der Regelung des § 6 SozplG 85 nur eingeschränkt, die Drittel-Grenze des § 4 S. 2 SozplG 85 gar nicht. Für andere, unter der Geltung des SozplG 85 vereinbarte Pläne kommt eine Anpassung nach den Grundsätzen vom Wegfall bzw. der Änderung der Geschäftsgrundlage nicht in Betracht. Geschäftsgrundlage für diese, in einem Konkursverfahren vereinbarten Pläne sind auch die Regelungen der zwingenden Vorschriften des SozplG 85, mithin

---

[36] Vgl. die Kritik *Uhlenbrucks,* NJW 1985, S. 712 ff., 713.

[37] Vgl. *Fitting / Auffarth / Kaiser,* Betriebsänderung, Sozialplan und Konkurs, § 4 SozplKonkG, Rdnr. 21; *Fitting / Auffarth / Kaiser / Heither,* § 4 SozplKonkG, Rdnr. 21.

auch die des § 4 S. 2 SozplG 85. Diese Geschäftsgrundlage steht schon *vor* Abschluß des Sozialplans fest und ändert sich im weiteren Verlauf des Verfahrens auch nicht; daß das nach §§ 2, 3 SozplG 85 höchzulässige Volumen u.U. einer Kürzung nach § 4 S. 2 SozplG 85 unterworfen sein kann, ist von den Sozialplanparteien beim Abschluß zu berücksichtigen, es fehlt daher an der *Unvorhersehbarkeit* der späteren Änderung der tatsächlichen Gegebenheiten. Daß die Sozialplanparteien die Möglichkeit einer Kürzung nach § 4 S. 2 SozplG, aus welchen Gründen auch immer, nicht oder schlecht einkalkuliert haben, stellt keine Änderung der Geschäftsgrundlage dar, die zu einer Anpassung in Form eines neuen Sozialplanabschlusses führen müßte.

Mit *Fitting / Auffarth / Kaiser*[38] ist daher im Ergebnis Betriebsrat und Konkursverwalter bei Abschluß des Sozialplans dringend anzuraten, von vornherein entsprechende Regelungen in den Plan für den Fall aufzunehmen, daß die Berichtigung der Forderungen gem. § 4 S. 2 SozplG 85 eingeschränkt wird.

6. Zur Problematik der Abschlagszahlungen

Wie schon oben gesehen, hat der Sozialplan, auch und gerade im Konkurs des Arbeitgebers, in erster Linie eine Überbrückungs- und Vorsorgefunktion zu erfüllen. Von einer Entlassung betroffenen Arbeitnehmern soll durch die Zahlung einer Sozialplanabfindung die mit dem Arbeitsplatzverlust verbundene wirtschaftliche Härte ausgeglichen oder gemildert werden.

Die Funktionsbeschreibung des Sozialplans als ein Überbrückungs- und Vorsorgeinstrument verlangt, daß die betroffenen Arbeitnehmer effiziente, d.h. *schnelle* finanzielle Hilfe erlangen. Zur Erfüllung dieses Zwecks ist es deshalb anerkanntermaßen notwendig, im Konkursfalle mit der Auszahlung von Sozialplanabfindungen nicht erst bis zur Schlußverteilung zu warten, sondern vielmehr Teilbeträge in Form von Abschlagszahlungen an die im Sozialplan bedachten Arbeitnehmer durch den Konkursverwalter ausschütten zu lassen. Dies wird um so deutlicher, wenn man bedenkt, daß Konkursverfahren insgesamt Jahre dauern können, schon bis zur Feststellung der Teilungsmasse in der Regel zwei Jahre vergehen[39].

Da es sich bei den Sozialplanforderungen gem. § 4 S. 1 SozplG 85 um bevorrechtigte Konkursforderungen handelt, ist § 170 KO hinsichtlich der Zahlung von Abschlägen an Sozialplangläubiger einschlägig. Danach kann

[38] s. *Fitting / Auffarth / Kaiser,* Betriebsänderung, Sozialplan und Konkurs, § 4 SozplKonkG, Rdnr. 21 a.E., *Fitting / Auffarth / Kaiser / Heither,* § 4 SozplKonkG, Rdnr. 21 a.E.

[39] Vgl. hierzu *Fitting / Auffarth / Kaiser,* Betriebsänderung, Sozialplan und Konkurs, § 4 SozplG, Rdnr. 18; *Fitting / Auffarth / Kaiser / Heither,* § 4 SozplG, Rdnr. 18.

der Konkursverwalter mit Ermächtigung des Konkursgerichts unabhängig von weiteren Verteilungen auf *festgestellte* und *bevorrechtigte* Konkursforderungen leisten.

Die erforderliche Genehmigung dürfte das Konkursgericht wohl regelmäßig erteilen, da es bei seiner Entscheidung zu beachten hat, daß die Sozialplanansprüche zur Erfüllung ihres Zweckes einer Vorausberichtigung dringend bedürfen.

Neben § 170 KO besteht noch die Möglichkeit, gem. § 149 KO eine Abschlagsverteilung vorzunehmen[40]. Allerdings liegt in der Zahlung von Abschlägen an betroffene Arbeitnehmer ein erhebliches Haftungsrisiko für den Konkursverwalter. Denn solange der Wert des an die Sozialplangläubiger gem. § 4 S. 2 SozplG 85 zur Ausschüttung gelangenden Drittels der Teilungsmasse nicht berechenbar ist (was, wie oben gesehen, bis zu Jahren dauern kann), setzt sich der Konkursverwalter bei relativ hohen Abschlagszahlungen dem Risiko aus, die relative Obergrenze des § 4 S. 2 SozplG 85 letztendlich zu überschreiten und sich gem. § 82 KO gegenüber anderen Konkursgläubigern haftbar zu machen.

Es ist deshalb nicht von der Hand zu weisen, daß möglicherweise viele Konkursverwalter Abschlagszahlungen an Sozialplangläubiger möglichst lange, bis zur sicheren Bestimmbarkeit der relativen Obergrenze des § 4 S. 2 SozplG 85 zurückhalten werden, um ihr persönliches Haftungsrisiko entsprechend zu mildern. Gerade dies würde seinerseits die überaus wichtige Überbrückungs- und Vorsorgefunktion der Sozialplanansprüche in Frage stellen.

An diesem Problem entzündete sich hauptsächlich die in der arbeitsrechtlichen Literatur zum SozplG 85 geäußerte Kritik[41]. Im Gesetzgebungsverfahren äußerte auch der Bundesrat Bedenken hinsichtlich der Sicherstellung der notwendigen zügigen Befriedigung von Sozialplanansprüchen[42]. Das Land Nordrhein-Westfalen hatte außerdem beantragt, daß die Bundesanstalt für Arbeit die Sozialplanabfindungen vorfinanzieren sollte, um eine alsbaldige Auszahlung zu gewährleisten. Die Einführung der Zwischenfinanzierung der Sozialplanansprüche durch einen staatlichen Träger wurde jedoch im weiteren Verlauf des Verfahrens verworfen, da die Aufbürdung des Überzahlungsrisikos aus der Sicht der Bundesregierung an der Unmöglichkeit der Sicherstellung der kurzfristigen Finanzierung entsprechender staatlicher Ausgaben scheitere.

---

[40] Vgl. amtl. Begr., BT-Drucks. 10/2129, S. 8.

[41] Vgl. etwa die Kritik bei *Otto*, ZfA 1985, S. 71ff., 92f., *Uhlenbruck*, NJW 1985, S. 712ff., 714, *ders.*, KTS 1985, S. 199ff., 205.

[42] Vgl. die Stellungnahme des Bundesrates zum Gesetzentwurf der Bundesregierung, BT-Drucks. 10/2129, Anl. 2 mit Gegenäußerung der Bundesregierung, BT-Drucks. 10/2129, Anl. 3; *Hess / Schlochauer / Glaubitz*, Anh. 30, § 4, Rdnr. 10.

Ein guter Kompromiß zur Lösung dieses Problems scheint die Auffassung bzw. Lösung von *Balz* zu sein[43]. Dessen Vorschlag geht dahin, daß der Konkursverwalter jede dritte, für Abschlagszahlungen zur Verfügung stehende Mark ohne Eingehung eines Haftungsrisikos an die Sozialplangläubiger ausschütten sollte, bis deren im Verfahren geltend gemachte Forderungen voll befriedigt sind. Machten die Sozialplanforderungen einen kleineren Teil (als ein Drittel) der Schulden in Rangklasse I aus, könne der Verwalter ohne besonderes Risiko den Teil seiner baren Mittel verwenden, der dem Anteil der Sozialplanforderungen an den gesamten Schulden in Rangklasse I entspricht. Für dieses Verfahren spricht zunächst, daß sich der Konkursverwalter von einer möglichen Haftung nach § 82 KO in jedem Falle freihält. Dessen Folge ist wiederum, daß, dem Zweck des Sozialplans entsprechend, schnelle Abfindungszahlungen an die betroffenen Arbeitnehmer geleistet werden können. Diese Bedenken gegen eine erhebliche Verzögerung der Auszahlung der Abfindungen können allerdings nur zum Teil beseitigt werden. Denn was soll geschehen, wenn nur ein lächerlich geringer Betrag für Abschlagszahlungen zur Verfügung steht? Dies kann beispielsweise dadurch geschehen, daß der Konkursverwalter mehrere, u. U. langwierige, Feststellungsklagen zu führen hat. Die einzige Möglichkeit, eine schnelle Auszahlung von Sozialplanansprüchen zu gewährleisten, besteht wohl in der staatlichen Zwischenfinanzierung, die aus den oben genannten Gesichtspunkten in der gesetzlichen Regelung keine Berücksichtigung fand.

Mit dem vom SozplG 85 in seiner jetzigen Form und der KO zur Verfügung gestellten Instrumentarium dürfte dem Konkursverwalter, wenn er ein möglichst geringes Haftungsrisiko eingehen will, keine andere Möglichkeit verbleiben, als in der oben beschriebenen Weise zu verfahren und (lediglich) jede dritte Mark tatsächlicher Bareinnahmen zur Zahlung von Abschlägen an Sozialplangläubiger zu verwenden.

7. Mehrere (Konkurs-)Sozialpläne

Es ist durchaus möglich, daß im Rahmen eines Konkurses Forderungen aus mehreren Sozialplänen i. S. v. §§ 2, 3 SozplG 85 am Verfahren teilnehmen, etwa durch mehrere, aufeinanderfolgende Maßnahmen zum Personalabbau oder Stillegung mehrerer Betriebsteile, die mit Entlassungen verbunden sind.

Die Frage der Behandlung mehrerer Sozialpläne i. S. v. §§ 2, 3 SozplG 85 im Konkurs regelt § 4 S. 3 SozplG 85. Er gilt nach seinem ausdrücklichen Wortlaut nur für bevorrechtigte Sozialplanforderungen, also für solche nach §§ 2, 3 SozplG 85, Altsozialpläne werden nicht erfaßt. § 4 S. 3 SozplG

---

[43] *Balz,* RWS Skript 149, S. 86, 87; *ders.,* DB 1985, S. 684 ff., 693.

85 schreibt vor, daß für Forderungen aus mehreren Sozialplänen, die mit dem Vorrecht des § 4 S. 1 SozplG 85 zu berichtigen sind, § 4 S. 2 SozplG *entsprechend für die Gesamtheit* dieser Forderungen gilt. Für die Berichtigung der nach §§ 2, 3 SozplG 85 höchstzulässigen Gesamtbetrages aus *allen* Sozialplänen darf insgesamt nicht mehr als ein Drittel der freien Teilungsmasse verwandt werden.

Die Bedeutung dieser Vorschrift sei an folgendem Beispiel verdeutlicht:

– Die freie Teilungsmasse beträgt im Beispielsfall DM 3 000 000,-. Es stehen in Rangklasse I Forderungen aus drei Konkurssozialplänen i. S. v. §§ 2, 3 SozplG 85 zu Buche: Sozialplan I ist mit DM 500 000,-, Sozialplan II mit DM 750 000,- und Sozialplan III mit DM 250 000,- dotiert. An nachrangigen Forderungen sind DM 500 000,- vorhanden. Ohne die Vorschrift des § 4 S. 3 SozplG 85 würden sämtliche Sozialplanforderungen in voller Höhe befriedigt. Keine der vereinbarten Summen erreicht für sich genommen die nach § 4 S. 2 SozplG 85 zu berechnende Obergrenze (DM 1 000 000,-). Nach § 4 S. 3 SozplG 85 sind jedoch die aus mehreren, in Betracht kommenden Sozialplänen stammenden Forderungen zusammenzurechnen. Der Konkursverwalter hat deshalb die Summe der nach § 4 S. 1 SozplG 85 bevorrechtigten Sozialplanforderungen zu ermitteln und diese Summe (Gesamtheit aller konkurswirksamen Forderungen) mit der verteilungsfähigen Konkursmasse zu vergleichen. Dieser Vergleich ergibt das Verhältnis, in dem einzelne Forderungen der aus den verschiedenen Sozialplänen Berechtigten gekürzt werden müssen[44].

Im obigen Beispielsfall ergibt der Vergleich des einen Drittels der Teilungsmasse (DM 1 000 000,-) mit der Gesamtheit der Sozialplanforderungen (DM 1 500 000,-) einen Quotienten von 0,66. An die Gläubiger aus Sozialplan I kämen DM 333 333,33, an die aus Sozialplan II DM 500 000,- und an die aus Sozialplan III DM 166 666,67 zur Ausschüttung.

Aus dem oben geschilderten Beispiel wird deutlich, daß die Vorschrift des § 4 S. 3 SozplG 85 dem Zweck der relativen Beschränkung, die Interessen der übrigen Konkursgläubiger mit denen der Sozialplangläubiger ins Gleichgewicht zu bringen, entspricht[45]. Sie normiert insofern ein Umgehungsverbot hinsichtlich der Vorschrift des § 4 S. 2 SozplG 85, als die Auf-

---

[44] Vgl. zum Kürzungsverfahren *Fitting / Auffarth / Kaiser,* Betriebsänderung, Sozialplan und Konkurs, § 4 SozplG, Rdnr. 20; *Balz,* RWS Skript 149, S. 77 ff., macht anhand eines instruktiven Beispiels deutlich, daß die Vorschrift des § 4 S. 3 SozplG 85 im Einzelfall zu sozialen Härten für bestimmte Arbeitnehmergruppen führen kann, betont aber (S. 81), daß kaum eine Lösung denkbar sei, die allen Gegebenheiten des Einzelfalles Rechnung tragen könnte, insbesondere sei richtigerweise von seiten des Gesetzgebers davon Abstand genommen worden, im Rahmen des SozplG 85 vorzuschreiben, wie das nach § 4 S. 3 SozplG 85 höchstens verfügbare Drittel der Teilungsmasse auf mehrere Sozialpläne *zu verteilen* sei.

[45] *Balz,* RWS Skript 149, S. 77.

spaltung einer einheitlichen in mehrere Betriebsänderungen nicht dazu benutzt werden kann, den betroffenen Arbeitnehmern aus mehreren Sozialplänen stammende, auf Kosten der anderen Konkursgläubiger zu befriedigende, jeweils mehr oder weniger knapp unterhalb der relativen Grenze liegende Abfindungsansprüche zu verschaffen[46].

Die Regelung des § 4 S. 3 SozplG 85 entspricht deshalb der mit dem SozplG 85 verfolgten gesetzgeberischen Intention, der unverhältnismäßigen Aushöhlung der Konkursmasse durch Sozialplanforderungen zuungunsten nachrangiger Konkursgläubiger Einhalt zu gebieten.

IV. Die Übergangsvorschriften des § 6 SozplG 85 für die Behandlung von Sozialplänen bei Anhängigkeit eines Konkursverfahrens im Zeitpunkt des Inkrafttretens des SozplG 85

Das SozplG 85 enthält in § 6 einige Übergangsvorschriften, die die Probleme lösen, die sich aus der unangepaßten Geltung der §§ 2 - 5 SozplG 85 in anhängigen Insolvenzverfahren ergeben würden[47]. Darüber hinaus finden sich in § 6 III SozplG 85 sog. „Reparaturvorschriften", die die konkursrechtlichen Folgen der vom BVerfG für verfassungswidrig erklärten, in der Konkurspraxis aber weitgehend befolgten BAG-Rechtsprechung von 1978, insbesondere zu Unrecht festgestellte Vorrechte der Rangklasse „O", beseitigen sollen. Die Grenzen einer solchen Reparatur werden in § 6 V SozplG 85 aufgestellt.

1. Sachlicher Anwendungsbereich der Übergangsvorschriften

§ 6 I SozplG 85 stellt zunächst klar, daß die Vorschriften der §§ 2 - 5 SozplG 85 auch in anhängigen Insolvenzverfahren Anwendung finden. Die in ihnen enthaltenen Regelungen sind jedoch nur vorbehaltlich der Abs. 2 - 5 des § 6 SozplG 85 einschlägig, werden also erheblich modifiziert.

Grundsätzlich setzt die Anwendung der Vorschrift des § 6 SozplG 85 voraus, daß zur Zeit des Inkrafttretens des SozplG 85 (28.2.1985) ein Insolvenzverfahren anhängig war. Anhängig ist ein solches Verfahren, wenn der Eröffnungsantrag gestellt wurde und es noch nicht beendet ist. Vergleichs- und Konkursverfahren bilden insofern eine Einheit, als im Falle eines Anschlußkonkurses das Konkursverfahren bereits zu dem Zeitpunkt anhängig ist, in dem der Antrag auf Eröffnung des Vergleichsverfahrens gestellt wurde[48]. Eigentlich keiner Erwähnung bedarf, daß auf Verfahren, die schon

---

[46] Vgl. amtl. Begr., BT-Drucks. 10/2129, S. 8.

[47] Vgl. dazu *Balz,* RWS Skript 149, S. 93 ff.

[48] Vgl. *Fitting / Auffarth / Kaiser,* Betriebsänderung, Sozialplan und Konkurs, § 6 SozplKonkG, Rdnr. 1; *Balz,* RWS Skript 149, S. 95; *Hess / Schlochauer / Glaubitz,*

vor dem 28.2.1985 beendigt wurden, das SozplG 85 keine Anwendung findet.

Die in § 6 SozplG 85 enthaltenen Bestimmungen werden quantitativ noch geraume Zeit von erheblicher Bedeutung sein. Denn der Beschluß des BAG von 1978, der von Anfang an verfassungsrechtlich umstritten war, führte offenbar dazu, daß viele Sozialpläne in der Konkurspraxis nicht abgewickelt und eine erhebliche Anzahl von Konkursverfahren bis zum Inkrafttreten des SozplG 85 nicht abgeschlossen wurden[49]. Außerdem wurde, insbesondere im Hinblick auf die von der Bundesregierung schon 1984 öffentlich angekündigte Zwischenlösung, eine weitere Menge von Verfahren in Erwartung der gesetzlichen Neuregelung wohl nicht mit Nachdruck betrieben. Insgesamt dürften unter dem Strich noch etliche Insolvenzverfahren übrig bleiben, die im Hinblick auf die Sozialplanproblematik nicht abgewickelt wurden und bei Inkrafttreten des SozplG 85 noch anhängig waren.

Die in § 6 SozplG 85 enthaltenen Übergangsregelungen gelten nicht nur für Ansprüche aus Sozialplänen, sondern auch für Ansprüche aus einem Nachteilsausgleich i.S.v. § 113 BetrVG 72. Die folgende Untersuchung soll sich eingehend mit den einzelnen, in § 6 SozplG 85 enthaltenen „Reparatur"- bzw. Übergangsvorschriften beschäftigen.

2. Die Reparaturvorschrift des § 6 III SozplG 85 (Beseitigung zu Unrecht festgestellter Vorrechte der Rangklasse „O")

Nach der BAG-Rechtsprechung von 1978 sind viele Ansprüche aus vorkonkurslichen Sozialplänen, Konkurssozialplänen und solche auf Nachteilsausgleich wegen Entlassung gem. § 113 BetrVG 72 mit einem Vorrecht vor allen anderen Konkursforderungen in der sog. Rangklasse „O" festgestellt worden. Nach der Entscheidung des BVerfG vom 19.10.1983, die die Bevorrechtigung dieser Forderungen in Rangklasse „O" für verfassungswidrig erklärte, stellte sich die Frage, welche Auswirkungen dieser Beschluß auf die geschehenen Vorrechtsfeststellungen haben muß. In der arbeitsrechtlichen Literatur bildeten sich hierzu mehrere Meinungen heraus.

Zum einen wurde vertreten, daß die Vorschrift des § 79 II BVerfGG entsprechend anzuwenden sei[50]. Allerdings wurde die Anwendung des § 767 ZPO nicht für möglich gehalten, da es nicht um die bloße Abwehr der Zwangsvollstreckung, sondern um die Berichtigung der *materiellen* Rang-

---

Anh. 30, § 6 SozplG, Rdnr. 2; *Fitting / Auffarth / Kaiser / Heither,* §§ 6 - 8 SozplKonkG, Rdnr. 1.

[49] Siehe hierzu *Balz,* RWS Skript 149, S. 93.

[50] *Baur / Moench,* NJW 1984, S. 468ff.

ordnung der Konkurstabelle ginge. Auch eine Restitutionsklage i.S.v. § 580 ZPO käme nicht in Betracht. Jedoch solle der Konkursverwalter die Möglichkeit haben, beim Amtsgericht nachträglich die Berichtigung der Konkurstabelle beantragen zu können. Diesem Antrag müsse das Gericht wegen der Bindungswirkung der Verfassungsgerichtsentscheidung gem. § 31 BVerfGG entsprechen.

Eine andere Ansicht ging dahin, die Vollstreckungsschutzklage gem. § 767 II ZPO für zulässig und auch erforderlich zu erklären, wobei ausdrücklich § 79 II BVerfGG für entsprechend anwendbar gehalten wurde[51].

Schließlich wurde noch die Auffassung geäußert, daß die Sozialplangläubiger aus dem zu Unrecht festgestellten Vorrecht keine Befriedigung beanspruchen könnten, ohne daß von seiten des Konkursverwalters oder anderer Konkursgläubiger ein besonderer Rechtsbehelf eingelegt werden müßte[52]. Zur Begründung wurde unmittelbar auf § 79 II S. 2 BVerfGG verwiesen, aus ihm folge unmittelbar ein Vollstreckungsverbot. Im übrigen sei die zu Unrecht getroffene Feststellung des Vorrechts insgesamt unwirksam[53]. Es bedürfe lediglich eines Antrages des Konkursverwalters an das Gericht, um die Tabelle berichtigen zu lassen.

Die in § 6 III SozplG 85 getroffene Regelung lehnt sich an den Rechtsgedanken des § 79 II BVerfGG an, wobei es einer Vollstreckungsgegenklage gem. § 767 II ZPO nach der Ansicht des Gesetzgebers nicht bedürfe, da sie, lt. amtlicher Begründung, lediglich ein sinnloser Umweg angesichts der Bindungswirkung der Entscheidung des Bundesverfassungsgerichts sei[54]. Ein zu Unrecht (nach der Entscheidung des BVerfG und dem SozplG 85) festgestelltes Vorrecht für Sozialplanforderungen in der Rangklasse „O" ist lt. § 6 III S. 1 SozplG 85 ohne weiteres im gesamten folgenden Verfahren unbeachtlich. Damit geht die vom SozplG 85 getroffene Rechtsfolge noch über die des § 79 II S. 2 BVerfGG hinaus, das Vorrecht bleibt nicht nur bei der Verteilung unberücksichtigt, es wird vielmehr in der Sache die Rechtskraft seiner Feststellung beseitigt. Der Beseitigung der materiellen Rechtskraft der zu Unrecht erfolgten Feststellung eines Vorrechts vor § 61 I Nr. 1 KO begegnen nach Ansicht des Gesetzgebers auch keine verfassungsrechtlichen Bedenken, etwa in Form eines schützenswerten Vertrauens betroffener Sozialplangläubiger, da die (zu Unrecht) erfolgte Feststellung des Vorrechts lediglich im Rahmen noch anhängiger Konkursverfahren von Bedeutung sei[55].

---

[51] *Mohrbutter*, Anm. zum Beschluß des BVerfG v. 19.10.1983, BB 1984, S. 296ff.; *Heilmann*, NJW 1984, S. 1517f.; *Eisenburger*, ZIP 1984, S. 655ff.

[52] *Löwisch*, DB 1984, S. 1246ff.; *Müller*, BB 1984, S. 1076ff.

[53] *Müller*, BB 1984, S. 1076ff.

[54] Vgl. amtl. Begr., BT-Drucks. 10/2129, S. 9.

[55] Vgl. amtl. Begr., BT-Drucks. 10/2129, S. 10.

Im übrigen besteht für Sozialplangläubiger, deren Vorrecht gem. § 6 III SozplG 85 hinfällig geworden ist, gem. § 6 IV SozplG 85 die Möglichkeit, ein Vorrecht gem. § 6 II SozplG 85 noch nachträglich anzumelden, dazu noch genauer unten unter IV. 4.

§ 6 III SozplG 85 betrifft nicht nur Sozialpläne i. S. v. §§ 2, 3 SozplG 85, sondern auch solche, die früher als 3 Monate vor Stellung des Antrags auf Eröffnung des Konkursverfahrens abgeschlossen bzw. festgesetzt wurden[56]. Voraussetzung für sein Eingreifen ist lediglich, daß ein Vorrecht vor § 61 I Nr. 1 KO festgestellt wurde und das Konkursverfahren am 28. 2. 1985 noch anhängig war.

Gem. § 6 III S. 2 SozplG 85 ist die Unbeachtlichkeit eines Vorrechts vor § 61 I Nr. 1 KO von Amts wegen in der Konkurstabelle zu vermerken. Dieser Vermerk soll die Funktion der Tabelle als förmliche Vollstreckungsgrundlage sicherstellen. Nach der Vorstellung des Gesetzgebers stellt er keine Entscheidung i. S. v. § 73 KO dar, sondern verlautbart lediglich die aufgrund des SozplG 85 eingetretene Rechtslage[57].

3. Die Übergangsvorschrift des § 6 II SozplG 85 (Rangstellensplitting)

§ 6 II SozplG 85 stellt eine echte Übergangsvorschrift dar, betrifft er Fälle, in denen in einem bei Inkrafttreten des SozplG 85 anhängigen Konkursverfahren ein Sozialplan vereinbart wurde, die Forderungen aus diesem Plan *jedoch noch nicht mit einem Vorrecht festgestellt wurden.*

Das Eingreifen des § 6 II SozplG 85 hat folgende Voraussetzungen: zum einen muß bei Inkrafttreten des SozplG 85 ein Insolvenzverfahren anhängig gewesen sein, § 6 I. Zum anderen muß im Verlauf dieses Verfahrens *vor* Inkrafttreten des SozplG 85 ein Sozialplan i. S. v. §§ 2, 3 SozplG 85 aufgestellt worden sein, d. h., es muß sich um einen Plan handeln, der entweder im Laufe des Verfahrens oder frühestens 3 Monate vor Stellung des Eröffnungsantrages vereinbart bzw. festgesetzt wurde.

Das bedeutet zunächst, daß auf Sozialpläne, die *nach* Inkrafttreten des SozplG 85 in einem zu diesem Zeitpunkt anhängigen Verfahren aufgestellt wurden, die §§ 2 - 5 SozplG 85 uneingeschränkt gelten. Forderungen aus Sozialplänen, die früher als 3 Monate vor Stellung des Eröffnungsantrags zustandekamen, können in voller Höhe im Konkursverfahren geltend gemacht werden, genießen jedoch kein Vorrecht.

---

[56] *Fitting / Auffarth / Kaiser,* Betriebsänderung, Sozialplan und Konkurs, §§ 6 - 8 SozplKonkG, Rdnr. 13; *Fitting / Auffarth / Kaiser / Heither,* §§ 6 - 8 SozplKonkG, Rdnr. 13.

[57] Vgl. hierzu *Balz,* RWS Skript 149, S. 100; amtl. Begr., BT-Drucks. 10/2129, S. 10.

Ist das Konkursverfahren erst nach dem 28.2.1985 eröffnet worden, und wird in einem solchen Verfahren ein Sozialplan aufgestellt, ist § 2 SozplG 85 ohne weiteres zu beachten.

Ist der Sozialplan vor dem Inkrafttreten des Sozialplangesetzes aufgestellt worden und ist innerhalb von 3 Monaten nach seiner Aufstellung und nach dem 28.2.1985 das Konkursverfahren beantragt worden, greifen §§ 3, 4 SozplG 85 ein, die Sozialplanforderungen können nur in Höhe des absolut begrenzten Volumens im Verfahren geltend gemacht werden und sind hinsichtlich ihrer Berichtigung auf ein Drittel der Teilungsmasse beschränkt. Für die Gläubiger solcher Sozialplanforderungen enthält das SozplG 85 insoweit eine unechte Rückwirkung[58]. Da nach Meinung des Gesetzgebers der verfahrensrechtliche Aspekt in der Regelung des § 3 SozplG 85 jedoch überwiegt, da lediglich in die Geltendmachung der Forderungen im Insolvenzverfahren eingegriffen würde, dürften gegen diese unechte Gesetzesrückwirkung keine Bedenken bestehen[59]. Schließlich muß in diesem Zusammenhang berücksichtigt werden, daß das Eingreifen des § 3 SozplG 85 im Endeffekt eine Vergünstigung für die betroffenen Sozialplangläubiger bedeutet, da diese, ausgehend von der durch die Entscheidungen von BVerfG und BAG geschaffenen Rechtslage, vor Inkrafttreten des SozplG 85 damit rechnen mußten, daß ihre Forderungen lediglich im Range des § 61 I Nr. 6 KO als einfache Konkursforderungen Befriedigung erlangen würden. Nach der durch das SozplG 85 getroffenen Regelung werden sie nunmehr zum größten Teil nach § 61 I Nr. 1 KO berichtigt. War demnach bei Inkrafttreten des SozplG 85 ein Konkursverfahren anhängig und wurde in diesem Verfahren ein Sozialplan gem. §§ 2, 3 SozplG 85 aufgestellt, ordnet § 6 II SozplG 85 für diesen Fall an, daß die Forderungen aus diesem Plan gem. § 4 S. 1 SozplG 85 mit dem Vorrecht des § 61 I Nr. 1 KO zu berichtigen sind. Die relative Grenze des § 4 S. 2 SozplG 85 erlangt in diesem Falle keine Bedeutung.

Um jedoch eine Angleichung an die für künftige Verfahren geltende Regelung zu erreichen[60], wird in § 6 II S. 2 SozplG 85 die Höhe der bevorrechtigt zu befriedigenden Sozialplanforderungen auf 2½ Monatsverdienste der von einer Entlassung betroffenen Arbeitnehmer begrenzt. Nur bis zu diesem absolut begrenzten Höchstbetrag werden die Forderungen gem. § 61 I Nr. 1 KO bevorrechtigt und unbegrenzt berichtigt.

---

[58] Vgl. *Fitting / Auffarth / Kaiser,* Betriebsänderung, Sozialplan und Konkurs, §§ 6 - 8 SozplKonkG, Rdnr. 10; *Balz,* RWS Skript 149, S. 101; amtl. Begr., BT-Drucks. 10/2129, S. 9; *Fitting / Auffarth / Kaiser / Heither,* §§ 6 - 8 SozplKonkG, Rdnr. 10.

[59] Vgl. amtl. Begr., BT-Drucks. 10/2129, S. 9.

[60] Vgl. zu diesem Regelungszweck *Balz,* RWS Skript 149, S. 102; amtl. Begr. BT-Drucks. 10/2129, S. 7.

Überschreitet ein der Regelung des § 6 II SozplG 85 unterfallender Sozialplan diesen Betrag, ordnet das SozplG 85 als Rechtsfolge jedoch *nicht* analog § 2 SozplG 85 die Unwirksamkeit des gesamten Planes an bzw. verweist die Sozialplangläubiger *nicht* entsprechend § 3 SozplG 85 mit dem überschießenden Betrag aus dem Konkursverfahren. Vielmehr wird durch § 6 II S. 2 SozplG 85 ein sog. *Rangstellensplitting* eingeführt: Der Betrag, der 2½ Monatsverdienste aller von Entlassung betroffenen Arbeitnehmer übersteigt, wird im Rahmen des Konkursverfahrens mit dem Rang des § 61 I Nr. 6 KO berichtigt.

Entsprechend dem Regelungsgedanken des § 3 S. 3 SozplG 85 wird in § 6 II S. 3 SozplG 85 bestimmt, daß vorab erhaltene Leistungen auf den bevorrechtigt zu berichtigenden Teil der Individualforderung des einzelnen Arbeitnehmers anzurechnen sind.

Die Auswirkungen des § 6 II SozplG 85 sollen an folgendem *Beispiel* verdeutlicht werden:

- Es ist *vor* dem 28.2.1985 ein Sozialplan mit einem Volumen von DM 2 000 000,- vereinbart worden, ein Konkursverfahren ist im Zeitpunkt des Inkrafttretens des SozplG 85 anhängig. Der einzelne Arbeitnehmer A hat einen Individualanspruch aus dem Sozialplan in Höhe von DM 20 000,-. Von diesem Betrag sind DM 8000,- vorab an ihn gezahlt worden.

  Dieser Betrag ist auf das Sozialplanvolumen zunächst insgesamt anzurechnen, so daß der Anmeldung und Feststellung im Konkursverfahren insgesamt ein Betrag von DM 1 992 000,- unterliegt. Die Regelung des § 6 II S. 1 u. 2 SozplG 85 führt nun zu dem Ergebnis, daß lediglich ein Sozialplanvolumen in Höhe von DM 1 000 000,- im Rang von § 61 I Nr. 1 KO zu berichtigen ist (entspricht 2½ hypothetischen Monatsverdiensten aller von Entlassung betroffenen Arbeitnehmer). Es greift also ein Rangstellensplitting ein, wobei derjenige Teil der Forderung, der dem Verhältnis der zulässigen Höhe des Gesamtbetrages (§ 6 II S. 2 SozplG 85) zur Gesamtsumme der tatsächlich begründeten Forderungen entspricht, mit dem Vorrecht des § 61 I Nr. 1 KO berichtigt wird[61].

  Im vorliegenden Beispiel ergibt der Vergleich der nach § 6 II S. 2 SozplG 85 zulässigen Höhe des Gesamtbetrages mit dem tatsächlich vereinbarten Volumen ein Verhältnis von 1:2. Dies führt dazu, daß der privilegierte Forderungsanteil des A an sich DM 10 000,- beträgt. Insgesamt wird ein hypothetisches Sozialplanvolumen von DM 1 000 000,- in Rangklasse I berichtigt.

---

[61] Vgl. hierzu *Fitting / Auffarth / Kaiser*, Betriebsänderung, Sozialplan und Konkurs, §§ 6 - 8 SozplKonkG, Rdnr. 6 mit weiterem Beispiel; *Fitting / Auffarth / Kaiser / Heither*, §§ 6 - 8 SozplKonkG, Rdnr. 6.

Die Bestimmung des § 6 II S. 3 SozplG 85 führt jedoch dazu, daß A sich die vorab erhaltenen DM 8000,- am *privilegierten* Teil seiner Forderung anrechnen lassen muß, so daß das tatsächliche Volumen in Rangklasse I lediglich DM 992 000,- beträgt. Die tatsächlich privilegierte Einzelforderung des A beträgt in Rangklasse I unter Anwendung von § 6 S. 3 SozplG 85 DM 2000,-. Das Gesamtvolumen des Sozialplans, das in Rangklasse VI zur Berichtigung gelangt, beträgt DM 1 000 000,-, dies entspricht dem Betrag, der nach dem Vergleich des zulässigen Höchstvolumens mit dem tatsächlich vereinbarten Betrag im Rang des § 61 I Nr. 6 KO zu befriedigen ist. In Rangklasse VI ist außerdem der nicht-privilegierte Teil der Individualforderung des A zu berichtigen, dies entspricht einem Betrag von DM 10 000,-.

Die Regelung des § 6 II SozplG 85 beruht auf dem Gedanken des Vertrauensschutzes[62]. Dadurch, daß für die Sozialplangläubiger in anhängigen Verfahren die Ein-Drittel-Grenze des § 4 S. 2 SozplG 85 nicht gilt und im übrigen ein Rangstellensplitting angeordnet wird, stehen diese Gläubiger in erheblichem Umfang besser da, als es in einem künftig eröffneten Verfahren unter Geltung der §§ 2 - 4 SozplG 85 der Fall wäre.

Eine rückwirkende Geltung der materiell-rechtlichen Regelung des § 2 SozplG 85 hätte demgegenüber einen schwerwiegenden Eingriff in schützenswerte, gefestigte Rechtspositionen der betroffenen Arbeitnehmer bedeutet und erheblichen verfassungsrechtlichen Bedenken begegnen müssen.

4. Die Neuanmeldung des Vorrechts nach § 61 I Nr. 1 KO (§ 6 IV SozplG 85)

Das Bedürfnis für eine nachträgliche Vorrechtsanmeldung kann dadurch entstehen, daß durch § 6 III SozplG 85 ein zu Unrecht festgestelltes Vorrecht *vor* § 61 I Nr. 1 KO beseitigt wird, die Forderungen demgemäß in der Rangklasse des § 61 I Nr. 6 KO befriedigt werden müßten, oder daß eine Sozialplanforderung gem. § 144 KO, entsprechend der bis zum 28.2.1985 geltenden Rechtslage, ohne Vorrecht festgestellt wurde. Hat noch kein Schlußtermin stattgefunden, kann ein Vorrecht gem. § 6 II SozplG 85 ohne weiteres nachträglich nach § 142 II, III KO angemeldet werden[63].

Anders liegt jedoch der Fall, wenn das Nichtbestehen eines Vorrechts im Verfahren nach § 146 KO gegenüber allen Konkursgläubigern (§ 147 KO) rechtskräftig festgestellt wurde. Nach den Grundsätzen über die Rechtskraft eines feststellenden Urteils wäre nach der KO die nachträgliche Feststellung eines Vorrechts an sich damit grundsätzlich ausgeschlossen. § 6 IV

---

[62] Vgl. hierzu *Balz,* RWS Skript 149, S. 101.

[63] Amtl. Begr., BT-Drucks. 10/2129, S. 10; *Balz,* RWS Skript 149, S. 104.

SozplG 85 durchbricht die Rechtskraft dieser Feststellung der Sozialplanforderung ohne Vorrecht und gestattet dem betroffenen Arbeitnehmer, seine Forderung mit dem Vorrecht nach § 61 I Nr. 1 KO (nachträglich) anzumelden und feststellen zu lassen.

Während das Nichtbestehen eines Vorrechts in der Rangklasse „O" gem. § 6 III SozplG 85 von Amts wegen zu berücksichtigen und in der Konkurstabelle einzutragen ist, muß der Arbeitnehmer von sich aus tätig werden, um eine nachträgliche Anmeldung und Feststellung seiner Bevorrechtigung gem. § 6 II, IV SozplG 85 zu erreichen[64]. An dieser Regelung hat insbesondere *Uhlenbruck* Kritik geübt[65], da in dem Fall, daß bereits ein Vorrecht in der Rangklasse des § 61 I Nr. „O" KO festgestellt wurde, von seiten des Arbeitnehmers bereits alles getan worden sei, um Forderung *und* Vorrecht geltend zu machen, der Konkursverwalter im Prüfungstermin den Anspruch nunmehr ohne weiteres in der Vorrechtsklasse I anerkennen könne. Es bedürfe daher keiner Neuanmeldung des Vorrechts, die Berücksichtigung durch den Konkursverwalter ohne Tätigwerden des einzelnen anspruchsberechtigten Arbeitnehmers würde zu einer wesentlichen Verfahrensvereinfachung führen.

Für die Ansicht *Uhlenbrucks* spricht, daß dem einzelnen Arbeitnehmer im genannten Fall das komplizierte Ummeldungsverfahren erspart bliebe, was in der Tat eine erhebliche Verfahrensbeschleunigung zur Folge haben könnte. Nur ist die Berücksichtigung eines Vorrechts durch den Konkursverwalter „von Amts wegen" bei zuvor in Rangklasse „O" festgestellten und durch die Vorschrift des § 6 III SozplG 85 hinfällig gewordenen Vorrechten nicht durch den Gesetzeswortlaut gedeckt: In § 6 IV S. 1 SozplG 85 wird die nachträgliche Anmeldung eines Vorrechts gerade auch für *den* Fall angeordnet, daß eine Bevorrechtigung in der Rangklasse vor § 61 I Nr. 1 KO festgestellt worden (und gem. § 6 III SozplG 85 unbeachtlich geworden) ist. Das Erfordernis einer Neuanmeldung wird aus der Sicht des Gesetzgebers konsequenterweise erhoben, spricht doch § 6 III SozplG 85 wörtlich davon, daß festgestellte Vorrechte in der Rangklasse „O" im gesamten weiteren Verfahren *„unbeachtlich"* sind, mithin auch insofern keine Beachtung finden, als sie als Indiz für eine Willensäußerung des jeweiligen Arbeitnehmers herangezogen werden könnten, seine Forderung nunmehr in der Rangklasse „I" anmelden zu wollen. Nach der Grundkonzeption der in § 6 III SozplG 85 geschaffenen Regelung ist davon auszugehen, daß eine unzulässige Anmel-

---

[64] Das Erfordernis einer nachträglichen Anmeldung ist aus gutem Grunde deswegen geboten, weil eine (Neu-)Eintragung des Vorrechts nach § 61 I Nr. 1 KO schon deshalb unmöglich sein muß, da u.U. Teile der Forderung gem. § 6 I S. 2 SozplG 85 nur nach § 61 I Nr. 6 KO berichtigt werden können. Vgl. *Fitting / Auffarth / Kaiser,* Betriebsänderung, Sozialplan und Konkurs, §§ 6 - 8 SozplKonkG, Rdnr. 14; *Fitting / Auffarth / Kaiser / Heither,* §§ 6 - 8 SozplKonkG, Rdnr. 14.

[65] *Uhlenbruck,* KTS 1985, S. 199ff., 207.

dung des Vorrechts in Rangklasse „O“ grundsätzlich ins Leere gegangen ist[66]. Als Resultat dessen ist die rechtsdogmatische Folge zwingend, daß der Gesetzgeber in § 6 IV S. 1 SozplG 85 auch für diesen Fall die nachträgliche Anmeldung eines Vorrechts gem. § 61 I Nr. 1 KO verlangt, die Tatsache, daß dadurch die Abwicklung des Konkursverfahrens komplizierter wird, ist hinzunehmen.

Über die in § 6 IV S. 1 SozplG 85 genannten Fälle hinaus können Arbeitnehmer, die im Hinblick auf die nach der Rechtsprechung des BAG geltende Rechtslage auf eine Anmeldung und Feststellung ihrer Forderung verzichtet haben, da sie sich keine Befriedigungschancen in Rangklasse VI ausrechneten, ihre Forderung nach den allgemeinen Vorschriften der Konkursordnung noch nachträglich anmelden[67].

Erfolgte die nachträgliche Anmeldung des Vorrechts nach § 6 II SozplG 85 innerhalb von zwei Monaten nach Inkrafttreten des Gesetzes, so fielen die Kosten eines etwa erforderlichen Prüfungstermins gem. § 6 IV S. 2 SozplG 85, abweichend von § 142 III KO, wonach diese von den jeweiligen Gläubigern zu tragen sind, der Konkursmasse zur Last.

Die Vorschrift des § 6 IV S. 2 SozplG 85 hat allerdings nicht zur Folge, daß die Inhaber von gem. § 6 II SozplG 85 bevorrechtigten Sozialplanforderungen in jedem Fall zwei Monate Zeit gehabt hätten, um ihr Vorrecht anzumelden. Hinsichtlich der Berücksichtigung eines festgestellten Vorrechts bei der Verteilung der Masse sind vielmehr die allgemeinen konkursrechtlichen Vorschriften zu beachten. So findet insbesondere § 152 KO (Ausschlußfrist) Berücksichtigung, auch setzt die nachträgliche Anmeldung des Vorrechts das für jede Justizgewährung erforderliche Rechtsschutzbedürfnis voraus, woran es mangeln kann, wenn im Zeitpunkt der Anmeldung keine verteilungsfähige Masse mehr vorhanden ist[68].

5. Ausschluß der Rückabwicklung von geleisteten Zahlungen und Verfahrensschritten gem. § 6 V SozplG 85

Unter Zugrundelegung der von der Entscheidung des GS von 1978 geschaffenen Rechtslage kann und wird es vielfach geschehen sein, daß Sozialplangläubiger infolge der Einstufung ihrer Forderung in die Rangklasse „O“ in einem zur Zeit des Inkrafttretens des SozplG 85 anhängigen Konkursverfahren mehr Geld erhalten haben, als ihnen nach der Regelung des Sozialplangesetzes zustünde. Umgekehrt werden viele Konkursgläubi-

---

[66] Vgl. hierzu die amtl. Begr., BT-Drucks. 10/2129, S. 10.

[67] Vgl. hierzu *Balz*, RWS Skript 149, S. 104.

[68] Amtl. Begr., BT-Drucks. 10/2129, S. 10; *Balz*, RWS Skript 149, S. 105; *ders.*, DB 1985, S. 689 ff., 695; *Uhlenbruck*, NJW 1985, S. 712 ff., 714; *Hess / Schlochauer / Glaubitz*, Anh. 30; § 6 SozplG, Rdnr. 6.

ger nur deshalb eine relativ höhere Quote erreicht haben, weil eine nach dem SozplG 85 bevorrechtigte Sozialplanforderung, entsprechend den Entscheidungen des BAG von 1984, als einfache Konkursforderung berichtigt wurde.

§ 6 V S. 1 SozplG 85 schreibt für diese Fälle vor, daß bereits vorgenommene Zahlungen oder Verteilungen nicht wegen § 6 II oder III SozplG 85 rückgängig gemacht werden sollen. Er lehnt sich an die Vorschrift des § 79 II S. 4 BVerfGG an[69], die Regeln über die Herausgabe einer ungerechtfertigten Bereicherung sollen in den genannten Fällen ausgeschlossen sein.

Mit § 6 V S. 1 SozplG 85 soll zugleich dem konkursrechtlichen Grundsatz, daß Gläubiger, die nachträglich eine Forderung oder ein Vorrecht anmelden, sich mit dem Stand des Verfahrens, insbesondere mit bereits vorgenommenen Verteilungen oder Abschlagszahlungen, zufrieden geben müssen, Ausdruck verliehen werden. Die Rückabwicklung einzelner Schritte des Konkursverfahrens ist grundsätzlich *ausgeschlossen*[70].

Die Vorschriften über die Herausgabe einer ungerechtfertigten Bereicherung sind jedoch nur in *den* Fällen ausgeschlossen, in denen eine Unter- oder Überbezahlung im Hinblick auf die Neuregelung des § 6 II, III SozplG 85 erfolgte. So beseitigt § 6 V S. 1 SozplG 85 nicht etwa einen wegen § 82 I VerglO begründeten Bereicherungsanspruch des Schuldners, weil sich ein Sozialplangläubiger im Vertrauen auf sein Vorrecht vor § 61 I Nr. 1 KO nicht am Vergleich beteiligt und nach dessen Bestätigung im nach § 96 VerglO fortgesetzten Verfahren volle Befriedigung erlangt hat[71].

§ 6 V S. 2 SozplG 85 stellt klar, daß durch die Regelung des § 6 II, III SozplG 85 einem bis zum Inkrafttreten des SozplG 85 korrekt zustandegekommenen Vergleich oder Zwangsvergleich die Geschäftsgrundlage nicht entzogen wird, vielmehr soll der Bestand des angenommenen oder bestätigten Vergleiches nicht dadurch, daß ein Arbeitnehmer sich wegen seiner Sozialplanforderung im Vertrauen auf die Rechtsprechung des BAG von 1978 an dem Vergleichsverfahren nicht beteiligt hat, oder daß er sich, dem bisher geltenden Recht entsprechend als einfacher Konkursgläubiger auch insoweit an dem Vergleichsverfahren beteiligt hat, als ihm vom Sozialplangesetz ein Vorrecht gewährt wird, in Frage gestellt werden[72].

---

[69] Amtl. Begr., BT-Drucks. 10/2129, S. 11; *Balz,* RWS Skript 149, S. 107.

[70] Vgl. *Balz,* RWS Skript 149, S. 107; *ders.,* DB 1985, S. 689ff., 695; amtl. Begr., BT-Drucks. 10/2129, S. 11; *Fitting / Auffarth / Kaiser,* Betriebsänderung, Sozialplan und Konkurs, §§ 6 - 8 SozplKonkG, Rdnr. 18; *Fitting / Auffarth / Kaiser / Heither,* §§ 6 - 8 SozplKonkG, Rdnr. 18.

[71] Vgl. *Balz,* RWS Skript 149, S. 107, mit Hinweis auf *Böhle-Stamschräder / Kilger,* VerglO, § 25, Rdnr. 1, § 71, Rdnr. 4, wonach der Ablauf des Vergleichsverfahrens nicht den Charakter einer Forderung als Vergleichsforderung ändert.

[72] Vgl. amtl. Begr., BT-Drucks. 10/2129, S. 11.

Allerdings wird das Gericht bei noch ausstehender Bestätigung des Vergleichs zu prüfen haben, ob dessen Bestätigungsvoraussetzungen bzw. die eines Zwangsvergleichs auch in diesen Fällen noch vorliegen[73]. Nach der amtlichen Gesetzesbegründung verfolgt die Vorschrift des § 6 V S. 2 SozplG 85 den Zweck, „daß dem Schuldner die Rechtswohltat eines Vergleichs oder Zwangsvergleichs nicht infolge der Neuregelung des Ranges von Sozialplanansprüchen verlorengeht“[74]. Demnach dient auch § 6 V S. 2 SozplG 85 dazu, einen im Insolvenzverfahren erreichten status quo zu gewährleisten und die Rückabwicklung von Verfahrensschritten zu vermeiden[75].

---

[73] s. dazu *Balz,* RWS Skript 149, S. 108, der darauf hinweist, daß die Bestätigung des Vergleichs oder Zwangsvergleichs gem. § 79 III Nr. 4 VerglO, § 188 I Nr. 1 KO versagt werden könne, wenn sich ergäbe, daß er dem gemeinsamen Interesse der Vergleichsgläubiger bzw. der nicht bevorrechtigten Konkursgläubiger widerspricht. Dies könne der Fall sein, wenn bei der Annahme des Vergleichs oder Zwangsvergleichs davon ausgegangen worden sei, daß den Sozialplangläubigern in Höhe des Betrages ihrer Forderung ein Vorrecht vor § 61 I Nr. 1 KO zusteht.

[74] Amtl. Begr., BT-Drucks. 10/2129, S. 11.

[75] Vgl. hierzu insbes. *Balz,* DB 1985, S. 689 ff., 695.

D. Der Sozialplan im Vergleichsverfahren

Der Konkurs hat die für den zahlungsunfähigen Schuldner einschneidende, ausnahmslose Folge, daß ihm aufgrund seiner Zahlungsunfähigkeit die Verfügungsbefugnis über sein Vermögen und damit seine wirtschaftliche Existenz entzogen wird. Diese Härte ist allerdings nicht in allen Fällen notwendig, aus volkswirtschaftlicher Sicht gesehen, da mit dem Verlust der Verfügungsgewalt meist zugleich die Zerschlagung eigentlich existenzfähiger Unternehmen einhergeht, vielerorts sogar grober Unfug[1]. Aus diesem Grunde eröffnet das Gesetz in § 1 VerglO die Möglichkeit, im Wege eines gerichtlichen Vergleichsverfahrens die Abwendung des Konkurses zu versuchen.

Die Verfügungs- und Verwaltungsbefugnis des Schuldners wird durch die Eröffnung des Vergleichsverfahrens grundsätzlich nicht beeinträchtigt[2]. Auch ist der Zweck des Vergleichs eben nicht, im Gegensatz zum Konkurs, die Liquidation und Verwertung des Unternehmens, sondern in erster Linie dessen Sanierung (vom Fall des treuhänderischen Liquidationsvergleichs i.S.v. § 7 IV VerglO einmal abgesehen). Diese beiden Umstände führen dazu, daß die allgemeinen arbeitsrechtlichen Vorschriften im Vergleichsverfahren, gesehen in Relation zum Konkurs, nur geringen Modifikationen unterworfen werden.

Dies gilt auch für den Abschluß eines Sozialplans. Der Arbeitgeber bleibt in aller Regel Verhandlungs- und Abschlußpartner[3].

Für die Frage, ob Sozialplangläubiger mit ihren Forderungen an einem Vergleich teilnehmen oder nicht, sind zwei Voraussetzungen maßgebend: zum einen kommt es auf den Zeitpunkt der Aufstellung des Sozialplans und zum anderen gem. § 26 I VerglO darauf an, ob die bedachten Arbeitnehmer in einem Konkursverfahren bevorrechtigt zu befriedigen wären.

---

[1] Vgl. hierzu *Böhle-Stamschräder / Kilger,* VerglO, § 1, Rdnr. 1 ff.; *Willemsen,* Arbeitnehmerschutz, S. 400.

[2] Vgl. *Böhle-Stamschräder / Kilger,* VerglO, Allgemeines zu §§ 6 ff. m.w.N.

[3] Vgl. *Kaven,* Recht des Sozialplans, S. 152 m.w.N.; *Willemsen,* Arbeitnehmerschutz, S. 403; *Fuchs,* Sozialplan, S. 61 f.; *Heilmann,* Rechtslage des Arbeitnehmers, S. 105.

I. Sozialpläne, die im Vergleichsverfahren aufgestellt werden

Fraglich ist, ob Forderungen aus einem Sozialplan, der nach der Eröffnung des Vergleichsverfahrens aufgestellt wurde, Vergleichsforderungen i.S.v. § 25 VerglO sein können.

Zunächst ist festzuhalten, daß der Arbeitgeber im Vergleich Inhaber der Verfügungsbefugnis über sein Vermögen bleibt, im Rahmen des gewöhnlichen Geschäftsbetriebes kann er alle Geschäfte abschließen[4]. Es wird zwar vom Gericht ein Vergleichsverwalter eingesetzt (§§ 12, 38 VerglO), der aber in erster Linie die Geschäftsführung des Schuldners nur zu *überwachen* hat. Zwar ist der Abschluß eines Sozialplans kein Rechtsgeschäft, das innerhalb des gewöhnlichen Geschäftsbetriebes vorgenommen wird, der Schuldner/ Arbeitgeber kann aber auch außerhalb dieses Rahmens Verpflichtungen eingehen, die dann gem. § 57 VerglO der Zustimmung des Vergleichsverwalters bedürfen[5]. Zur Erteilung dieser Zustimmung dürfte der Vergleichsverwalter regelmäßig im Falle des Abschlusses eines Sozialplans verpflichtet sein[6].

Zusammenfassend kann gesagt werden, daß der Schuldner auch im eröffneten Vergleichsverfahren seine Arbeitgeberfunktion behält und daher die Mitbestimmungsrechte des Betriebsrates aus §§ 111 BetrVG 72 im Falle einer Betriebsänderung zu beachten hat. Im Rahmen seiner durch den Vergleichsverwalter kontrollierten Verfügungsbefugnis steht es ihm frei, zusammen mit dem Betriebsrat über die Aufstellung eines Sozialplans zu verhandeln und diesen gegebenenfalls abzuschließen.

Aus dem Grundsatz, daß der Vergleichsschuldner/Arbeitgeber grundsätzlich der Herr seines Vermögens bleibt, folgt, daß, im Gegensatz zum Fall des Konkurses, in dem das Schuldnervermögen nur eine, nämlich die Befriedigungsfunktion zugunsten der Konkursgläubiger, hat, beim Abschluß eines Sozialplans im Vergleichsverfahren auf Inhaber anderer Forderungen keine besondere Rücksicht genommen werden muß.

Folgerichtig gilt die durch § 2 SozplG 85 geregelte *materiell-rechtliche* Inhaltsbegrenzung in Höhe von 2½ Monatsverdiensten aller betroffenen Arbeitnehmer nicht bei Aufstellung eines Sozialplans im Vergleichsverfahren. Ein während des Verfahrens aufgestellter Plan ist deshalb grundsätzlich wirksam, auch wenn die Grenze des § 2 SozplG 85 von ihm überschritten wird[7]. Die außerhalb des SozplG 85 geltenden, aus § 112 BetrVG 72 fol-

---

[4] Vgl. § 54 VerglO; *Fitting / Auffarth / Kaiser,* Betriebsänderung, Sozialplan und Konkurs, § 5 SozplKonkG, Rdnr. 1; *Fitting / Auffarth / Kaiser / Heither,* § 5 SozplKonkG, Rdnr. 1.

[5] So auch *Willemsen,* Arbeitnehmerschutz, S. 404; *Fuchs,* Sozialplan, S. 62.

[6] Dieser Ansicht ist *Fuchs,* Sozialplan, S. 62; vgl. auch *Kaven,* Das Recht des Sozialplans, S. 150f.

genden *allgemeinen* personellen, funktionellen und inhaltlichen Grenzen sind allerdings von den Sozialplanpartnern auch im Falle des Vergleichs zu beachten.

Fraglich ist, ob die in einem im Laufe des Konkursverfahrens vereinbarten Sozialplan bedachten Arbeitnehmer Vergleichsgläubiger i.S.v. § 25, 26 VerglO werden. *Balz*[8] ist der Ansicht, daß auch die Gläubiger aus einem solchen Sozialplan am Vergleichsverfahren teilnehmen müssen, und zwar mit dem *nicht* gem. §§ 2, 4 S. 1 SozplG 85 in Konkursverfahren bevorrechtigten Teil ihrer Forderungen, der dem Verhältnis des nach § 2 SozplG 85 errechneten Höchstbetrages (2½ Monatsverdienste der betroffenen Arbeitnehmer) zum *tatsächlich* vereinbarten Sozialplanvolumen entspricht. Er verweist zur Begründung auf den durch das BVerfG festgestellten tatsächlichen Rechtszustand, wonach Sozialplanforderungen *stets* Vergleichsforderungen gewesen wären, auch dann, wenn der Sozialplan erst *nach* der Eröffnung des Vergleichsverfahrens zustandegekommen sei[9].

Der Auffassung von *Balz* kann nicht gefolgt werden. Denn gem. § 25 VerglO können Vergleichsgläubiger nur Inhaber *solcher* Forderungen werden, die *schon zur Zeit der Eröffnung des Vergleichsverfahrens* begründet waren. Die Vorschriften über die Beteiligung am Vergleichsverfahren sind zwingendes Recht[10]. Sie können durch Parteivereinbarung oder durch freiwillige Teilnahme eines nach dem Gesetz nicht beteiligten Gläubigers nicht geändert werden[11]. Schon aus diesem Grund muß eine von *Balz* geforderte Einbeziehung von Gläubigern eines während des Vergleichsverfahrens aufgestellten Sozialplans mit ihrem nach §§ 2, 4 S. 1 SozplG 85 *nicht* bevorrechtigten Forderungsanteil in das Vergleichsverfahren abgelehnt werden. Im übrigen besteht für die Teilnahme der Gläubiger eines insolvenzlichen Sozialplanes am Vergleich kein Bedürfnis. Denn ein solcher Sozialplan steht unter dem grundsätzlichen Zustimmungsbedürfnis des Vergleichsverwalters (s.o.). Gibt nun der Verwalter seine Zustimmung zu einem Sozialplan, der die absolute Grenze von 2½ Monatsverdiensten aller von Entlassung betroffenen Arbeitnehmer gem. § 2 SozplG 85 überschreitet, so ist davon auszugehen, daß dies, in Kenntnis der gesetzlichen Regelungen der VerglO, in dem Bewußtsein geschieht, daß eine volle Finanzierung der in ihm begründeten Ansprüche auch insoweit gewährleistet sein wird, als die

---

[7] *Fitting / Auffarth / Kaiser,* Betriebsänderung, Sozialplan und Konkurs, § 5 SozplKonkG, Rdnr. 9; *Balz,* RWS Skript 149, S. 90; *ders.,* DB 1985, S. 689ff., 694; *Uhlenbruck,* NJW 1985, S. 714; *ders.,* KTS 1985, S. 199ff., 209; *Fitting / Auffarth / Kaiser / Heither,* § 5 SozplKonkG, Rdnr. 9.

[8] *Balz,* RWS Skript 149, S. 90f.; *ders.,* DB 1985, S. 689ff., 694; ihm schließt sich wohl auch *Uhlenbruck,* KTS 1985, S. 199ff., S. 209 an.

[9] Vgl. *Balz,* RWS Skript 149, S. 89.

[10] Vgl. *Böhle-Stamschräder / Kilger,* VerglO § 25, Rdnr. 1 m.w.N.

[11] RGZ 129, S. 232; *Bley-Mohrbutter,* VerglO, § 6, Rdnr. 8; a.A. *Rieger,* BB 1953, S. 786.

Gesamtsumme der Forderungen den gem. § 2 SozplG 85 zulässigen Höchstbetrag überschreitet. Schließlich erscheint eine Aufteilung von Sozialplanforderungen aus einem *während* des Vergleichsverfahrens aufgestellten Plan in einen konkursrechtlich bevorrechtigten und einen nichtbevorrechtigten Teil in rechtsdogmatischer Hinsicht zweifelhaft, da die Folge einer Überschreitung der absoluten Obergrenze des § 2 SozplG 85 gerade nicht die oben genannte Forderungsaufteilung, sondern grundsätzlich die Unwirksamkeit des gesamten Planes ist.

Im Ergebnis ist daher festzuhalten, daß die Vorschriften des Sozialplangesetzes auf Sozialpläne, die *während* des eröffneten Vergleichsverfahrens aufgestellt werden, insgesamt keine Anwendung finden können. Richtigerweise ist in diesen Fällen für die Frage, ob die Inhaber von Sozialplanforderungen zugleich Vergleichsgläubiger sind, in der Hauptsache auf den Zeitpunkt der Begründung ihrer Ansprüche gem. § 25 VerglO abzustellen.

Ist demnach ein Sozialplan erst *nach* der Eröffnung des Vergleichsverfahrens aufgestellt worden, sind die in ihm bedachten Arbeitnehmer keine Vergleichsgläubiger, vielmehr können sie ihre Forderungen außerhalb des Verfahrens ungekürzt geltend machen.

Abschließend sei bemerkt, daß der Vergleichsschuldner/Arbeitgeber mit den am Vergleich nicht beteiligten Sozialplangläubigern eine Vereinbarung dahingehend treffen kann, daß die Wirkungen des angestrebten Vergleiches auch für deren Forderungen gelten sollen[12]. Dabei handelt es sich nicht um die (rechtswidrige) Einbeziehung von unbeteiligten Gläubigern in den Vergleich, sondern um eine bedingte vertragliche Änderung des zwischen Arbeitgeber und Betriebsrat früher zustandegekommenen Sozialplans entsprechend dem Inhalt des beabsichtigten Vergleichs[13].

II. Sozialpläne, die vor Eröffnung des Vergleichsverfahrens aufgestellt wurden

Die Sozialpläne, die vor Eröffnung des Vergleichsverfahrens aufgestellt wurden, sind hinsichtlich ihrer möglichen Einordnung als Vergleichsforderungen weiter zu unterscheiden: nämlich in solche, die frühestens 3 Monate vor Stellung des Antrages auf Eröffnung des Verfahrens vereinbart bzw. festgesetzt wurden, in Sozialpläne, die früher als 3 Monate vor Antragsstellung zustandegekommen sind, und schließlich in Pläne, die vor der Eröffnung eines zur Zeit des Inkrafttretens des SozplG 85 anhängigen Vergleichsverfahrens aufgestellt wurden.

---

12 RAG KuT 34, S. 160.

13 Vgl. *Böhle-Stamschräder / Kilger*, VerglO, § 25, Rdnr. 1 a.E.

1. Sozialpläne, die früher als 3 Monate vor dem Antrag auf Eröffnung des Vergleichsverfahrens aufgestellt wurden

Für die Frage, ob eine Sozialplanforderung im Vergleichsverfahren zugleich Vergleichsforderung ist oder nicht, ist u. a. die Vorschrift des § 26 VerglO ausschlaggebend. Danach sind u. a. Gläubiger, deren Forderungen im Konkurs ein Vorrecht genießen, *nicht* Vergleichsgläubiger, können also ihre Ansprüche außerhalb des Verfahrens ungekürzt geltend machen. § 26 I VerglO verweist damit auch auf § 61 I Nr.1 - 5 KO, es ist somit zu fragen, ob eine bestimmte Forderung im Konkurs ein Vorrecht nach dieser Vorschrift genießen würde. Hinsichtlich Sozialplänen, die früher als 3 Monate vor der Stellung des Antrages auf Eröffnung des Vergleichsverfahrens aufgestellt wurden, gilt die Rechtsprechung des BAG von 1984[14], nach der Ansprüche aus solchen Plänen im Konkurs als einfache Konkursforderungen gem. § 61 I Nr. 6 KO zu behandeln sind, das Sozialplangesetz hat auf Forderungen aus sog. Altsozialplänen keinen Einfluß[15].

Die in solchen Altsozialplänen bedachten Arbeitnehmer genießen damit kein Konkursvorrecht. Gem. § 26 I VerglO nehmen sie deshalb mit dem vollen Betrag ihrer Ansprüche am Vergleichsverfahren teil und werden sich gegebenenfalls mit erheblichen Einbußen abfinden müssen.

2. Sozialpläne, die vor der Eröffnung des Vergleichsverfahrens, aber nicht früher als 3 Monate vor der Stellung des Antrages auf Eröffnung aufgestellt wurden

Forderungen aus Sozialplänen, die frühestens 3 Monate vor Stellung des Eröffnungsantrages aufgestellt wurden, unterfallen zunächst der Vorschrift des § 25 VerglO, da sie zur Zeit der Verfahrenseröffnung bereits vorhandene Ansprüche der in ihnen bedachten Arbeitnehmer begründen. Fraglich ist, in welchem Umfang sie als nicht bevorrechtigte Konkursforderungen Vergleichsforderungen i. S. v. § 26 I VerglO sind.

Bei der Frage der Bevorrechtigung ist § 3 SozplG 85 zu beachten: würde es sich bei dem Vergleich um ein Konkursverfahren handeln, wären die im Sozialplan begründeten Ansprüche bis zur Höhe der absoluten Obergrenze von 2½ Monatsverdiensten aller von Entlassung betroffenen Arbeitnehmer gem. § 4 S. 1 SozplG 85 bevorrechtigte Konkursforderungen, hinsichtlich des überschreitenden Anteiles unterlägen sie der konkursrechtlichen Anfechtung[16].

---

[14] BAG ZIP 1984, S. 983 ff. = BAG NJW 1984, S. 2486 ff.
[15] Vgl. oben: B. V. 4. b).
[16] Vgl. amtl. Begr., BT-Drucks. 10/2129, S. 7; s. auch oben: B. V. 4. ba).

Zunächst kann festgestellt werden, daß ein frühestens 3 Monate vor Stellung des Eröffnungsantrages vereinbarter Sozialplan, auch wenn er die Grenze des § 3 SozplG 85 überschreitet, mit dem vereinbarten Volumen ohne weiteres wirksam ist. Da es sich bei dem die höchstzulässige Summe nach § 3 SozplG 85 übersteigenden Anteil der Sozialplanforderungen *nicht* um einfache Konkursforderungen handelt (auf ein Rangstellensplitting wurde verzichtet, der überschießende Betrag unterliegt der konkurslichen Anfechtung), könnte der Gedanke aufkommen, daß die Gläubiger eines Sozialplans nach § 3 SozplG 85 in voller Höhe ihrer Ansprüche auch dann am Vergleichsverfahren nicht teilnehmen, wenn deren Gesamtbetrag die für das Konkursverfahren vorgesehene absolute Begrenzung des Sozialplanvolumens übersteigt[17]. In diesem Fall greift § 5 SozplG 85 regelnd ein, der bestimmt, daß die Arbeitnehmer am Vergleichsverfahren nicht beteiligt sind, soweit ihre Forderungen aus einem Sozialplan im Konkursverfahren geltend gemacht werden können und ein Vorrecht genießen. Im übrigen sind sie nach § 5, 2. HS SozplG 85 Vergleichsgläubiger.

§ 5 SozplG 85 erweitert damit die Regelung des § 26 VerglO dahingehend, daß Sozialplangläubiger mit bevorrechtigten (§ 4 S. 1 SozplG 85) Forderungen nur insoweit *nicht* am Vergleichsverfahren teilnehmen, als ihre Forderungen in einem Konkursverfahren *geltend* gemacht werden können[18]. Gem. § 3 S. 2 SozplG 85 kann der das höchstzulässige Sozialplanvolumen überschreitende Betrag im Konkursverfahren nicht geltend gemacht werden. Diese anfechtungsähnliche Ausgestaltung des § 3 SozplG 85 bedurfte insofern einer Klarstellung für das Vergleichsverfahren in § 5 SozplG 85, als die Vergleichsordnung ein der Konkursanfechtung entsprechendes Rechtsinstitut nicht kennt und deshalb ohne weiteres die Folge eintreten können würde, daß der den Höchstbetrag des § 3 SozplG 85 überschreitende Teil der Sozialplanforderung nicht am Vergleichsverfahren teilnehmen würde, da es sich bei ihm ja nicht um eine einfache Konkursforderung handelt.

Im Ergebnis bewirkt § 5 SozplG 85 daher, daß Arbeitnehmer mit dem gem. §§ 3 S. 2, 4 S. 1 SozplG 85 gekürzten und bevorrechtigten Teil ihrer Sozialplanforderung nicht am Vergleichsverfahren teilnehmen und diese in voller Höhe außerhalb geltend machen können, hinsichtlich des gem. § 3 S. 2 SozplG 85 ausgefallenen, der konkurslichen Anfechtung gem. § 3 S. 1 SozplG 85 unterliegenden Teils ihres Anspruchs als Vergleichsgläubiger am Verfahren teilnehmen und gegebenenfalls Einbußen hinnehmen müssen.

Abschließend sei bemerkt, daß sich die in § 4 S. 2 SozplG 85 vorgesehene Ein-Drittel-Begrenzung der für die Befriedigung der Sozialplanforderun-

---

[17] Vgl. *Balz,* RWS Skript 149, S. 90; *ders.,* DB 1985, S. 689ff., 694; *Uhlenbruck,* KTS 1985, S. 199ff., 209.

[18] Vgl. amtl. Begr., BT-Drucks. 10/2129, S. 8f.

gen zur Verfügung stehenden Konkursmasse auf das Vergleichsverfahren *nicht* auswirken muß, da es zu einer konkursmäßigen Verteilung der Masse im Vergleichsverfahren nicht kommt[19].

III. Zur Behandlung von Sozialplänen in bei Inkrafttreten des SozplG 85 anhängigen Vergleichsverfahren

Wie schon oben gesehen, enthält § 6 SozplG 85 Übergangsregelungen, die auch auf ein bei Inkrafttreten des Gesetzes anhängiges Vergleichsverfahren Anwendung finden können. Wegen der Vorschrift des § 26 VerglO kommt es auch hier darauf an, ob Sozialpläne, die in einem derartigen Verfahren aufgestellt wurden bzw. werden, bevorrechtigte Konkursforderungen darstellen würden, nur in diesem Falle könnten die Sozialplangläubiger außerhalb des Vergleichsverfahrens volle Befriedigung ihrer Forderungen erlangen.

Grundvoraussetzungen für das Eingreifen der Übergangsvorschrift sind zunächst, daß ein Vergleichsverfahren am 28.2.1985 anhängig war und *vor* diesem Termin im Verfahren ein Sozialplan aufgestellt wurde. Ist der Sozialplan erst nach dem Inkrafttreten des SozplG 85 aufgestellt bzw. festgesetzt worden, gelten die §§ 2 - 5 SozplG 85 mit den oben beschriebenen Folgen uneingeschränkt.

Es sind drei Fälle von Sozialplänen zu unterscheiden:

- Sozialpläne, die früher als 3 Monate vor Stellung des Antrages auf Eröffnung des Vergleichsverfahrens aufgestellt wurden,
- Sozialpläne, die vor der Eröffnung des Vergleichsverfahrens, aber nicht früher als 3 Monate vor Stellung des Eröffnungsantrages zustandegekommen sind, und schließlich
- Sozialpläne, die im Verlauf eines bei Inkrafttreten des SozplG 85 anhängigen Vergleichsverfahrens, aber vor dem 28.2.1985 aufgestellt wurden.

1. Sozialpläne, die früher als 3 Monate vor Stellung des Antrages auf Eröffnung des Vergleichsverfahrens aufgestellt wurden

Forderungen aus solchen sog. Altsozialplänen genießen im Konkursverfahren grundsätzlich kein Vorrecht, da für sie die durch die Rechtsprechung des BAG von 1984[20] geschaffene Rechtslage weitergilt. Sie erfahren eine Befriedigung im Range des § 61 I Nr. 6 KO als einfache Konkursforderun-

---

[19] Vgl. *Fitting / Auffarth / Kaiser,* Betriebsänderung, Sozialplan und Konkurs, § 5 SozplKonkG, Rdnr. 7; *Balz,* RWS Skript 149, S. 91; *Fitting / Auffarth / Kaiser / Heither,* § 5 SozplKonkG, Rdnr. 7.

[20] BAG v. 30.4.1984, AP Nr. 23 zu § 112 BetrVG 72.

gen. An dieser Rechtslage ändert auch die Übergangsvorschrift des § 6 II SozplG 85 nichts, da lediglich *solche* Sozialplanansprüche (nachträglich) bevorrechtigt werden, die nicht aus Altsozialplänen herrühren. Gem. § 26 VerglO i.V.m. § 6 II SozplG 85 nehmen die Sozialplangläubiger daher mit ihren Ansprüchen am Vergleichsverfahren teil, da ihre Forderungen im Konkursverfahren auch nach der Übergangsvorschrift des § 6 II SozplG 85 kein Vorrecht genießen würden.

2. Sozialpläne, die vor der Eröffnung des Vergleichsverfahrens, aber nicht früher als 3 Monate vor Stellung des Eröffnungsantrages zustandegekommen sind

Ist in einem bei Inkrafttreten des SozplG 85 anhängigen Vergleichsverfahren ein derartiger Sozialplan i.S.v. § 3 SozplG 85 vereinbart bzw. festgesetzt worden, ergibt sich aus der Regelung des § 6 II SozplG 85 zunächst, daß im Konkursverfahren ein Rangstellensplitting dergestalt auftreten könnte, daß Forderungen aus diesem Plan bis zu einer Gesamtsumme von 2½ Monatsverdiensten der von einer Entlassung betroffenen Arbeitnehmer mit dem Rang des § 61 I Nr. 1 KO, deren darüber hinausgehende Teile im Rang des § 61 I Nr. 6 KO befriedigt würden.

Für das Vergleichsverfahren ergibt sich damit aus § 26 VerglO i.V.m. § 6 II SozplG 85 *unmittelbar* die Rechtsfolge, daß Sozialplangläubiger, soweit sie ein Vorrecht gem. §§ 6 II S. 1, 4 S. 1 SozplG 85 genießen, nicht am Vergleichsverfahren teilnehmen. Übersteigt der Gesamtbetrag der in dem Sozialplan vereinbarten Ansprüche die Summe von 2½ Monatsverdiensten der von Entlassung betroffenen Arbeitnehmer, so nehmen die Sozialplangläubiger mit dem entsprechenden Teilbetrag als Vergleichsgläubiger am Verfahren teil, da sie im Konkurs gem. § 6 II S. 2 SozplG 85 nur als einfache Konkursgläubiger i.S.v. § 61 I Nr. 6 KO Befriedigung erlangen würden.

3. Sozialpläne, die im Verlauf eines bei Inkrafttreten des SozplG 85 anhängigen Vergleichsverfahrens, aber vor dem 28.2.1985 aufgestellt wurden

Derartige Sozialpläne würden im Konkursverfahren der Regelung des § 2 SozplG 85 unterfallen, gem. der Übergangsregelung des § 6 II S. 1, 2 SozplG 85 wären sie bis zu einem Betrag von 2½ Monatsverdiensten der von Entlassung betroffenen Arbeitnehmer mit dem Vorrecht des § 61 I Nr. 1 KO, darüber hinausgehend gem. § 61 I Nr. 6 KO als einfache Konkursforderung zu berichtigen.

Nach der oben unter IV. 1. dargestellten Ansicht kann jedoch das gem. § 6 II S. 1, 2 SozplG 85 angeordnete Rangstellensplitting im Falle eines *nach*

Eröffnung des Vergleichsverfahrens aufgestellten Sozialplans keine Auswirkungen auf die Feststellung der Eigenschaft der Sozialplanforderung als Vergleichsforderung haben. Zwar würden die Sozialplangläubiger gem. § 26 VerglO i.V.m. § 6 II SozplG 85 gegebenenfalls als Vergleichsgläubiger mit dem die Grenze von 2½ Monatsverdiensten übersteigenden Betrag ihrer Forderungen am Verfahren teilnehmen. Es fehlt jedoch an der in § 25 VerglO geregelten Voraussetzung, wonach der als Vergleichsforderung in Frage kommende Anspruch schon zur Zeit der Eröffnung des Verfahrens begründet gewesen sein muß. Da dies bei einem im Verlaufe des Vergleichsverfahrens aufgestellten Sozialplan grundsätzlich nicht der Fall ist, nehmen die betroffenen Arbeitnehmer mit ihren Ansprüchen auch nicht am Vergleichsverfahren teil, unabhängig von den Regelungen der §§ 26 VerglO, 6 II SozplG 85. Die Gläubiger eines im Vergleichsverfahren zustandegekommenen Sozialplans können demnach, auch wenn der betreffende Plan der Regelung des § 6 II SozplG 85 unterfallen und dabei ein Rangstellensplitting eintreten würde, ihre Forderungen in voller Höhe *außerhalb des Vergleichsverfahrens* gegen den Vergleichsschuldner geltend machen.

Abschließend sei noch bemerkt, daß § 6 III und IV SozplG 85 im Vergleichsverfahren keine Bedeutung haben, da Forderung und Vorrecht hier anders als im Konkursverfahren nicht bindend festgestellt werden[21].

---

[21] Vgl. *Balz*, RWS Skript 149, S. 106.

3. Teil

Der Anspruch auf Nachteilsausgleich gem. § 113 BetrVG 72 im Konkurs- und Vergleichsverfahren

A. Der Nachteilsausgleich im Konkursverfahren

I. Die tatbestandlichen Voraussetzungen des Anspruchs auf Nachteilsausgleich gem. § 113 BetrVG 72

§ 113 BetrVG 72 knüpft den Anspruch auf Nachteilsausgleich an zwei alternative Voraussetzungen: Gem. § 113, I, II BetrVG 72 haben Arbeitnehmer, die infolge einer ohne zwingenden Grund erfolgenden Abweichung des Unternehmers von einem zuvor vereinbarten Interessenausgleich entlassen werden oder andere wirtschaftliche Nachteile erleiden, einen individualrechtlichen Abfindungsanspruch gegen den Arbeitgeber, der im Wege der arbeitsgerichtlichen Klage geltend gemacht werden kann.

Gem. § 113 III BetrVG 72 trifft die Pflicht zur Zahlung einer Abfindung auch denjenigen Unternehmer, der eine Betriebsänderung i.S.v. § 111 BetrVG 72 mit der Folge, daß Arbeitnehmer entlassen werden oder andere wirtschaftliche Nachteile erleiden, durchführt, ohne zuvor mit dem Betriebsrat die Vereinbarung eines Interessenausgleichs versucht zu haben.

1. Der Anspruch auf Nachteilsausgleich bei Abweichen von einem vereinbarten Interessenausgleich, § 113 I, II BetrVG

§ 113 I, II BetrVG 72 treffen Regelungen für den Fall, daß der Unternehmer ohne zwingenden Grund von einem vereinbarten Interessenausgleich abweicht. Hinsichtlich der Folge des Abweichens sind voneinander zu unterscheiden: a) die Entlassung von Arbeitnehmern und b) das Erleiden sonstiger wirtschaftlicher Nachteile.

a) Die Entlassung von Arbeitnehmern, § 113 I BetrVG 72

Grundvoraussetzung eines Anspruchs gem. § 113 I BetrVG 72 ist, daß der Unternehmer ohne zwingenden Grund von einem zuvor vereinbarten Interessenausgleich i.S.v. § 112 I - III BetrVG 72 abweicht, m.a.W. eine Betriebsänderung gem. § 111 BetrVG 72 durchführt, ohne auf die im zuvor vereinbarten Interessenausgleich enthaltenen Maßnahmeregelungen genaue Rücksicht zu nehmen.

Abweichend vom Interessenausgleich im Rahmen der Betriebsänderung bedeutet i. S. v. § 113 I BetrVG 72, daß bei außergewöhnlichem Personalabbau gem. § 111, S. 2 Nr. 1 BetrVG 72 die im Interessenausgleich vereinbarte Zahl von zu entlassenden Arbeitnehmern ohne zwingenden Grund überschritten wird oder daß bei einer sonstigen Betriebsänderung i. S. v. § 111 BetrVG 72 Arbeitnehmer entlassen werden, obwohl die zu ihrer Kündigung in dem Interessenausgleich berücksichtigten Maßnahmen diesen Schritt gerade nicht vorsehen. Zu beachten ist schon hier, daß ein Anspruch auf Nachteilsausgleich auch in den Fällen entstehen kann, in denen aufgrund des durch das BeschfG 85 neu in das BetrVG 72 eingefügten § 112 a *kein* Anspruch auf Abschluß eines erzwingbaren Sozialplanes nach § 112 IV, I BetrVG 72 besteht[1]. Es gilt vielmehr im einzelnen die fortgeltende Rechtsprechung des BAG, was insbesondere bedeutet, daß bei bloßem außergewöhnlichem Personalabbau i. S. d. § 111 S. 2 Nr. 1 BetrVG 72 auch dann eine u. U. zur Zahlung eines Nachteilsausgleich verpflichtende Betriebsänderung vorliegt, wenn die Zahl der Entlassungen die durch die Rechtsprechung des BAG[2] in Anlehnung an § 17 KSchG gezogene Grenze überschreitet, jedoch unterhalb der durch § 112 a I Nr. 1 - 4 BetrVG 72 für den erzwingbaren Sozialplan gesetzten Grenzzahlen liegt[3]. Im übrigen ergibt sich schon aus § 112 a II BetrVG 72, daß bei neugegründeten Unternehmen die Vorschriften des § 112 I - III BetrVG 72 über den Interessenausgleich keineswegs suspendiert sein sollen, weshalb Ansprüche auf Nachteilsausgleich bei sämtlichen Betriebsänderungen i. S. v. § 111 BetrVG 72 in Betrieben eines neugegründeten Unternehmens in den ersten vier Jahren nach seiner Gründung entstehen können.

§ 113 I BetrVG 72 findet auf Entlassungen Anwendung, die erforderlich geworden sind, *weil* der Unternehmer mit seinem Handeln oder Unterlassen gegen den Interessenausgleich verstoßen hat. Mit der Durchführung der betreffenden Betriebsänderung muß zumindest begonnen worden sein[4], anderenfalls kann es sich nur um eine nach § 121 BetrVG 72 ordnungswidrige Mißachtung der Unterrichtungs- und Beratungsrechte des Betriebsrates gem. § 111 BetrVG 72 handeln. Die Entlassungen müssen durch die

---

[1] Vgl. hierzu *Stege / Weinspach*, §§ 111 - 113 BetrVG, Rdnr. 162, 70.

[2] BAG BB 1979, S. 1501; DB 1983, S. 2776.

[3] Vgl. amtl. Begr. zu § 112 a, BT-Drucks. 10/2102, S. 27; *Stege / Weinspach*, §§ 111 - 113 BetrVG, Rdnr. 43 b, 70.

[4] BAG AP Nr. 2 zu § 113 BetrVG; *Fitting / Auffarth / Kaiser*, Betriebsänderung, Sozialplan und Konkurs, § 113, Rdnr. 11; *Galperin / Löwisch*, § 113 BetrVG, Rdnr. 43; GK / *Fabricius*, § 113, Rdnr. 23; *Fitting / Auffarth / Kaiser / Heither*, § 113, Rdnr. 11.

Abweichungen vom Interessenausgleich in adäquater Weise verursacht und rechtswirksam sein[5]. So sind insbesondere solche Entlassungen *nicht* durch das Abweichen vom Interessenausgleich bedingt, die schon in diesem selbst vorgesehen waren[6].

Die ausgesprochenen Kündigungen werden dann rechtsunwirksam sein, wenn sie nicht sozial gerechtfertigt i. S. v. § 1 KSchG sind[7]. Meist werden die Entlassungen jedoch auch auf betriebsbedingte Gründe zurückzuführen und deshalb wirksam sein[8]. Hält der gekündigte Arbeitnehmer die Entlassung dennoch für sozial ungerechtfertigt, so muß er eine Feststellungsklage gem. § 4 KSchG erheben. Er kann die Kündigungsschutzklage aber auch hilfsweise für den Fall, daß das Arbeitsgericht die Kündigung für wirksam hält, mit einer Leistungsklage nach § 113 BetrVG 72 verbinden, wenn er der Ansicht ist, daß zumindest dessen Voraussetzungen vorliegen[9].

Wenn nach alledem feststeht, daß der Unternehmer im Rahmen einer Betriebsänderung von einem Interessenausgleich dergestalt abgewichen ist, daß infolge der Abweichung Arbeitnehmern wirksam gekündigt wurde, so ist weiter zu prüfen, ob die vorgenommene Abweichung gem. § 113 I BetrVG 72 *ohne zwingenden Grund* geschah. „Zwingende Gründe" i.S.v. § 113 I BetrVG 72 können nur tatsächliche Umstände sein, die *nach* der Vereinbarung über den Interessenausgleich entstanden oder zutage getreten sind, die Arbeitgeber und Betriebsrat, eben weil sie erst nachträglich entstanden oder erkennbar geworden sind, nicht oder nicht genügend berücksichtigt haben[10]. Als zwingende Gründe für Abweichungen von einem vereinbarten Interessenausgleich können z.B. in Betracht kommen: Gesetzesänderungen, plötzliche Rohstoffmängel auf dem Weltmarkt, nachträgliche Veränderungen der Marktlage usw.[11]. Da es sich beim „zwingenden Grund" i.S.v.

---

[5] *Dietz / Richardi*, § 113, Rdnr. 14, 15; *Fitting / Auffarth / Kaiser*, Betriebsänderung, Sozialplan und Konkurs, § 113, Rdnr. 12; *Stege / Weinspach*, §§ 111 - 113, Rdnr. 165c; *Galperin / Löwisch*, § 112, Rdnr. 12; *Hess / Schlochauer / Glaubitz*, § 113, Rdnr. 6; *Fitting / Auffarth / Kaiser / Heither*, § 113, Rdnr. 3.

[6] Vgl. *Fitting / Auffarth / Kaiser*, Betriebsänderung, Sozialplan und Konkurs, § 113, Rdnr. 12; *Galperin / Löwisch*, § 113, Rdnr. 12; *Fitting / Auffarth / Kaiser / Heither*, § 113, Rdnr. 12.

[7] *Hess / Schlochauer / Glaubitz*, § 113, Rdnr. 6 m.w.N.; auf das Erfordernis der Rechtswirksamkeit der Kündigung verzichten mit unterschiedlichen Begründungen *Dietz / Richardi*, § 113, Rdnr. 28; GK / *Fabricius*, § 113, Rdnr. 52; *Fitting / Auffarth / Kaiser*, Betriebsänderung, Sozialplan und Konkurs, Rdnr. 12.

[8] Vgl. *Hess / Schlochauer / Glaubitz*, § 113, Rdnr. 6.

[9] BAG AP Nr. 1 zu § 111 BetrVG 72 = BAG DB 1975, S. 1322; *Hess / Schlochauer / Glaubitz*, § 113, Rdnr. 6; GK / *Fabricius*, § 113, Rdnr. 39; *Dietz / Richardi*, § 113, Rdnr. 35; *Galperin / Löwisch*, § 113, Rdnr. 35; *Fitting / Auffarth / Kaiser*, Betriebsänderung, Sozialplan und Konkurs, § 113, Rdnr. 13; *Hueck*, KSchG, § 9, Rdnr. 44; *Fitting / Auffarth / Kaiser / Heither*, § 113, Rdnr. 13.

[10] *Hess / Schlochauer / Glaubitz*, § 113, Rdnr. 4.

[11] Vgl. *Hess / Schlochauer / Glaubitz*, § 113, Rdnr. 4 m.w.Bsp.; *Fitting / Auffarth / Kaiser*, Betriebsänderung, Sozialplan und Konkurs, § 113, Rdnr. 4 m.w.Bsp. Das

§ 113 I BetrVG 72 um eine Ausnahmeregelung handelt, ist bei der Beurteilung, ob ein derartiger Abweichungsgrund vorliegt, ein strenger Maßstab anzulegen[12], wobei vom Standpunkt eines verständigen, verantwortungsbewußten Unternehmers auszugehen ist[13]. Ein Anlaß i.S.v. § 113 I BetrVG 72, von einem vereinbarten Interessenausgleich abzuweichen, wird noch nicht gegeben sein, wenn das Abweichen auf einem freien Entschluß des Unternehmers beruht, sondern ist es nur dann, wenn dieser im Interesse des Unternehmens und seiner Arbeitnehmer zur Abwendung unmittelbar drohender Gefahren oder in Anpassung an eine Lage, die ihm praktisch keine andere Wahl ließ, bestimmte Handlungen oder Unterlassungen auf sich nehmen mußte[14].

Stellt sich nach entsprechender Prüfung heraus, daß kein zwingender Grund i.S.v. § 113 I BetrVG 72 die unter Abweichung vom vereinbarten Interessenausgleich vorgenommenen Entlassungen rechtfertigt, so erhalten die von den nachteiligen Folgen betroffenen Arbeitnehmer eine Ausgleichsabfindung, deren Höhe sich gem. § 113 I BetrVG 72 an den in § 10 KschG genannten Werten zu orientieren hat.

b) Der Ausgleich anderer wirtschaftlicher Nachteile, § 113 II BetrVG 72

Auch wenn der Arbeitnehmer im Falle einer Betriebsänderung im Betrieb verbleibt, wenn also keine Kündigung mit dem Ziel der Beendigung des Arbeitsverhältnisses ausgesprochen wird[15], können ihm infolge der Betriebsänderung erhebliche wirtschaftliche Nachteile entstehen, so kommen insbesondere bei Versetzungen und Umsetzungen ein in der Folge geringerer Arbeitsverdienst, erhöhte Fahrtkosten, ein größerer Verschleiß

BAG hat in AP Nr. 6 zu § 72 BetrVG 52 ausdrücklich offengelassen, ob bei offensichtlich unrichtiger Beurteilung der Wirtschaftslage ein zwingender Abweichungsgrund vorliegt.

[12] *Dietz / Richardi,* § 113, Rdnr. 9, 10; GK / *Fabricius,* § 113, Rdnr. 9; *Galperin / Löwisch,* § 113, Rdnr. 7, 8; *Stege / Weinspach,* §§ 111 - 113 BetrVG, Rdnr. 165b; *Fitting / Auffarth / Kaiser,* Betriebsänderung, Sozialplan und Konkurs, § 113, Rdnr. 3; *Fitting / Auffarth / Kaiser / Heither,* § 113, Rdnr. 3.

[13] *Hess / Schlochauer / Glaubitz,* § 113, Rdnr. 3; *Fitting / Auffarth / Kaiser,* Betriebsänderung, Sozialplan und Konkurs, § 113, Rdnr. 3 a.E.; *Fitting / Auffarth / Kaiser / Heither,* § 113, Rdnr. 3 a.E.

[14] *Fitting / Auffarth / Kaiser,* Betriebsänderung, Sozialplan und Konkurs, § 113, Rdnr. 3; *Fitting / Auffarth / Kaiser / Heither,* § 113, Rdnr. 3.

[15] Eine Kündigung, die nicht unmittelbar auf die Beendigung des Arbeitsverhältnisses gerichtet ist, stellt eine Änderungskündigung dar. Nimmt der Arbeitnehmer die (dem Interessenausgleich zuwiderlaufenden) Änderungen unter Vorbehalt an, kommt nur ein Nachteilsausgleich gem. § 113 II in Frage. Kommt es jedoch zur Entlassung, hat er einen Abfindungsanspruch gem. § 113 I BetrVG, vgl. *Fitting / Auffarth / Kaiser,* Betriebsänderung, Sozialplan und Konkurs, § 113, Rdnr. 18, 19; *Dietz / Richardi,* § 113, Rdnr. 31f.; *Galperin / Löwisch,* § 113, Rdnr. 22; *Fitting / Auffarth / Kaiser / Heither,* § 113, Rdnr. 19.

an Arbeitskleidung usw. in Betracht. Weicht demnach der Arbeitgeber mit seiner Betriebsänderung unter den bei a) genannten Voraussetzungen, also insbesondere ohne einen zwingenden Grund, von einem vereinbarten Interessenausgleich ab, ohne daß es in der Folge zu Entlassungen kommt, so hat er gem. § 113 II BetrVG 72 mit Abfindungsansprüchen betroffener, d.h. solcher Arbeitnehmer, denen wirtschaftliche Nachteile entstanden sind, zu rechnen, die diese wie den Anspruch gem. § 113 I BetrVG 72 im arbeitsgerichtlichen Urteilsverfahren geltend machen können[16].

Ein finanzieller Ausgleich der geltend gemachten wirtschaftlichen Nachteile erfolgt jedoch gem. § 113 II BetrVG 72 längstens für einen Zeitraum von 12 Monaten. Die Beweislast für die eingetretenen wirtschaftlichen Nachteile trägt der Arbeitnehmer[17], er muß also konkret darlegen, welche Nachteile ihm in welcher finanziellen Höhe durch die Abweichung entstanden sind. Können die entstandenen Nachteile nicht genau angegeben werden, so ist die Höhe des festzusetzenden Ausgleichs gem. § 287 ZPO vom Arbeitsgericht zu schätzen, für das aber ein Spielraum wie bei der Festsetzung einer Abfindung gem. §§ 113 I BetrVG 72, 10 KschG nicht besteht[18], es hat vielmehr den tatsächlichen Gegebenheiten in weitergehender Hinsicht Rechnung zu tragen.

2. Der Anspruch auf Nachteilsausgleich bei Betriebsänderungen ohne vorherigen Versuch eines Interessenausgleichs von seiten des Arbeitgebers

Die Verpflichtung zur Zahlung eines Nachteilsausgleichs kann für den Arbeitgeber gem. § 113 III BetrVG 72 auch dann entstehen, wenn es aufgrund einer von ihm durchgeführten Betriebsänderung i.S.v. § 111 BetrVG 72 zu Entlassungen kommt, oder wenn betroffene Arbeitnehmer sonstige wirtschaftliche Nachteile erleiden, *ohne* daß zuvor von seiner Seite aus versucht wurde, einen Interessenausgleich mit dem Betriebsrat zu vereinbaren[19]. Mit dem Eingreifen der Rechtsfolgen des § 113 III BetrVG 72 muß

---

[16] Vgl. *Fitting / Auffarth / Kaiser,* Betriebsänderung, Sozialplan und Konkurs, § 113, Rdnr. 19, 21; *Hess / Schlochauer / Glaubitz,* § 113, Rdnr. 21; *Dietz / Richardi,* § 113, Rdnr. 46; GK / *Fabricius,* § 113, Rdnr. 81; *Fitting / Auffarth / Kaiser / Heither,* § 113, Rdnr. 19, 21.

[17] *Hess / Schlochauer / Glaubitz,* § 113, Rdnr. 7; GK / *Fabricius,* § 113, Rdnr. 69; *Galperin / Löwisch,* § 113, Rdnr. 14; *Dietz / Richardi,* § 113, Rdnr. 17; *Fitting / Auffarth / Kaiser,* Betriebsänderung, Sozialplan und Konkurs, § 113, Rdnr. 13; *Stege / Weinspach,* §§ 111 - 113 BetrVG, Rdnr. 166; *Fitting / Auffarth / Kaiser / Heither,* § 113, Rdnr. 21.

[18] *Dietz / Richardi,* § 113, Rdnr. 46; *Hess / Schlochauer / Glaubitz,* § 113, Rdnr. 14; *Fitting / Auffarth / Kaiser,* Betriebsänderung, Sozialplan und Konkurs, § 113, Rdnr. 19.

[19] Die Vorschrift greift den von Rspr. und Lehre entwickelten Grundsatz auf, daß der betriebsverfassungswidrig handelnde Unternehmer, der keinen Interessenausgleich mit dem Betriebsrat gem. § 112 BetrVG versucht, sich so behandeln lassen muß,

dabei auch derjenige Unternehmer rechnen, der zwar über einen Interessenausgleich verhandelt, das in § 112 I - III BetrVG 72 gesetzlich geregelte Verfahren aber nicht *völlig* ausschöpft[20]. Dies bedeutet im Rahmen von § 113 BetrVG 72, daß der Versuch eines Interessenausgleichs erst dann gemacht ist, wenn in der Verhandlung mit dem Betriebsrat (§ 112 I BetrVG 72), im Vermittlungsgespräch beim Präsidenten des Landesarbeitsamtes (§ 112 II BetrVG 72) und auch vor der Einigungsstelle (§ 112 III BetrVG 72) keine Einigung erzielt werden konnte oder wenn ein Interessenausgleich nicht zustandegekommen ist und *beide Parteien* davon abgesehen haben, den Präsidenten des Landesarbeitsamtes um Vermittlung zu bitten oder die Einigungsstelle anzurufen[21]. Auf ein Verschulden des Unternehmers hinsichtlich seines Unterlassens kommt es dabei nicht an[22], ebensowenig werden Ansprüche auf Nachteilsausgleich dadurch ausgeschlossen, daß zwar an sich zwingende Gründe für eine Betriebsänderung i.S.v. § 113 I BetrVG 72 gegeben sind, das Verfahren nach §§ 111, 112 I - III BetrVG 72 aber nicht eingehalten wurde[23]. Eine Ausnahme vom letzten Grundsatz greift nach der Rechtsprechung des BAG nur dann ein, wenn Ereignisse eingetreten sind, die eine sofortige Schließung des Betriebes unausweichlich gemacht haben und ein Hinausschieben der Betriebsänderung zum Versuch eines Interessenausgleichs den betroffenen Arbeitnehmern nur weitere Nachteile bringen kann[24].

Liegen die Voraussetzungen des § 113 III BetrVG 72 – Betriebsänderungen ohne den Versuch des Arbeitgebers, den ordnungsgemäßen Ablauf des Verfahrens gem. § 112 I - III BetrVG 72 einzuhalten – vor, so ergeben sich die Rechtsfolgen aus der Verweisung auf § 113, I, II BetrVG 72: Hat der Betriebsänderung die Entlassung von Arbeitnehmern zu folgen, so haben diese einen Abfindungsanspruch entsprechend § 10 KschG. Werden sonstige wirtschaftliche Nachteile erlitten, so sind diese bis zur Dauer eines Jahres

---

als ob eine Einigung vorläge, nach der die Betriebsänderung nicht hätte durchgeführt werden dürfen. Vgl. BAG AP Nr. 2, 6, 7 - 10, zu § 72 BetrVG 52; *Hess / Schlochauer / Glaubitz,* § 113, Rdnr. 15; *Dietz / Richardi,* § 113, Rdnr. 18; *Fitting / Auffarth / Kaiser / Heither,* § 113, Rdnr. 19.

[20] BAG AP Nr. 2, 6, 7 - 10 zu § 72 BetrVG 52; *Hess / Schlochauer / Glaubitz,* § 113, Rdnr. 15; *Galperin / Löwisch,* § 113, Rdnr. 44; *Fitting / Auffarth / Kaiser,* Betriebsänderung, Sozialplan und Konkurs, § 113, Rdnr. 8; *Fitting / Auffarth / Kaiser / Heither,* § 113, Rdnr. 8; a.A. *Stege / Weinspach,* §§ 111 - 113, Rdnr. 116, 170.

[21] LAG Hamm, DB 1975, S. 1899; BAG v. 18.12.1984, DB 1985, S. 55 (Presseinformation), kritisiert von *Stege / Weinspach,* §§ 111 - 113, Rdnr. 170.

[22] Es kommt darauf an, daß ein objektiv betriebsverfassungswidriges Verhältnis des Unternehmers vorliegt (s.u. unter I. 2.). Vgl. auch *Fitting / Auffarth / Kaiser,* Betriebsänderung, Sozialplan und Konkurs, § 113, Rdnr. 7; *Hess / Schlochauer / Glaubitz,* § 113, Rdnr. 16 m.w.N., *Fitting / Auffarth / Kaiser / Heither,* § 113, Rdnr. 16.

[23] *Fitting / Auffarth / Kaiser,* Betriebsänderung, Sozialplan und Konkurs, § 113, Rdnr. 7; GK / *Fabricius,* § 113, Rdnr. 26ff.; *Galperin / Löwisch,* § 113, Rdnr. 47f.; a.A. *Hess / Schlochauer / Glaubitz,* § 113, Rdnr. 18; *Dietz / Richardi,* § 113, Rdnr. 21, 22; *Fitting / Auffarth / Kaiser / Heither,* § 113, Rdnr. 7.

[24] BAG BB 1979, S. 782; *Stege / Weinspach,* §§ 111 - 113, Rdnr. 176.

vom Arbeitgeber in tatsächlich entstandener Höhe auszugleichen, § 113 I BetrVG 72.

II. Zur Rechtsnatur der Abfindungszahlung aufgrund Nachteilsausgleichs gem. § 113 BetrVG 72

Mit der Einführung des Nachteilsausgleichs gem. § 113 BetrVG 72 ging es dem Gesetzgeber in erster Linie darum, den Arbeitgeber, der Betriebsänderungen plant bzw. durchführt, zur Beachtung der in § 112 I - III BetrVG 72 geregelten Mitwirkungsrechte des Betriebsrates anzuhalten[25].

Allerdings wurde darauf verzichtet, dem Betriebsrat Möglichkeiten zur Einhaltung oder zur Erzwingung eines Interessenausgleichs zu gewähren. Dies bedeutet insbesondere, daß eine vom Arbeitgeber ohne zuvorige ordnungsgemäße Beteiligung des Betriebsrates durchgeführte Betriebsänderung *nicht* unwirksam ist. Auch das Abweichen von einem Interessenausgleich führt nicht zur Unwirksamkeit der jeweiligen Maßnahme[26]. Schließlich ist, schon der gesetzlichen Regelung des § 112 I - III BetrVG 72 entnehmbar, die vom Arbeitgeber durchgeführte Maßnahme auch wirksam, wenn im ausgeschöpften Verfahren kein Interessenausgleich zustandekommt. Die grundsätzlich auch durch § 113 BetrVG 72 nicht in Frage gestellte unternehmerische Entschließungsfreiheit führt dazu, daß in diesem Falle auch kein Anspruch auf Nachteilsausgleich besteht. Vielmehr soll der Arbeitgeber durch § 113 BetrVG 72 nur dem mittelbaren Druck unterliegen, bei Nichtbeachtung der Beteiligungsrechte des Betriebsrats Ausgleichsforderungen betroffener Arbeitnehmer ausgesetzt zu sein. Demnach verfolgt die Regelung des § 113 BetrVG 72 in erster Linie einen *Sanktionszweck* für den Fall, daß der Arbeitgeber Betriebsänderungen unter Mißachtung des in § 112 I - III BetrVG 72 geregelten Verfahrens oder unter Abweichung von einem vereinbarten Interessenausgleich durchführt[27].

Darüber hinaus soll aber durch § 113 BetrVG 72 auch erreicht werden, daß Arbeitnehmer, die infolge von unter Mißachtung des in § 112 BetrVG 72 geregelten Verfahrens durchgeführten Betriebsänderungen nachteilig betroffen werden, zumindest einen Ausgleich erhalten[28]. Dieser *Kompensationszweck* des Nachteilsausgleichs gem. § 113 BetrVG 72 entspricht der

---

[25] Vgl. amtl. Begr., BT-Drucks. VI, 1786, S. 55: Durch die gesetzliche Verpflichtung des Unternehmers zum Nachteilsausgleich soll „einerseits die Einhaltung der Beteiligung des Betriebsrates bei unternehmerischen Entscheidungen abgesichert werden".

[26] Vgl. *Hess / Schlochauer / Glaubitz*, § 113 BetrVG, Rdnr. 1.

[27] So einhellig in Rspr. und Lehre anerkannt: BAG GS v. 13.12.1978, in BB 1979, S. 267ff.; BAG BB 1983, S. 1724; *Dietz / Richardi*, § 113, Rdnr. 2 m.w.N.

[28] Vgl. amtl. Begr., BT-Drucks. VI, 1786, S. 55: „Zum anderen soll aber auch sichergestellt werden, daß Arbeitnehmer, die von solchen, ohne Beachtung der Mitbestimmungsregelung des Entwurfs durchgeführten Maßnahmen betroffen werden, einen Ausgleich erhalten." Siehe im übrigen auch *Dietz / Richardi*, § 113, Rdnr. 2ff.

Funktion der Sozialplanabfindung, entlassenen oder in wirtschaftliche Bedrängung geratenen Arbeitnehmern einen der Daseinsvorsorge dienenden Anspruch zu verschaffen.

Zusammenfassend kann festgehalten werden, daß die Abfindung aufgrund Nachteilsausgleichs einen doppelten Zweck verfolgt, der sicherstellen soll, daß Arbeitnehmer nicht mit unternehmerischen Entscheidungen konfrontiert werden, ohne daß zuvor ihre Interessenvertretung der Regelung des BetrVG 72 gemäß Möglichkeiten hatte, erschöpfend über die entstehenden Nachteile zu beraten bzw. zu verhandeln.

III. Zum Konkurrenzverhältnis zwischen Ansprüchen aufgrund Nachteilsausgleich und Sozialplanansprüchen

Grundsätzlich kann eine Konkurrenz zwischen Ansprüchen aufgrund Nachteilsausgleichs gem. § 113 BetrVG 72 und Sozialplanansprüchen gem. § 112 BetrVG 72 nur dann auftreten, wenn auch nach einer unter Mißachtung der Beteiligungsrechte des Betriebsrates aus § 112 I - III BetrVG 72 durchgeführten Betriebsänderung ein Sozialplan vereinbart oder festgesetzt wird. Der Eintritt der gesetzlich geregelten Rechtsfolge des § 113 BetrVG 72 führt wegen der Verschiedenartigkeit der Ansprüche nicht dazu, daß der Betriebsrat nicht mehr berechtigt ist, die Aufstellung eines Sozialplans zu verlangen. Anderenfalls hätte der Arbeitgeber die Dispositionsmöglichkeit darüber, ob ein Sozialplan aufzustellen ist oder nicht, er bräuchte lediglich eine Betriebsänderung ohne Mitwirkung des Betriebsrates durchzuführen. Ein derartiges Wahlrecht des Arbeitgebers wäre jedoch nicht damit vereinbar, daß das BetrVG 72 dem Betriebsrat bei der Aufstellung eines Sozialplans ein Mit*bestimmungs-*, nicht nur ein Mitwirkungsrecht einräumt[29].

Ist also ein Sozialplan aufgestellt worden und sind daneben individualrechtliche Ansprüche auf Nachteilsausgleich entstanden, so ist zur Frage des Verhältnisses zwischen beiden Abfindungen auf den *Zweck* der jeweiligen Anspruchsgrundlagen abzustellen. Wie schon oben unter II. gesehen, hat der Nachteilsausgleichsanspruch in erster Linie einen vom Sozialplananspruch zu unterscheidenden Charakter: Er verfolgt gegenüber dem betriebsverfassungswidrig handelnden Arbeitgeber Sanktionsansprüche.

Verschiedentlich ist in der Literatur die Auffassung vertreten worden, der Sanktionscharakter des gesetzlichen Nachteilsausgleiches erschöpfe sich darin, eine Reaktion darauf darzustellen, daß wegen des Beteiligungsrechtes des Betriebsrats kein Sozialplan besteht. Konsequenterweise hält man dann den Anspruch gem. § 113 BetrVG 72 im Verhältnis zum Sozialplananspruch für subsidiär[30].

---

[29] LAG Hamm, AP Nr. 1 zu § 112 BetrVG 1972; *Dietz / Richardi*, § 112, Rdnr. 42.

Gegen diese Auffassung spricht vor allem, daß der gesetzliche Anspruch auf Nachteilsausgleich nicht zur Disposition der Betriebspartner gestellt werden kann. Deshalb kann er nicht durch einen Sozialplan beseitigt werden, der nach der Einleitung der Betriebsänderung zustandekommt[31]. Im Ergebnis ist daher mit der ganz h.M. festzustellen, daß der Anspruch aus einem Sozialplan und der gesetzliche Anspruch auf Nachteilsausgleich nebeneinander bestehen können[32]. Dies bedeutet allerdings nicht, daß die von einer Betriebsänderung betroffenen Arbeitnehmer einen doppelten Ausgleich erlangen können, nämlich aus dem Sozialplan und § 113 BetrVG 72[33]. Vielmehr sind im Falle der nachträglichen Aufstellung eines Sozialplans, der die Zahlung von Abfindungen an Arbeitnehmer für den Verlust ihres Arbeitsplatzes vorsieht, nach § 113 III BetrVG 72 zuerkannte Abfindungen anzurechnen, wobei im Verhältnis zwischen Nachteilsausgleich und Sozialplan eine Anspruchskonkurrenz anzunehmen ist, wie man sie auch sonst im Rahmen des bürgerlichen Rechts antrifft[34].

Im Ergebnis ist daher festzuhalten, daß von einer Entlassung oder sonstigen wirtschaftlichen Nachteilen betroffene Arbeitnehmer zwar nebeneinander bestehende Ansprüche gem. §§ 112, 113 BetrVG 72 haben, jedoch nur eine einfache Ausgleichszahlung beanspruchen können.

IV. Die Behandlung von Ansprüchen auf Nachteilsausgleich im Konkurs des Arbeitgebers

1. Die Rechtslage bis zum Inkrafttreten des SozplG 85

Bei der Frage nach der konkursrechtlichen Einordnung von Ansprüchen auf Nachteilsausgleich war nach der frühesten Rechtsprechung des BAG auf den Zeitpunkt der (betriebsverfassungswidrig durchgeführten) Betriebsänderung abzustellen: Erfolgte die entsprechende Maßnahme von seiten des Arbeitgebers, also noch *vor* der Konkurseröffnung, stellten die entstandenen Ansprüche Konkursforderungen i.S.v. § 3 KO dar. Handelte hingegen

---

[30] Vgl. *Richardi,* Sozialplan, S. 31f.; GK / *Fabricius,* § 112, Rdnr. 69.

[31] BAG AP Nr. 2 zu § 113 BetrVG 72 mit Anm. von *Richardi; Dietz / Richardi,* § 113, Rdnr. 141.

[32] *Dietz / Richardi,* § 113, Rdnr. 142; *Fitting / Auffarth / Kaiser / Heither,* § 113, Rdnr. 25; *Galperin / Löwisch,* § 113, Rdnr. 15; *Gnade / Kehrmann / Schneider,* § 113, Rdnr. 7; *Weiss,* § 112, Rdnr. 11; *Däubler / Bösche,* Zum Inhalt von Sozialplänen nach § 112 BetrVG 72, S. 13, 17 u. 24; *Hanau,* ZfA 1974, S. 110; *Stege / Weinspach,* §§ 111 - 113, Rdnr. 177.

[33] *Dietz / Richardi,* § 113, Rdnr. 141; GK / *Fabricius,* § 113, Rdnr. 68; *Stege / Weinspach,* §§ 111 - 113, Rdnr. 177; *Richardi,* Sozialplan, S. 31f.; *Ohl,* Sozialplan, S. 159; *Ehrmann,* Betriebsstillegung und Mitbestimmung, S. 74; *Fitting / Auffarth / Kaiser,* Betriebsänderung, Sozialplan und Konkurs, § 113, Rdnr. 25 m.w.N.; *Fitting / Auffarth / Kaiser / Heither,* § 113, Rdnr. 25.

[34] Ebenso *Dietz / Richardi,* § 113, Rdnr. 142.

der Konkursverwalter, war der entstandene Anspruch nach § 113 BetrVG 72 als Masseschuld i. S. v. § 59 I Nr. 1 KO einzuordnen[35].

Diese Unterscheidung wurde vom BAG in der Grundsatzentscheidung des *Großen Senats von 1978*[36] aufgegeben: Fortan sollte *jeder* Anspruch auf Nachteilsausgleich als Konkursforderung berichtigt werden. Diese Entscheidung wurde vor allem damit begründet, daß kein erheblicher Unterschied zum Sozialplananspruch auf Abfindung für den Verlust des Arbeitsplatzes bestehe. Demgemäß wurden die Ansprüche auf Nachteilsausgleich wie die Sozialplanansprüche als Konkursforderungen im Range vor § 61 I Nr. 1 KO eingeordnet, und zwar unabhängig davon, ob sie vor oder nach Konkurseröffnung entstanden sind.

Die Rechtsprechung des BAG rief, wie schon oben gesehen, erheblichen Widerspruch hervor, der schließlich in der Aufhebung des Beschlusses durch das BVerfG gipfelte[37]. Die anschließende, zur Korrektur gezwungene Rechtsprechung des BAG[38] stufte die Sozialplanforderungen im Rang des § 61 I Nr. 6 KO als einfache Konkursforderungen ein. Damit hätte man auch hinsichtlich des Nachteilsausgleichs zur bis zum Beschluß des GS von 1978 geltenden Rechtslage zurückkehren müssen: Für die Frage, ob aus § 113 BetrVG 72 resultierende Ansprüche Konkursforderungen sind oder nicht, müßte es auf den Zeitpunkt des Entstehens der Forderungen ankommen. Läge dieser vor der Konkurseröffnung, würde es sich um Konkursforderungen handeln, läge er danach, könnten nur Masseschulden gem. § 59 I Nr. 1 KO in Frage kommen. Das BAG entschied zwar hingegen, daß Ansprüche auf Nachteilsausgleich, die vor der Konkurseröffnung entstanden sind, als einfache Konkursforderungen zu berichtigen seien[39]. Hinsichtlich *nach* Konkurseröffnung entstandener Ansprüche ließ es die Frage jedoch offen und wies im übrigen darauf hin, daß es sich nach wie vor an die verfassungsrechtlich unbedenklichen Teile der Entscheidung des GS von 1978 für gebunden hielte. Dies kann wohl nur so verstanden werden, daß für Ansprüche auf Nachteilsausgleich gem. § 113 BetrVG 72 gelten soll, daß sie nach wie vor in jedem Falle als Konkursforderungen, allerdings als einfache gem. § 61 I Nr. 6 KO, einzuordnen sind[40].

---

[35] BAGE 26, S. 257ff., 267ff. = AP Nr. 1 zu § 113 BetrVG 72 mit zust. Anm. v. *Uhlenbruck* und *Richardi*.

[36] BAGE 31, S. 176ff., 205ff.

[37] BVerfGE 65, S. 182ff.

[38] BAG ZIP 1984, S. 983ff.

[39] BAG DB 1985, S. 1297ff.

[40] Ebd., vgl. die Gründe unter IV. 3.

2. Die Auswirkung der Regelungen des SozplG 85 auf den Nachteilsausgleich

Die §§ 2 - 5 SozplG 85 enthalten keine Sondervorschriften für die konkursrechtliche Behandlung von Ansprüchen auf Nachteilsausgleich gem. § 113 BetrVG 72. Vielmehr geht der Gesetzgeber offensichtlich davon aus, daß die Anwendung der allgemeinen konkursrechtlichen Vorschriften, insbesondere der §§ 3 u. 59 I Nr. 1 der KO, zu auch für die betroffenen Arbeitnehmer angemessenen Ergebnissen führt[41]. Es wird im übrigen darauf verwiesen, daß es der kommenden Insolvenzrechtsreform abträglich sei, wenn ohne dringendes Bedürfnis ein (weiteres) neues Vorrecht geschaffen werde[42]. Insbesondere dieser Gesichtspunkt verdient Beachtung, widerspräche doch die Einrichtung eines neuen Vorrechts für Ansprüche gem. § 113 BetrVG 72 genau dem erklärten Reformziel, alle allgemeinen Vorrechte abzuschaffen. Der Gesetzgeber baut also darauf, daß die entstehenden Fragen in Zukunft durch die Anwendung der allgemeinen Konkursvorschriften gelöst werden. Demzufolge sah er offensichtlich keine Veranlassung, in das SozplG 85 besondere Regeln für den Nachteilsausgleichsanspruch aufzunehmen.

V. Stellungnahme

Nach Ansicht des Verfassers ist bei der Frage der Einordnung von Nachteilsausgleichsansprüchen, der im SozplG 85 zum Ausdruck gekommenen Intention des Gesetzgebers folgend, maßgeblich auf den Zeitpunkt des Entstehens des Anspruchs abzustellen: Ist die Forderung durch eine betriebsverfassungswidrige Maßnahme (Betriebsänderung) des Arbeitgebers, also vor Konkurseröffnung entstanden, liegen Konkursforderungen i. S. v. § 3 KO vor, handelte der Konkursverwalter, sind die entstandenen Ansprüche als Masseschulden i. S. v. § 59 I Nr. 1 KO vorweg zu befriedigen.

1. Maßgeblicher Zeitpunkt der Entstehung der Ansprüche gem. § 113 BetrVG 72

Es kommt entscheidend darauf an, wann Arbeitgeber bzw. Konkursverwalter zumindest begonnen haben, die Betriebsänderung in betriebsverfassungswidriger Weise durchzuführen, zu welchem Zeitpunkt die Ansprüche gem. § 113 BetrVG 72 entstanden sind.

Die Feststellung dieses Termins ist in den Fällen des § 113 I und III verhältnismäßig einfach: Führt die betriebsverfassungswidrig vorgenommene

---

[41] Vgl. amtl. Begr., BT-Drucks. 10/2129, S. 7; *Balz,* RWS Skript 149, S. 87 f.

[42] *Balz,* RWS Skript 149, S. 88; amtl. Begr. BT-Drucks. 10/2129, S. 7.

Betriebsänderung zu Entlassungen, wird für den Zeitpunkt der Entstehung des Anspruchs darauf abzustellen sein, wann den betroffenen Arbeitnehmern die Kündigung zugeht[43]. Liegt dieser Moment vor Konkurseröffnung, entstehen Konkursforderungen, liegt er danach, handelt es sich bei den Ansprüchen auf Nachteilsausgleich um Masseschulden. Teilweise wird vertreten, daß eine Masseschuld auch dann entstünde, wenn die Kündigung zwar vom Arbeitgeber abgesandt werde, in den Zeitraum zwischen Absenden des Kündigungsschreibens und Zugang beim Arbeitnehmer jedoch die Eröffnung des Konkursverfahrens fällt[44]. Die Besonderheit dieses Falles liegt darin, daß zwar der Arbeitgeber durch sein Handeln den Anspruch auf Nachteilsausgleich begründet, der Zeitpunkt der Begründung aber erst *nach* der Konkurseröffnung liegt und insofern, dem Wortlaut des § 3 I KO folgend, keine Konkursforderung entstehen kann.

Auf der anderen Seite kann eigentlich auch keine Masseschuld i.S.v. § 59 I Nr. 1 KO entstehen, da zwar der Entstehungszeitpunkt der Forderung nach Konkurseröffnung liegt, ihre Begründung aber nicht auf eine Handlung des Konkursverwalters zurückzuführen ist. Beachtlich in diesem Fall ist, daß die Regelung des § 59 I Nr. 1 KO maßgeblich an die Befugnis des Konkursverwalters anknüpft, die Konkursmasse verpflichten zu können[45]. Andererseits können Masseschulden nur im Rahmen von Geschäften entstehen, die der *Konkursverwalter* mit dem Ziel abschließt, der Masse etwas zuzuführen[46]. Die Tatsache, daß nur der Konkursverwalter die Masse innerhalb seines gesetzlichen Wirkungskreises gem. § 59 I Nr. 1 KO nach Konkurseröffnung verpflichten kann, muß nach Ansicht des Verfassers dazu führen, daß in dem Ausnahmefall der Verschickung des Kündigungsschreibens vor Konkurseröffnung durch den Arbeitgeber nicht auf den Zeitpunkt des Zugangs der Kündigung, sondern auf den des Absendens abgestellt werden muß. Ausnahmsweise ist also eine Konkursforderung anzunehmen, wenn das Kündigungsschreiben den Arbeitnehmer nach Konkurseröffnung erreicht, maßgeblicher Zeitpunkt der Begründung des Nachteilsausgleichsanspruchs ist dann der des Versendens der Kündigungsschreiben.

Gem. § 113 II BetrVG 72 kann ein Arbeitnehmer einen Anspruch auf Nachteilsausgleich auch dann haben, wenn er zwar infolge der betriebsverfassungswidrig durchgeführten Betriebsänderung nicht entlassen wird,

---

[43] Ebenso: *Fitting / Auffarth / Kaiser,* Betriebsänderung, Sozialplan und Konkurs, § 1 SozplKonkG, Rdnr. 15f.; *Fitting / Auffarth / Kaiser / Heither,* § 1 SozplKonkG, Rdnr. 15f.; a.M. *Willemsen,* Arbeitnehmerschutz, S. 431ff., der auf den Zeitpunkt der Betriebsänderung abstellt.

[44] So *Fitting / Auffarth / Kaiser,* Betriebsänderung, Sozialplan und Konkurs, § 1 SozplKonkG, Rdnr. 16 a.E.; *Fitting / Auffarth / Kaiser / Heither,* § 1 SozplKonkG, Rdnr. 16 a.E.

[45] Vgl. hierzu *Böhle-Stamschräder / Kilger,* KO, § 59 Rdnr. 2 m.w.N.

[46] Vgl. *Bötticher,* BB 1975, S. 977ff., 980.

dafür aber andere wirtschaftliche Nachteile hinnehmen muß. Geht man vom Wortlaut des § 113 II BetrVG 72 aus, ist der Anspruch auf Nachteilsausgleich erst beim Eintreten eines tatsächlichen wirtschaftlichen Nachteils entstanden. Anders als in den Fällen des § 113 I, III BetrVG 72 ist jedoch der Nachteil, den der betroffene Arbeitnehmer erleidet, nicht abhängig von einer weiteren Willensbekundung des Arbeitgebers, nämlich der Kündigung, sondern gleichsam im Tatbestand der Betriebsänderung mitenthalten oder zumindest mit ihr untrennbar verbunden. Verlegt z.B. ein Unternehmer einen Betrieb oder Betriebsteil, ohne daß es zu Entlassungen kommt, so ist darin gleichzeitig zumindest die stillschweigende Versetzung oder Umsetzung der dort beschäftigten Arbeitnehmer enthalten. Verlegung des Betriebes und Umsetzung der Arbeitnehmer stellen einen einheitlichen Akt dar.

Wegen dieses untrennbaren inneren Zusammenhangs zwischen Betriebsänderung und entstandenem wirtschaftlichen Nachteil ist nach Ansicht des Verfassers für den Zeitpunkt des Entstehens des Anspruches gem. § 113 II BetrVG 72 darauf abzustellen, wann der Unternehmer die Betriebsänderung durchführt oder sie durchzuführen beginnt. Liegt demnach eine betriebsverfassungswidrige Betriebsänderung vor, die zwar nicht zu Entlassungen, aber zum Entstehen anderer wirtschaftlicher Nachteile bei den von ihr betroffenen Arbeitnehmern führte, so sind die gem. § 113 II BetrVG 72 entstehenden Ansprüche als Konkursforderungen i.S.v. §§ 3, 61 KO einzuordnen, wenn die zugrundeliegende Maßnahme vom Arbeitgeber, als Masseschulden gem. § 59 I Nr. 1 KO zu behandeln, wenn sie vom Konkursverwalter durchgeführt wurde.

Im Ergebnis ist daher festzuhalten, daß Nachteilsausgleichsansprüche im Konkurs des Arbeitgebers sowohl Masseschulden i.S.v. § 59 I Nr. 1 KO als auch Konkursforderungen i.S.v. §§ 3, 61 KO sein können, je nachdem, ob sie vor oder nach Konkurseröffnung entstanden sind[47].

2. Zum Rang der vor Konkurseröffnung entstandenen Ansprüche auf Nachteilsausgleich

Sind Nachteilsausgleichsansprüche Konkursforderungen i.S.v. §§ 3, 61 KO, stellt sich die Frage, ob sie eine bevorrechtigte Befriedigung beanspruchen können oder nicht.

Schon in seiner Entscheidung von 1978 stellte der GS des BAG klar, daß zwischen Zahlungsansprüchen aus einem Sozialplan für den Verlust des Arbeitsplatzes und Ansprüchen auf Nachteilsausgleich gem. § 113 BetrVG

[47] Diese Meinung scheint nun auch das BAG in seiner jüngsten Entscheidung zum Nachteilsausgleich im Konkurs zu vertreten, vgl. BAG BB 1985, S. 1333 Presseinformation (Urteile v. 9.7.1985 – 1 AZR 323/83 und 1 AZR 324/83).

72 kein so erheblicher Unterschied zu sehen ist, der zu einer Einordnung in verschiedene Rangstellen im Rahmen der Konkursordnung führen könnte[48]. Diese Gleichbehandlung der beiden Anspruchsarten wurde vom BVerfG[49] nicht beanstandet, insofern dürfte die Entscheidung des Großen Senats weiterhin Bindungswirkung entfalten. In seinen Entscheidungen von 1984[50] stellte das BAG den Grundsatz auf, daß (nach dem Beschluß des BVerfG) Sozialplanforderungen im Konkurs des Arbeitgebers nunmehr als einfache Konkursforderungen im Range des § 61 Nr. 6 KO zu befriedigen seien, dies insbesondere mit der Begründung, daß eine Einordnung bei § 61 I Nr. 1 KO nicht in Frage käme, weil Sinn und Zweck der Ansprüche gerade nicht darin liegt, den täglichen Lebensunterhalt in dem von § 61 I Nr. 1 KO privilegierten Zeitraum zu sichern.

Nichts anderes kann für Ansprüche gem. § 113 BetrVG 72 gelten. Auch Nachteilsausgleichsansprüche betreffen nicht Arbeitsentgelte für Dienstleistungen, die in die durch § 61 I Nr. 1 KO bevorrechtigte Zeit fallen, sondern sind, wie die zu Konkursforderungen gewordenen Sozialplanansprüche, im Range des § 61 I Nr. 6 KO zu berichtigen.

Im Ergebnis ist festzustellen, daß Ansprüche auf Nachteilsausgleich, sofern sie vor Konkurseröffnung entstanden sind, als einfache Konkursforderungen i.S.v. § 61 I Nr. 6 KO berichtigt werden, da für sie das SozplG 85 nicht gilt und es insofern bei den allgemeinen konkursrechtlichen Bestimmungen bleibt[51].

---

[48] BAGE 31, S. 176ff., vgl. die Gründe unter IV. A. 2.

[49] BVerfGE 65, S. 182ff.

[50] BAG Urteil v. 30.4.1984, ZIP 1984, S. 989ff.; vgl. unter II. 3. a. der Gründe.

[51] Vgl. auch BAG v. 9.7.1985, BB 1985, S. 1333 (Presseinformation).

B. Der Anspruch auf Nachteilsausgleich im Vergleichsverfahren

Fraglich ist, ob Arbeitnehmer, die einen Anspruch auf Nachteilsausgleich gem. § 113 BetrVG 72 haben, am Vergleichsverfahren teilnehmen oder nicht.

In Frage kommt eine Teilnahme nur hinsichtlich solcher Ansprüche, die vor der Eröffnung des Vergleichsverfahrens entstanden sind (zum Zeitpunkt des Entstehens vgl. oben V. 1.). Wird der Anspruch auf Nachteilsausgleich durch eine Rechtshandlung des Konkursverwalters verursacht, liegen die Voraussetzungen des § 25 VerglO nicht vor, die betroffenen Arbeitnehmer können außerhalb des Verfahrens volle Befriedigung verlangen.

Gem. § 26 VerglO nehmen u. a. solche Gläubiger am Vergleichsverfahren nicht teil, deren Forderungen im Konkurs ein Vorrecht genießen (würden). Wie oben unter V. 2. gesehen, werden vor Verfahrenseröffnung entstandene Ansprüche auf Nachteilsausgleich im Konkurs des Arbeitgebers in jedem Fall gem. § 61 I Nr. 6 KO, also als einfache Konkursforderungen berichtigt, da die Vorschriften des SozplG 85 auf sie keine Anwendung finden. Gläubiger eines Nachteilsausgleichsanspruches können daher im Konkurs grundsätzlich kein Vorrecht für sich beanspruchen und nehmen deshalb gem. § 26 VerglO mit ihren Forderungen am Vergleichsverfahren teil, müssen sich also im Hinblick auf ihre Ansprüche gegebenenfalls Einbußen gefallen lassen.

Schlußbemerkung

Die Ergebnisse der vorliegenden Untersuchung zusammenfassend kann festgestellt werden, daß die Sozialplanmitbestimmung des BetrVG 72 innerhalb und auch außerhalb des Konkursverfahrens durch das SozplG 85 sowie das BeschfG 85 richtungsweisende Klarstellungen bzw. Neuerungen erfahren hat.

Endlich klargestellt, wenn auch nicht ausdrücklich, wurde durch das SozplG 85, daß die Vorschriften der §§ 111 ff. BetrVG 72 auch im Konkursfall Anwendung finden, wobei ein Sozialplan sowohl bei einer bereits durchgeführten Betriebsänderung als auch einer schon erfolgten Betriebsstillegung vereinbart werden kann, im letzteren Fall unter Mitwirkung eines sein Restmandat wahrnehmenden Betriebsrates.

In personeller Hinsicht werden die leitenden Angestellten zukünftig nicht mehr in einem Sozialplan mitbedacht werden können.

Durch die Einfügung der §§ 112 V, 112 a BetrVG 72 durch das BeschfG 85 wurde das Vorhaben des Gesetzgebers deutlich, Auswüchse bei der Dotierung von Sozialplänen ganz allgemein zu verhindern. Dies macht im Zusammenhang mit der Frage nach der Funktion des Sozialplans deutlich, daß es dem Gesetzgeber darum geht, seinen Zweck einzig und allein auf den Ausgleich tatsächlicher wirtschaftlicher Nachteile, also auf zukunftsorientierte Daseinsvorsorge zu beschränken. Von allen Theorien zur Funktion des Sozialplans, die eine pauschale Abfindung für den bloßen Arbeitsplatzverlust ermöglichen, also insbesondere der Entschädigungstheorie und dem Sonderopfergedanken, wird in Zukunft Abschied genommen werden müssen. Bedauerlich ist, daß es der Gesetzgeber trotz seines erkennbaren Bemühens, die Sozialplanlasten für die betroffenen Unternehmen zu verringern, versäumt hat, eine finanzielle Obergrenze für das Sozialplanvolumen gesetzlich festzuschreiben. Es wird insofern abzuwarten sein, ob die durch das BeschfG 85 eingeführten Neuregelungen zur Erreichung des gesetzgeberischen Zieles, die Sozialplanlasten berechenbarer zu machen und damit die wirtschaftliche Beweglichkeit der Unternehmen zu stärken, geeignet sind.

Neuland wurde vom Gesetzgeber mit der Schaffung des SozplG 85 betreten, wobei wichtige Anliegen der Kommission für Insolvenzrecht im Hinblick auf die kommende große Insolvenzrechtsreform angemessene Berücksichtigung fanden. So wurde insbesondere das Sozialplanvolumen im Falle des Konkurses sowohl absolut, das heißt mit materiell-rechtlicher Wirkung, als auch relativ, in Form einer verfahrensmäßigen Sperre, begrenzt. Diese zweifache Begrenzung des Sozialplanvolumens erscheint der Sache nach angemessen, da zum einen erstmals die gewichtigen Interessen der übrigen Konkursgläubiger gesetzlich berücksichtigt werden und zum anderen die kommende große Insolvenzrechtsreform sachgemäß vorbereitet, aber nicht nachteilig präjudiziert wird. Schließlich hat sich der Gesetzgeber endlich dazu durchgerungen, den konkurslichen Rang der Sozialplanansprüche ihrer sozialen Bedeutung entsprechend gesetzlich zu regeln, wozu er spätestens seit den Entscheidungen des BAG von 1984 endgültig gefordert war. Erst die zukünftig abzuwickelnden Insolvenzverfahren werden darüber entscheiden, ob die Unebenheiten der gesetzlichen Regelung – erinnert sei an die Fragen der Abschlagszahlungen, der Nachprüfbarkeit der Berechnung von relativer und absoluter Obergrenze, des Begriffs der freien Teilungsmasse – sich in der täglichen Praxis als Stolpersteine erweisen werden.

Zum gegenwärtigen Zeitpunkt jedenfalls darf man zu dem abschließenden Ergebnis kommen, daß es dem Gesetzgeber gelungen ist, offensichtliche Wildwüchse in der Sozialplanpraxis wirkungsvoll zu beschneiden, ohne daß dies allerdings einseitig zu Lasten der in zukünftigen Sozialplänen bedachten Arbeitnehmer ginge. Vielmehr läßt die gesetzliche Regelung das Augenmaß bei der Abwägung von deren Interessen mit denen der übrigen Konkursgläubiger erkennen und stellt, in Verbindung mit den durch das BeschfG 85 eingeführten, für den Sozialplan allgemein geltenden Neuregelungen eine gelungene Zwischenlösung auf dem Wege zur kommenden großen Insolvenzrechtsreform dar.

Literaturverzeichnis

Balz, Manfred: Das neue Gesetz über den Sozialplan im Konkurs- und Vergleichsverfahren, RWS Skript 149, Köln 1985
(zit.: Balz, RWS Skript 149).

— Der Sozialplan im Konkurs- und Vergleichsverfahren, in: DB 1985, S. 689ff.

von Bar, Christian: „Nachwirkende" Vertragspflichten, in: AcP 179, S. 452ff.

Baur, Fritz: Konkurs- und Vergleichsrecht, Uni-Taschenbücher 880, Heidelberg, Karlsruhe 1980.

Bauer, Jobst-Hubertus / *Mönch,* Christoph: Sozialplanabfindungen im Konkurs, in: NJW 1984, S. 468ff.

Becker, Friedrich: Interessenausgleich und Sozialplan, in: BlStSozArbR 1974, S. 54ff.

Becker, Friedrich / *Rommelspacher,* Peter: Ansatzpunkte für eine Reform des Kündigungsrechts, in: ZRP 1976, S. 40ff.

Becker-Schaffner, R.: Rechtsfragen zu § 613a BGB, in: BlStSozArbR 1975, S. 305ff.

— Rechtsfragen zum Mitbestimmungsrecht des Betriebsrats bei der Aufstellung von Sozialplänen, in: BlStSozArbR 1976, S. 33ff.

Berges, August Maria: Sozialplan trotz Insolvenz?, in: Festschrift für Friedrich Weber, Berlin und New York 1975, S. 57ff.

— Die Sanierung des Konkurses, in: BB 1976, S. 387ff.

— Das Know-How des Belegschaftsstammes als innerbetriebliche Rechtstatsache des Sozialplans, in: RdA 1977, S. 271ff.

Beuthien, Volker: Interessenausgleich und Sozialplan im Konkurs (Sozialer Fortschritt oder Bankrott der Konkursordnung?), in: RdA 1976, S. 147ff.

— Sozialplan und Unternehmensverschuldung, 1980.

— Sozialplan im Konkurs, in: ZIP 1980, S. 83ff.

— Anmerkung zum Beschluß des BAG vom 30.10.1979 – 1 ABR 112/77 –, in: SAE 1980, S. 318ff.

Birk, Rolf: Anmerkung zu den Urteilen des BAG vom 22.5.1979 – 1 AZR 848/76 und 1 ABR 17/7 –, in: AP Nr. 5 zu § 111 BetrVG 1972.

Bley / Mohrbutter: Vergleichsordnung. Großkommentar, begründet von Erich Bley, fortgeführt von Jürgen Mohrbutter unter Mitarbeit von Harro Mohrbutter, 4. Auflage, Berlin und New York 1979.

Blomeyer, Wolfgang: Die Entwicklung des arbeitsrechtlichen Schrifttums im Jahre 1974, in: ZfA 1975, S. 243ff.

Böhle-Stamschräder / Kilger: Konkursordnung. Kommentar zur Konkursordnung, neubearbeitet von Joachim Kilger. 14. Auflage des von A. Böhle-Stamschräder begründeten und bis zur 12. Auflage fortgeführten Werks, München 1983.

—/— Vergleichsordnung. Kommentar, begründet und bis zur 9. Auflage fortgeführt von A. Böhle-Stamschräder, neubearbeitet von Joachim Kilger, 10. Auflage, München 1982.

Böhm, Wolfgang: Konkurrenz von Ansprüchen aus dem Sozialplan mit dem gesetzlichen Abfindungsanspruch – zugleich eine Anmerkung zum Beschluß des LAG Hamm vom 1.3.1972, in: BB 1973, S. 1077ff.

Bötticher, Eduard: Zur Rechtswidrigkeit von Arbeitskämpfen, in: BB 1957, S. 621ff.

— Begründet der Sozialplan des Konkursverwalters Masseschulden?, in: BB 1975, S. 977ff.

Bogs, Harald: Probleme neuer Insolvenzsicherungen für Arbeitnehmer, in: AuR 1975, S. 161ff.

Borngräber, Helmut: Arbeitsverhältnis bei Betriebsübergang. Der Eintritt des neuen Betriebsinhabers in die Rechte und Pflichten aus den Arbeitsverhältnissen beim Betriebsübergang durch Rechtsgeschäft (§ 613a BGB), Düsseldorf, Frankfurt 1977.

Brill, Werner: Konkurs und Sozialplan, in: AR - Blattei (D), Konkurs IV.

Corts, Jochen: Die Beteiligung des Betriebsrats in wirtschaftlichen Angelegenheiten, in: JA 1976, S. 493ff.

Däubler, Wolfgang / *Bösche,* Burchard: Zum Inhalt von Sozialplänen nach § 112 BetrVG. Rechtsgutachten. Bremen 1975
(zit.: Däubler / Bösche, Zum Inhalt von Sozialplänen).

Dietz: Betriebsverfassungsgesetz mit Wahlordnung. Kommentar von Rolf Dietz, 4. Auflage, München und Berlin 1967.

Dietz / Richardi: Betriebsverfassungsgesetz. Kommentar in zwei Bänden. Begründet von Rolf Dietz, neubearbeitet von Reinhard Richardi, 6. Auflage, München 1982.

Dorndorf, Eberhard: Sozialplan im Konkurs. Der Zusammenhang von Betriebsänderung, Kündigung und Sozialplan im Konkurs und der Rang der Abfindungsansprüche, Baden-Baden 1978
(zit.: Dorndorf, Sozialplan).

Düttmann, Johannes / *Kehrmann,* Karl / *Muff,* Hans-Burkhart: Gesetz über den Sozialplan im Konkurs- und Vergleichsverfahren – Ein Kurzkommentar, in: AiB 1985, S. 35ff.

Eisenburger, Walter: Sozialplanabfindungen im Konkurs, in: ZIP 1984, S. 655ff.

Engels: Verfassungsmäßigkeit des § 5 III Nr. 3 BetrVG, in: DB 1982, S. 697ff.

Erdmann / Jürging / Kammann: Betriebsverfassungsgesetz. Kommentar für die Praxis von Ernst-Gerhard Erdmann, Klaus Jürging und Karl-Udo Kammann, Neuwied und Berlin 1972.

Fitting / Auffahrt / Kaiser: Betriebsverfassungsgesetz. Handkommentar von Karl Fitting, Fritz Auffarth und Heinz Kaiser, 14. Auflage, München 1984.

—/—/— Betriebsänderung, Sozialplan und Konkurs. Kommentar. Zugleich Nachtrag zur 14. Auflage des Kommentars zum Betriebsverfassungsgesetz, München 1985.

Fitting / Auffarth / Kaiser / Heither: Betriebsverfassungsgesetz. Handkommentar von Karl Fitting, Fritz Auffarth, Heinrich Kaiser und Friedrich Heither, 15. Auflage, München 1987.

Fitting / Krageloh / Auffarth: Betriebsverfassungsgesetz nebst Wahlordnung. Handkommentar für die Praxis, bearbeitet von Karl Fitting und Fritz Auffarth, 9. Auflage, München 1971.

Flessner, Axel: Sanierung und Reorganisation, Tübingen 1982.

Fuchs, Harald: Der Sozialplan nach dem Betriebsverfassungsgesetz 1972, Köln 1977 (zit.: Fuchs, Sozialplan).

Galperin, Hans: Der Regierungsentwurf eines neuen Betriebsverfassungsgesetzes. Eine kritische Analyse, Düsseldorf 1971.

Galperin / Löwisch: Kommentar zum Betriebsverfassungsgesetz. Band I: Organisation der Betriebsverfassung, von Manfred Löwisch und Rolf Marienhagen. Band II: Regelung der Mitbestimmung, von Manfred Löwisch unter Mitarbeit von Bernd Kröger, 6. Auflage, Heidelberg 1982.

Gamillscheg, Franz: Zur Abfindung bei Verlust des Arbeitsplatzes, in: Festschrift für Friedrich Wilhelm Bosch, Bielefeld 1976, S. 209ff.

Gaul, Dieter: Anmerkung zum Beschluß des LAG Hamm vom 1.3.1972 – 8 BV Ta 1/72 –, AP Nr. 1 zu § 112 BetrVG 1972.

Germann, Winrich: Grenzen und Möglichkeiten des Sozialschutzes der Arbeitnehmer im Konkurs, jur. Diss., Göttingen 1976.

Gessner, Volkmar / *Plett,* Konstanze: Der Sozialplan im Konkursunternehmen. Die Praxis eines autonomen Regelungsmodells im Schnittpunkt von Arbeits- und Konkursrecht, Köln 1982.

GK-BetrVG: Betriebsverfassungsgesetz. Gemeinschaftskommentar von Fritz Fabricius, Alfons Kraft, Wolfgang Thiele und Günther Wiese, Neuwied und Berlin 1974.

Gnade / Kehrmann / Schneider / Blanke: Betriebsverfassungsgesetz. Kommentar für die Praxis von Albert Gnade, Karl Kehrmann, Wolfgang Schneider und Hermann Blanke, 2. Auflage, Köln 1983.

Grunsky, Wolfgang: Sozialplan und Konkurs des Arbeitgebers, in: RdA 1978, S. 174ff.

Hanau, Peter: Probleme der Mitbestimmung des Betriebsrats über den Sozialplan, in: ZfA 1974, S. 89ff.

— Klausur Nr. 5 – Thematik: Mitbestimmung bei Betriebsänderungen, insbesondere Sozialplan, in: WEX 8 – Kollektives Arbeitsrecht, Karlsruhe 1975, S. 147ff.

— Repräsentation des Arbeitgebers und der leitenden Angestellten durch den Betriebsrat?, in: RdA 1979, S. 324ff.

— Der Regierungsentwurf eines Beschäftigungsförderungsgesetzes 1985 oder: Hier hat der Chef selbst gekocht, in: NZA 1984, S. 345ff.

Hanau, Peter / *Adomeit,* Klaus: Arbeitsrecht. Lehrbuch, 8. Auflage, Frankfurt am Main 1986.

Hartung, Manfred: Die Risiken vorsorglicher Sozialpläne, in: DB 1976, S. 2064ff.

Haug-Adrion, Eberhard: Das neue französische Kündigungsschutzrecht, in: DB 1975, S. 448ff.

Heilmann, Hans: Die praktischen Folgen der Entscheidungen des BVerfG und des BAG zum konkursrechtlichen Rang der Sozialplanforderungen, in: NJW 1984, S. 1517 ff.

— Die Rechtslage des Arbeitnehmers bei Konkurs seines Arbeitgebers, Berlin und New York 1977
(zit.: Heilmann, Rechtslage des Arbeitnehmers).

Heinze, Meinhard: Der Sozialplan im Konkurs und Vergleich, in: DB 1974, S. 1814 ff.

— Die betriebsverfassungsrechtlichen Aufgaben des Konkursverwalters, in: NJW 1980, S. 145 ff.

Heither, Friedrich: Betriebsänderung (§ 111 BetrVG) in der Rechtsprechung des Bundesarbeitsgerichts, in: ZIP 1985, S. 513 ff.

Henckel, Wolfram: Anmerkung zum Urteil des BAG vom 17.9.1974 – 1 AZR 16/74 –, in: EzA Nr. 1 zu § 113 BetrVG 1972.

Hess, Harald: Das Gesetz über den Sozialplan im Konkurs- und Vergleichsverfahren, in: NZA 1985, S. 205 ff.

Hess / Schlochauer / Glaubitz: Kommentar zum Betriebsverfassungsgesetz, von Harald Hess, Ursula Schlochauer und Werner Glaubitz, 3. Auflage, Neuwied und Darmstadt 1986.

Hromadka, Wolfgang: Anmerkung zum Urteil des BAG vom 25.10.1983 – 1 AZR 260/82 –, in: SAE 1984, S. 330 ff.

Hueck: Kündigungsschutzgesetz. Kommentar, begründet von Alfred Hueck, fortgeführt von Götz Hueck unter Mitwirkung von Gerrick von Hoyningen-Huene, 10. Auflage, München 1980.

Hueck, Alfred / *Nipperdey*, Hans Carl: Lehrbuch des Arbeitsrechts, 7. Auflage, Berlin und Frankfurt am Main. Erster Band von Alfred Hueck, 1963. Zweiter Band: Kollektives Arbeitsrecht. Erster Halbband von H. C. Nipperdey 1967. Zweiter Halbband von H. C. Nipperdey unter Mitarbeit von Franz Jürgen Säcker, 1970
(zit.: Hueck / Nipperdey / Säcker, Arbeitsrecht II/2).

Hueck, Götz: Der Grundsatz der gleichmäßigen Behandlung im Privatrecht, München und Berlin 1958.

Jaeger: Konkursordnung. Großkommentar, begründet von Ernst Jaeger, neubearbeitet von Wolfram Henckel und Friedrich Weber, 9. Auflage, Berlin und New York 1977.

Jauernig, Othmar: Zwangsvollstreckungs- und Konkursrecht. Lehrbuch, 17. Auflage, München 1985.

— Ist die Rechtsmacht des Konkursverwalters begrenzt?, in: Festschrift für Friedrich Weber, Berlin und New York 1975, S. 307 ff.

Kammann / Hess / Schlochauer: Betriebsverfassungsgesetz. Kommentar von Karl-Udo Kammann, Harald Hess und Ursula Schlochauer, begründet von Ernst-Gerhard Erdmann, Neuwied, Darmstadt 1979.

Kaven, Michael: Das Recht des Sozialplans. Ein Leitfaden zur Aufstellung und Durchführung von Sozialplänen, Berlin 1977
(zit.: Kaven, Recht des Sozialplans).

Kilger, Joachim: Der Konkurs des Konkurses, in: KTS 1975, S. 142 ff.

— Der Konkurs des Konkurses, in: DB 1975, S. 1445 ff.

Knieper, Rolf: Konkurs und Sanierung. Zum einhundertjährigen Bestehen der Konkursordnung, in: BB 1977, S. 622 ff.

Körnig, Jürgen: Rang des Sozialplananspruchs im Konkurs, (I) in: DB 1975, S. 1411 ff., (II) in: DB 1975, S. 1459 ff.

Kraushaar, Bernhard: Was wird aus den Sozialplänen im Konkurs, in: DB 1984, S. 346 ff.

Krentz, Peter: Die Beteiligung des Betriebsrats in wirtschaftlichen Angelegenheiten nach dem Regierungsentwurf, in: BlStSozArbR 1971, S. 277 ff.

Krüger, Herbert: Der Regierungsentwurf eines Betriebsverfassungsgesetzes vom 29. 1. 1971 und das Grundgesetz, Hamburg 1971.

Kuhn / Uhlenbruck: Konkursordnung. Kommentar, begründet von Franz Mentzel und Georg Kuhn, fortgeführt und neubearbeitet von Wilhelm Uhlenbruck, 10. Auflage, München 1986.

Löwisch: Betriebsverfassungsgesetz. Taschenkommentar zum Betriebsverfassungsgesetz von Manfred Löwisch, Heidelberg 1985.

Löwisch, Manfred: Das Beschäftigungsförderungsgesetz 1985, in: BB 1985, S. 1200 ff.

— Das Schicksal von Sozialplänen aus der Zeit zwischen Großem Senat (1978) und Bundesverfassungsgericht (1983), in: DB 1984, S. 1246 f.

Mentzel / Kuhn: Konkursordnung. Kommentar von Franz Mentzel und Georg Kuhn, 8. Auflage, München 1978.

Mohrbutter, Jürgen: Anmerkung zum Beschluß des BVerfG vom 19. 10. 1983 – 2 BvR 485/80 und 2 BvR 486/80 –, in: BB 1984, S. 296 f.

Müller, Hinnerk-Joachim: Ist im Konkursverfahren ein Sozialplan zu erstellen?, in: KTS 1974, S. 69 f.

— Feststellung von Sozialplanforderungen mit dem Vorrecht vor § 61 Abs. 1 Ziffer 1 KO wirksam?, in: BB 1984, S. 1073 ff.

— Ist § 5 III BetrVG verfassungswidrig?, in: DB 1979, S. 1746 ff.

Natzel: Anmerkung zum Urteil des BAG vom 27. 8. 1975 – 4 AZR 454/74 –, in: AP Nr. 2 zu § 112 BetrVG 1972.

Nikisch, Arthur: Arbeitsrecht. Lehrbuch in 3 Bänden. 3. Band: Betriebsverfassungsrecht, 2. Auflage, Tübingen 1966
(zit.: Nikisch, Arbeitsrecht III).

Notter, Nikolaus: Die Sicherung des Rechts auf den Arbeitsplatz, in: DB 1976, S. 772 ff.

Ohl, Heinrich: Der Sozialplan. Recht und Praxis kompensatorischer Leistungen für den Verlust des Arbeitsplatzes, Karlsruhe 1977
(zit.: Ohl, Sozialplan).

Otto, Hansjörg: Anmerkung zum Urteil des BAG vom 17. 9. 1974 – 1 AZR 16/74 –, in: SAE 1976, S. 22 ff.

— Der Sozialplan als Gegenstand neuer gesetzgeberischer Initiativen, ZfA 1985, S. 71 ff.

Palandt (Bearbeiter): Bürgerliches Gesetzbuch mit Einführungsgesetz u. a., Kommentar, bearbeitet von Peter Bassenge, Wolfgang Edenhofer, Andreas Heldrich, Uwe Diederichsen, Helmut Heinrichs, Hans Putzo und Heinz Thomas, 44. Auflage, München 1985.

Pecher, Hans Peter: Rezension: Festschrift für Friedrich Weber zum 70. Geburtstag, in: RdA 1976, S. 128ff.

Plett, Konstanze: Zur Soziallastigkeit von Insolvenzverfahren aus empirischer Sicht, in: ZIP 1982, S. 905ff.

Reuter, Dieter: Anmerkung zu den Entscheidungen des BAG vom 22.5.1979 – 1 AZR 848/76 und 1 ABR 17/77 –, in: SAE 1980, S. 96ff.

Richardi, Reinhard: Sozialplan und Konkurs, Düsseldorf 1975
(zit.: Richardi, Sozialplan).

— Die Mitbestimmung über den Sozialplan im Konkurs, in: RdA 1979, S. 193ff.

— Sozialplan im Konkurs, DB 1976, Beilage Nr. 6 zu Heft Nr. 10 vom 12.3.1976.

— Anmerkung zum Urteil des BAG vom 20.11.1970, in: AP Nr. 7 zu § 72 BertrVG 1952.

— Betriebsverfassung und Privatautonomie. Vortrag, gehalten vor der Berliner Juristischen Gesellschaft am 28.3.1973, Berlin und New York 1973.

— Sind im Interesse einer gerechten Verteilung der Arbeitsplätze Begründung und Beendigung des Arbeitsverhältnisses neu zu regeln?, in: JZ 1978, S. 485ff.

— Anmerkung zum Urteil des BAG vom 17.9.1974 – 1 AZR 16/74 –, in: AP Nr. 1 zu § 113 BetrVG 1972.

— Anmerkung zum Beschluß des BAG vom 14.9.1976 – 1 AZR 784/75 –, in: AP Nr. 2 zu § 113 BetrVG 1972.

Rieger, Walter: Beteiligung eines Vorrechtsgläubigers an einem konkursabwendenden oder konkursbeendenden Vergleich infolge Verzichts auf das Vorrecht, in: BB 1953, S. 786.

Ritze, Klaus: Interessenausgleich, Sozialplan und Nachteilsausgleich im Konkursverfahren?, in: BB 1976, S. 325ff.

Rumpff, Klaus: Mitbestimmung in wirtschaftlichen Angelegenheiten. 1. Auflage, Heidelberg 1972, 2. Auflage, Heidelberg 1978
(zit.: Rumpff, Mitbestimmung).

Säcker, Franz-Jürgen: Gruppenautonomie und Übermachtkontrolle im Arbeitsrecht, Berlin 1972
(zit.: Säcker, Gruppenautonomie).

Schäfer, Gerhard: Anmerkung zum Beschluß des BAG vom 12.11.1975 – 8 Ta BV 60/74 –, in: BB 1975, S. 560f.

Schaub: Arbeitsrechtshandbuch. Systematische Darstellung und Nachschlagewerk für die Praxis von Günter Schaub, 5. Auflage, München 1983.

Schlüter, Martin: Die konkursrechtliche Behandlung der Sozialplanansprüche und der Ausgleichsansprüche nach § 113 BetrVG, Berlin 1977
(zit.: Schlüter, konkursrechtliche Behandlung).

Spinti, Henning: Leitende Angestellte und Sozialplan – neu entschieden, in: DB 1986, S. 1571ff.

Stahlhacke, Eugen: Kündigung und Kündigungsschutz im Arbeitsverhältnis, 4. Auflage, München 1982.

Stege / Weinspach: Betriebsverfassungsgesetz. Handkommentar für die betriebliche Praxis von Dieter Stege und F. K. Weinspach, 5. Auflage, Köln 1984.

—/— Betriebsverfassungsgesetz. Handkommentar für die betriebliche Praxis von Dieter Stege und F. K. Weinspach. Ergänzungsband zur 5. Auflage, Sozialplanregelungen der §§ 111 - 113 BetrVG. Köln 1985
(zit.: Stege / Weinspach, §§ 111 - 113 BetrVG).

von Stetbut, Dietrich: Ansprüche aus Arbeitsverhältnissen bei Insolvenz des Arbeitgebers, DB 1975, Beilage 9 zu Heft Nr. 19.

Teubner, Ernst: Interessenausgleich und Sozialplan. Gesetzesauslegung, Verfahren und Sanktionen der §§ 111 - 113 BetrVG, in: BB 1974, S. 982ff.

Uhlenbruck, Wilhelm: Die Mitwirkung des Betriebsrat im Konkurs- und Vergleichsverfahren nach dem Betriebsverfassungsgesetz 1972, in: KTS 1973, S. 81ff.

— Sozialplan und Konkursvorrecht von Arbeitnehmeransprüchen, in: BB 1973, S. 1360ff.

— Zur Krise des Insolvenzrechts, in: NJW 1975, S. 897ff.

— Anmerkung zum Urteil des BAG vom 17.9.1974 – 1 AZR 16/74 –, in: AP Nr. 1 zu § 113 BetrVG 1972.

— Der Sozialplan als Prüfstein des Konkurses, in: BlStSozArbR 1976, S. 145ff.

— Betriebsverfassungsgesetz 1972 und Insolvenzrechtsreform, in: RdA 1976, S. 248ff.

— Das Gesetz über den Sozialplan im Konkurs- und Vergleichsverfahren, in: NJW 1985, S. 712ff.

— Die Auswirkungen des Sozialplangesetzes für die Praxis der Konkurs- und Vergleichsverwaltung, in: KTS 1985, S. 199ff.

Vogt, Aloys: Zum Begriff der Abfindung in der Rechtsordnung, in: DB 1975, S. 1581ff.

— Sozialpläne in der betrieblichen Praxis, 2. Auflage, Köln 1981.

Weber, Friedrich: Rezension: Mentzel / Kuhn, Kommentar zur Konkursordnung, 7. Auflage 1962, in: BB 1962, S. 1207f.

— Ziele und Wege der Insolvenzrechtsreform, in: Einhundert Jahre Konkursordnung 1877 - 1977, Köln, Berlin, Bonn, München 1977, S. 321ff.

Weiss: Betriebsverfassungsgesetz. Ein Kommentar für Studium und Praxis von Manfred Weiss, 2. Auflage, Baden-Baden 1980.

Weitnauer, Hermann: Der Sozialplan im Konkurs, in: ZfA 1977, S. 111ff.

Weller, Bernhard: Zum Problem von Sozialplänen im Konkurs, in: BB 1977, S. 599ff.

Wiedemann, Herbert: Subjektives Recht und sozialer Besitzstand nach dem KschG, in: RdA 1961, S. 1ff.

Wiedemann, Herbert / *Willemsen,* Heinz Josef: Anmerkung zum Urteil des BAG vom 8.12.1976 – 5 AZR 613/75 –, in: AP Nr. 3 zu § 112 BetrVG 1972.

Willemsen, Heinz Josef: Arbeitnehmerschutz bei Betriebsänderungen im Konkurs: Zur Anwendung der §§ 111 ff. BetrVG bei Insolvenz des Arbeitgebers. Frankfurt a. M., Bern, Cirecester 1980
(zit.: Willemsen, Arbeitnehmerschutz).

Winterfeld, Rosemarie: Beschäftigungsförderungsgesetz – ein Gesetz zur Verbesserung der Beschäftigungslage, in: BlStSozArbR 1985, S. 33 ff.

Wlotzke, Otfried: Zum arbeitsrechtlichen Teil des Regierungsentwurfs eines Beschäftigungsförderungsgesetzes 1985 – Ein Bericht –, in: NZA 1984, S. 217 ff.

Zöllner, Wolfgang: Sind im Interesse einer gerechten Verteilung der Arbeitsplätze Begründung und Beendigung der Arbeitsverhältnisse neu zu regeln?, in: Verhandlungen des 52. Deutschen Juristentages, Band I (Gutachten), München 1978, S. D 1 ff.

— Die vorvertragliche und die nachwirkende Treue- und Fürsorgepflicht, in: Tomandl (Hrsg.), Treue- und Fürsorgepflicht im Arbeitsrecht, Wien und Stuttgart 1975, S. 91 ff.

Gesetzesmaterialien

Beschluß des Bundesrats v. 29. 6. 1984, BR-Drucksache 146/84.

DGB-Entwurf zum Arbeitsverhältnisrecht, abgedruckt in RdA 1977, S. 166 ff.

Entwurf eines Beschäftigungsförderungsgesetzes 1985 (BeschfG 1985) – Entwurf der Bundesregierung, BT-Drucksache 10/2102.

Entwurf eines Betriebsverfassungsgesetzes – Entwurf der Bundesregierung, BT-Drucksache 7/1786.

Entwurf eines Gesetzes über den Sozialplan im Konkurs- und Vergleichsverfahren. – Gesetzesentwurf der Bundesregierung. BT-Drucksache 10/2129.

Entwurf eines Gesetzes zur Änderung der Konkursordnung. – Gesetzesentwurf der Bundestagsfraktion der SPD. BT-Drucksache 10/81.

Sonstige Materialien

Kommission für Insolvenzrecht: Erster Bericht der Kommission für Insolvenzrecht. Herausgegeben vom Bundesministerium für Justiz. Köln, 1985.

Kolibri 360 GmbH
Ferdinand-Jühlke-Straße 7
99095 Erfurt, Deutschland
produktsicherheit@kolibri360.de

Druck:
CPI Druckdienstleistungen GmbH
im Auftrag der
Kolibri 360 GmbH
Ferdinand-Jühlke-Str. 7
99095 Erfurt